José Carlos de Almeida Cunha

Grafologia

Evolução e História
Técnica e Interpretação

Belo Horizonte

ArteSã

2010

À
Stella, por sua dedicação e paciência de esposa
aos meus filhos
Rubens, Júnia, Nelson e Luciana
pelo apoio constante, nos momentos mais intensos.

Projeto Gráfico:
ANDRÉA MARIA ESTEVES
Capa:
TIAGO RABELO
Revisão Técnica:
TÂNIA MOREIRA DUARTE, PSICÓLOGA
MARIA INÊS PEREIRA, PSICÓLOGA
Revisão Final do Autor
Impressão:
GRÁFICA E EDITORA O LUTADOR

Artesã Editora
contato@artesaeditora.com.br
www.artesaeditora.com.br

Ficha catalográfica

Cunha, José Carlos de Almeida.
     Grafologia: evolução e História técnica e interpretação.
Belo Horizonte , Editora Artesã , 2010. 344p.

     ISBN: 978-85-88009-16-5

     I. Evolução e História – Grafologia. 2. Técnica e
interpretação - Grafologia. I. Título.

                                        CDU 159.925.6

APRESENTAÇÃO

Bem aventurada a Grafologia e por conseguinte aqueles que dela se utilizam, pela possibilidade de desfrutar da dedicação do Mestre José Carlos de Almeida Cunha, estudioso de todas as suas formas e professor apaixonado pela arte de ensinar.

Desde menino, José Carlos de Almeida Cunha demonstrou que tinha grande afinidade com o processo de ensino-aprendizagem. Primeiramente tornou-se um excelente aluno de seu pai, de quem, entre tantas qualidades, também herdou o amor e interesse pela Grafologia. Em seguida, estruturou sua formação na exatidão da Engenharia, onde fez sólidas as bases que o levaram a obter o título de Mestre, dissertando sobre os mitos da arte de ensinar.

Tendo a continuidade como outra qualidade com que nos brinda, o Mestre José Carlos continua fazendo de sua vida uma escola, na qual me incluo como aluno permanente, já que cada um de nossos encontros é sempre uma nova lição. E assim, dia a dia, uma nova viga é erguida, permitindo com que os alicerces da Grafologia estejam cada vez mais solidificados.

Agora o Mestre José Carlos nos oferece um verdadeiro compêndio dos fundamentos grafológicos, fruto de seus profundos estudos sobre obras de múltiplos autores que se dedicaram ao tema e criteriosa análise das consagradas escolas de Grafologia. Sua formatação, que prestigia a compreensão do gesto gráfico pela atitude que o expressa, reduz ao mínimo necessário a apresentação de figuras ou modelos de grafismos, numa clara intenção de não limitar o leitor aos convencionais exemplos de escrita, tornando coerente a forma de ensino com o conteúdo ensinado. Se para a Grafologia não há grafismos idênticos, exceto quando produzidos pelo mesmo autor, a utilização de imagens comparativas torna-se irrelevante e, muitas vezes, tende a condicionar o estudante na identificação com o modelo.

Lisonjeado pela possibilidade de aqui expressar meu agradecimento pelas contribuições do Mestre José Carlos à Grafologia, tenho certeza de que todos que tiverem acesso a esta obra também lhe serão agradecidos. Como retribuição, tenho certeza de que todos seguirão seu exemplo, exercendo a prática e o desenvolvimento da Grafologia, tecnicamente fundamentados e ancorados na ética.

Reinaldo Faissal, msc

ÍNDICE

AOS LEITORES E ESTUDANTES

"A ANÁLISE GRAFOLÓGICA é um trabalho de observação,
de combinações e deduções.
É essencial que *jamais se faça uma combinação ou qualquer dedução de
ordem psicológica,* sem verificar se a escrita contém, *R E A L M E N T E,*
os sinais que correspondem ao que se alcançou por dedução,
*porque são os sinais gráficos que dão apoio às
combinações psicológicas".*

Ania Teillard

As páginas e informações contidas neste livro
são resultado do estudo de textos, indicados na
bibliografia, e do apoio de pesquisas de colegas
grafólogos gentilmente cedidas por
Erwin André Leibl (SP), Reinaldo Faissal (RJ),
e Paulo Camargo (SP). A todos minha homenagem
e meu agradecimento.

A principal fonte para as interpretações é
a obra de Vels.

O CÓDIGO DE ÉTICA DA GRAFOLOGIA

Preâmbulo

01 - O objetivo do Código de Ética é definir, de maneira resumida, os direitos e deveres dos grafólogos .

02 - O Código de Ética contém as indicações mínimas, para orientar o comportamento de um grafólogo, em defesa de sua credibilidade e honorabilidade.

03 - Cada grafólogo receberá, por sua solicitação, uma cópia do Código e se comprometerá a cumprí-lo.

Grafologia

04 - A grafologia é uma ciência humanista e uma técnica de observação e interpretação, que possibilita o estudo da personalidade pelo exame de um manuscrito.

05 - O grafólogo trabalha somente com manuscritos cuja autenticidade não possa ser posta em dúvida, estudando a personalidade, inclinações e comportamento do autor, e fará o seu trabalho somente em atendimento de uma solicitação feita em caráter profissional ou particular. O Grafólogo se recusará a trabalhar com cópias ou reproduções dos manuscritos, aceitando somente os originais.

06 - O grafólogo não é um perito em grafotécnica. O objetivo deste último é identificar a autenticidade de um documento tendo como meio a comparação das grafias.

Ética e prática do Grafólogo

07 - O trabalho realizado pelo grafólogo é relativo à dignidade humana. O grafólogo deve manter e desenvolver sua competência profissional, salvaguardando a própria liberdade, probidade e o sentido de humanidade.

08 - O grafólogo deve ser objetivo e trabalhar dentro dos limites de seu conhecimento e experiência.

09 - Em cada análise profissional, o grafólogo deve manter o tato e a discrição. Em um trabalho que envolva a seleção de pessoal, deverá evitar menção dos aspectos da personalidade do autor, que não estiverem diretamente relacionados com as funções definidas pelo empregador. Em sua manifestação, a linguagem utilizada deverá ser totalmente imparcial, e não ser afetada pelas preferências pessoais referentes à raça, ao credo político, classe social ou religião.

10 - O grafólogo não deve ser influenciado pelos argumentos persuasivos, favores ou doações, brindes ou ameaças para realizar uma análise, ou elaborar uma declaração interpretativa por simples obrigação ou mesura social.

11 - O grafólogo não poderá usar os documentos que receber de maneira a prejudicar alguém, ou para obter vantagens ilícitas para si, ou para outrem.

12 - O grafólogo não pode fazer ou elaborar comentários sobre saúde ou capacidade física de autores, fora dos limites eventualmente identificados na estrutura da grafia examinada e, assim mesmo, somente por solicitação específica do seu cliente, exceção feita para os médicos que conheçam a Grafologia.

13 - A Grafologia é uma ciência e não pode ser usada para previsões ou adivinhações em nenhuma circunstância, inclusive para atender as solicitações da imprensa. O Grafólogo deve se lembrar, em todos os momentos, de que ele é um guardião da integridade da Grafologia como ciência consolidada.

14 - O grafólogo não pode se associar à política, ao ocultismo ou à adivinhação, nem pode permitir que o título, grafólogo, seja citado ou apareça em declarações, documentos, livros, jornais, revistas, periódicos ou qualquer outra publicação, filmes, televisão, programas de rádio, etc. em que sejam citadas aquelas atividades.

15 - O grafólogo, chamado para substituir um colega, deverá aplicar seus melhores esforços para complementar toda a tarefa e afastar-se do trabalho tão logo ele a reassuma, fornecendo-lhe todas as informações que lhe sejam pedidas. Além disso, não deverá manter qualquer contato profissional com o cliente do colega.

16 - O grafólogo que passar seus clientes para outro grafólogo, ainda que seja temporariamente, ao fazê-lo, deverá interromper e suspender qualquer contato profissional com estes clientes.

17 - O grafólogo deverá respeitar e valorizar, em todos os momentos, os seus colegas, sua capacidade e trabalhos profissionais. Quando solicitado, deverá auxiliá-los com seus recursos.

Sigilo Profissional

18 - O grafólogo está sob sigilo profissional, que deve ser mantido tanto na comunicação oral quanto na elaboração de documentos. As análises remetidas a terceiros ou a quem detenha os documentos nunca deverão identificar um autor pelo nome.

19 - O grafólogo só deverá exibir ou publicar análises feitas, com o acordo explícito e concordância de autor vivo de texto ou de quem o possua legitimamente, exceção feita para documentos históricos ou de autores já falecidos.

20 - Aos professores e palestrantes é recomendada a maior discrição sobre os documentos exibidos em seus trabalhos de instrução. Eles deverão tomar medidas de precaução com o propósito de evitar indiscrições, lembrando sempre aos seus ouvintes e alunos tal circunstância. Nada ou ninguém poderá afastar o grafólogo de seu compromisso com o sigilo, exceto nos casos de insofismável e reconhecida obrigação legal.

21 - Somente o grafólogo poderá proceder à análise de documentos que estejam legitimamente em seu poder. É o único profissional responsável pelas consequências que possam advir de uma análise que ele venha a fazer.

Instituto Mineiro de Grafologia

Evolução Histórica

Raízes Históricas
Evolução - Primeiras Menções
Surgimento e Expansão
Cronologia Comparativa

EVOLUÇÃO DO PENSAMENTO

Raízes Históricas*

As ciências surgem como resultado da evolução de uma preocupação latente. Com essa orientação, se pode especular que a física, como ciência, é uma consequência da contínua observação curiosa de fenômenos e da sempre presente tentativa de se responderem os porquês que foram sendo suscitados.

De igual forma, a necessidade de conhecer o ser humano por dentro, sua parte invisível, deve ter sua origem no surgimento dos primeiros grupos humanos, quando um ser observaria seus semelhantes, ali próximos, indagando-se, consciente ou inconscientemente, quem seria "aquele" por dentro, ou como reagiria a estímulos e provocações.

Assim, também, nas primeiras conversas, um perguntaria ao outro como seriam as reações de um terceiro, objeto do interesse de ambos, etc.

Ao longo dessa história, ficaram registros sobre tal preocupação. Dos tempos mais antigos, são poucas as citações conhecidas. Avolumam-se, entretanto, os registros dos historiadores, com citações de características da personalidade, bastante próximas das assertivas embasadas na observação da forma como uma pessoa escrevia, à maneira do que faz, hoje, a Grafologia.

Apenas com a intenção de dar testemunho e apoio à referida hipótese, apresento uma lista de citações de outros autores, segundo a época ou oportunidade em que foram localizadas:

Século IV AC: Citações fazem referência aos "conselheiros da corte", na China e no Japão, que falavam dos traços gerais de caráter de pessoas, percebidos na sua maneira de escrever.

Século III AC: Aristóteles (384-322 AC), mostrou interesse pela relação entre a escrita e a personalidade, registrando seu pensamento ao manifestar que "a escrita é um símbolo da fala, e esta é um símbolo da experiência mental".

---

* As referências históricas foram obtidas nas obras de Crépieux-Jamin e de Vels.

Século II AC: Demétrio de Faléria, filósofo grego, afirmou que "a letra escrita expressa a alma" .

Século I DC: Nero (37 - 68 DC). É conhecido o registro que fez sobre um nobre de sua corte: "Sua escrita demonstra que é um traidor". O filósofo Cayo Suetônio Tranquilo, sobre a escrita do imperador Augusto, concluiu: "Observei que, na escrita, Augusto não separa as palavras, e não passa para a linha seguinte as letras que excedem o final de alguma linha, mas as escreve por baixo da última palavra, envolvendo-as com um risco".

Dessa época há o registro de algumas considerações semelhantes às que se conhecem hoje: "os traços rígidos indicam energia, as linhas dobradas, perseverança e as que se cruzam, contradição".

Século XI – Há o registro de um erudito chinês, Kuo Io Shu (1060-1110), que dá o seguinte testemunho: "A escrita revela se é um homem nobre, ou um homem vulgar".

Séculos XII e XIII – Registros indicam que o estudo da letra, dirigido para o conhecimento da alma, era praticado pelos monges. É notório que, na época do Renascimento, não havia muitas pessoas que soubessem escrever, entretanto, permanecem algumas citações sobre essa preocupação. As pessoas, em geral, se serviam de "escreventes" profissionais para se comunicar com os distantes. Assim, é possível identificar as origens dos documentos escritos, conhecendo-lhes as principais características.

Séculos XVII e seguintes – Dessa época em diante, tornam-se frequentes, mais dirigidas e conhecidas as manifestações, e registradas suas bases históricas.

EVOLUÇÃO DA HISTÓRIA

1611 - Prosper Aldorisius, autor da obra, em latim, "Idengraphicus Nuntius". Sua linha de estudo estabeleceu relações entre a constituição física de um autor e sua forma de traçar as letras. Tem como seguidores os discípulos de Vicente Lledó (1932-1993)[*].

1622 – Camilo Baldo (1547 – 1634), professor universitário em Bolonha, Itália, escreveu o ensaio: "Tratado sobre como da escrita de uma carta se conhecem a natureza e a qualidade do escritor". Segundo NANOT, o trabalho de Baldo é vagamente intuitivo. Refere-se ao estilo, termos utilizados e ao sentido do texto, temas que não são objeto de preocupação da Grafologia .[**]

Sobre esse documento, muitos afirmam ser a verdadeira origem da ciência em questão, embora a palavra Grafologia e o método de estudo da escrita somente tenham sido propostos, em trabalho publicado, mais de um século após, em 1871, por Jean-Hippolyte Michon. A origem da palavra "GRAFOLOGIA", entretanto, é objeto de várias especulações históricas, sem que se chegue a uma conclusão unânime.

Em sequência, registro outras citações, manifestações e nomes de pessoas que, de alguma forma, contribuíram para a evolução ou divulgação da nova ciência:

1664 – Marco Aurélio Severinus, professor de anatomia e de cirurgia em Nápoles, escreveu o "Tratado da Adivinhação Epistolar";

1678 – Publicada a obra – autor desconhecido –: "Mercure Galant, Carta à Madame (...) sobre os dados que podem ser tirados da maneira de escrever de cada pessoa";

[*] Fonte: "Escritura Y Salud": Lledó,Vicente et Anduix, Víctor M. Barcelona, Ediciones Obelisco, 1997. 319 p.
[**] Fonte: "Enciclopédia da Grafologia": Nanot, A. Barcelona: Editorial Gossó Hnos, 1962. 322 p. pag. 11

19

1698 – Gottfried Wilhelm Leibnitz (1646-1716), matemático, sacerdote jesuíta, registra que "também a escrita expressa, de uma forma ou de outra, o temperamento natural, a menos que não seja a de um professor";

1770 - Johan Wolfgang von Göethe (1749-1832), filósofo, historiador, literato, foi o maior dos divulgadores da filosofia de I. Kant e, por suas convicções, convenceu Lavater, seu discípulo, a pesquisar sobre a identificação dos traços da alma, a partir da observação das manifestações das pessoas: gestos, escrita, etc;

1779 - Johan Kaspar Lavater (1741-1801) filósofo, pastor protestante, autor da obra "Physiognomische Fragmente", publicada em 1772. O autor estabelece uma analogia entre o modo de andar, a forma de falar e a grafia;

1792 - Johan Christian Grohman - Filósofo, professor de filosofia e teologia em Wittemberg e Hamburgo;

1806 - Jeantonio Moureau de Sarthe (1771 - 1826), pensador, publicou pequenas obras;

1812 - Edouard Hocquart (1787-1870), francês. Sobre este autor, Vels levantou a possibilidade de ter sido ele o autor de uma pequena obra, *"L'art de juger de l'esprit et du charactère des hommes et des femmes sur leur écriture"*. Posteriormente, Hocquart publicou "uma interessante obra, Physionomie des hommes politiques", que inclui algumas páginas de Grafologia. Esse autor tem o mérito de relacionar a escrita com o gesto" (Vels, 1955);

1823 – Stephen Callet publicou um estudo sobre assinaturas e carateres;

1830 – É conhecida a existência de uma escola para o estudo das letras, cujos componentes mais notáveis foram o bispo de Amiens, Mgr Boudinet; o cardeal Régnier, arcebispo de Cambrai; o abade Flandrin, que foi o iniciador de Jean-Hippolyte Michon.

Segundo Augusto Vels, essa escola é, reconhecidamente, o solo fértil em que a semente da Grafologia cresceu e firmou suas raízes no terreno científico.

É importante notar que as citações apresentadas não são as únicas que devam ser lembradas. A lista não tem a intenção de esgotar o assunto, mas, segundo o autor, são as que marcaram a trilha escolhida para a exposição feita no presente trabalho.

O termo "Grafologia", segundo vários autores, foi proposto e usado como título de livro, em 1871, por Jean Hyppolite Mitchon.

SURGIMENTO E EXPANSÃO

1871 - França - Jean-Hippolyte Michon fundou a Société de Graphologie de Paris e o jornal "La graphologie".

1872 – Jean-Hippolyte Michon (1806-1881), estudioso da escrita, educador, literato, foi quem, em sua obra, mostrou e indicou, com razoável precisão, seu campo de aplicação e as formas de expansão do estudo da escrita para o conhecimento do caráter e da personalidade. As obras escritas por Michon, que deram origem à Grafologia, foram:

      1872 - Les Mistères de l'Écriture;

      1875 - Système de Graphologie;

      1878 – Méthode de Graphologie.

De Michon são conhecidas outras obras interessantes como:

* L'Histoire de Napoleon 1° d'aprés son écriture;

* Dictionaire des notabilités de la France jugées d'aprés leur écriture.

Ele foi o idealizador e fundador da revista La graphologie, publicada ainda hoje pela *Société de Graphologie;*

1885 - Jules Crépieux-Jamin (1859-1940), médico e dentista, tornou-se o maior estudioso da nova ciência. Deu-lhe método, estrutura científica, campo de pesquisa delimitado e ampliou-lhe a aplicabilidade.

Suas principais obras publicadas foram:

      1885 - Tratado prático de Grafologia;

      1889 - Escritura e caráter;

      1921 - As bases fundamentais da grafologia e a perícia nas escritas;

      1924 - Idade e o sexo na escrita;

      1925 - Elementos da escrita dos criminosos;

      1929 - ABC da grafologia.

  1903 - Alfred Binet (1857-1911) França, publicou: "As revelações da escrita, segundo um controle científico", resultado de uma pesquisa com orientação e método. Nessa importante obra, ele afirma que "o controle científico da grafologia é uma das experiências mais belas com que pode sonhar um psicólogo. Oferece-lhe a oportunidade de demonstrar como se aplica o método experimental e escapar aos fenômenos morais." Ele foi psicólogo e caracterólogo do Laboratório de Psicologia Experimental da Universidade de Paris;

1920 - Ludwig Klages (1872-1952) Alemanha, professor de física, filósofo e psicólogo, em seu livro "Escritura e Caráter", introduziu o conceito de Nível de Forma - *formnivel* - harmonia do conjunto escrito. Fazem parte desta escola, Preyer, psicólogo infantil, professor de fisiologia (JENA) e Meyer - psiquiatra;

1931 - Max Pulver publicou (1889-1952) Zurich, Suíça: "O simbolismo do espaço". Sua obra sugeriu novos rumos para a interpretação da escrita, a partir do simbolismo.

1935 - Girolamo Moretti (1879-1963), frade italiano, autor de "Tratado de Grafologia", fundador da escola italiana, que adotou uma linha de pensamento, diferente das escolas francesa e alemã.

1948 - Ania Teillard / G. Mendelson publicaram, em alemão, o livro: "A alma e a escrita".

Nessa linha simbólica de estudos, com bases nas teorias de C. G. Jung, à Grafologia agregaram-se dois elementos: "os sinais gráficos" e sua "interpretação". O tema central é, pois, o da relação entre os elementos visíveis (os sinais na escrita) e os elementos invisíveis (as características psicológicas), seguindo a proposição de I. Kant.

Em outra vertente dos estudos, a Escola italiana, com bases no trabalho de Girolamo Moretti (1879-1963), adotou uma linha de pensamento diferente das escolas francesa e alemã. Segundo Torbidoni, para Moretti, o gesto é a expressão visível e controlável da singularidade psicossomática de cada pessoa.

A escrita, entre outros gestos, oferece uma indicação mais segura, porque é a manifestação mais inconsciente do conteúdo psicossomático de quem escreve. Moretti afirma: "Não depositava muita confiança na psicologia e na caracterologia, porque não as considerava orientadas para a revelação da individualidade, mas preocupadas com classificações e indicações não condizentes com a singularidade da pessoa" (Torbidoni e Zanin). Assim, para Moretti, a preocupação não foi a de enquadrar o comportamento e o gesto, mas a de procurar identificar sua singularidade.

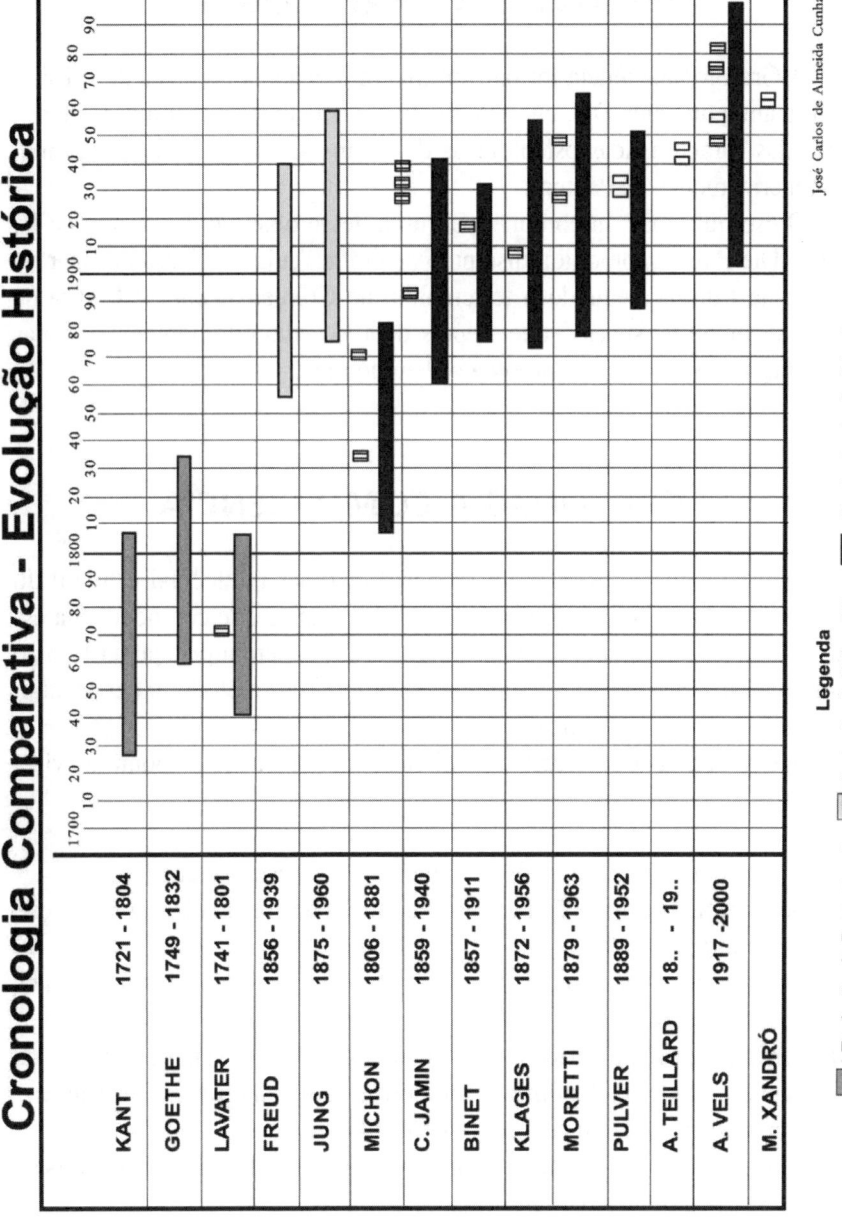

Cronologia Comparativa - Evolução Histórica

| | | 1700 | 10 | 20 | 30 | 40 | 50 | 60 | 70 | 80 | 90 | 1800 | 10 | 20 | 30 | 40 | 50 | 60 | 70 | 80 | 90 | 1900 | 10 | 20 | 30 | 40 | 50 | 60 | 70 | 80 | 90 |

KANT 1721 - 1804

GOETHE 1749 - 1832

LAVATER 1741 - 1801

FREUD 1856 - 1939

JUNG 1875 - 1960

MICHON 1806 - 1881

C. JAMIN 1859 - 1940

BINET 1857 - 1911

KLAGES 1872 - 1956

MORETTI 1879 - 1963

PULVER 1889 - 1952

A. TEILLARD 18.. - 19..

A. VELS 1917 -2000

M. XANDRÓ

José Carlos de Almeida Cunha

Legenda

■ - Evolução do Pensamento   ■ Evolução da Psicanálise   ■ - Evolução da Grafologia

□ - Épocas prováveis das publicações citadas e consultadas

23

OBJETIVO DA GRAFOLOGIA

A Grafologia, ciência formal, surgiu em função da proposta de I. Kant: estudar a alma humana. Daí, que seu objetivo é a análise da grafia para identificação das características psicológicas de quem escreve, a quem denominamos, genericamente, de "autor".

O estímulo mais importante, na busca desse objetivo, foi a obra de K. Lavater (Die Phisiognomonie), discípulo de Göthe, cuja publicação despertou interesse na Europa, segundo o testemunho de Crépieux-Jamin: "A obra de Lavater alcançou tal sucesso que, depois dela, o estudo do homem, por suas manifestações exteriores, se tornou a ordem do dia".

A GRAFOLOGIA COMO CIÊNCIA

Fazer um estudo grafológico é reconstituir o ser intelectual e moral do indivíduo, harmonizando o produto de todos os sinais que compõem sua escrita. (Crepieux Jamin,1885). "Não se pode recusar, sem injustiça, o título de ciência à Grafologia, visto que ela tem suas leis, seu método experimental, sua classificação e sua técnica."

Características da Grafologia, classificada como ciência, do ponto de vista cartesiano:

1 - é conhecimento acumulado com método e registro estatístico;

2 - possibilita a observação racional e controle dos resultados, com relação de causa e efeito;

3 - permite interpretação e explicação racional e adequada dos fenômenos observados;

4 - fundamenta-se nos princípios da generalização e no estabelecimento de leis aplicáveis a todos os fenômenos da mesma natureza (grafias e desenhos);

5 - é compreensível, em contexto e conteúdo;

6 - é metodológica, operando segundo princípios, métodos e leis universais (aplica todo o seu universo de informações);

7 - tem objetivo definido;

8 - tem conjunto orgânico, não esgotável, de conclusões racionais relacionadas com seu objeto.

ESCOLAS E LINHAS DE PENSAMENTO

Escola Francesa - Fundada por J.H. Michon, seguida por Crépieux - Jamin, caracteriza-se pelo estudo e classificação dos gestos impressos. A orientação mímica abrange as linhas francesa e italiana.

Escola Italiana - Iniciada por Girolamo Moretti, que abandona os métodos e técnicas francesas e adota linhas diferentes das escolas francesa e alemã . Os principais seguidores são os grafólogos Torbidoni, Zanin, Cristofanelli e Palaferri. A essa escola pertence, também, Marco Marchesan, autor da obra *"Dalla grafologia alla grafopsicologia"* (Monza, 1947).

Escola Alemã - Estabelecida por L. Klages, parte da interpretação plurivalente dos sinais, determinando o "Nível de Forma" a partir das noções de ritmo e harmonia. Propõe as bases para a observação do paralelismo fisiológico das letras com a estrutura do corpo do autor. Nessa linha de trabalho, é estabelecida uma base para a orientação, na medicina, de diagnósticos, nos hospitais tanto da Europa como dos EE.UU.

Escola Simbólica - É uma evolução da escola mímica, que foi desenvolvida por Max Pulver, a partir das considerações de C. G. Jung. Propõe a teoria da representação simbólica da escrita. Ania Teillard é a componente mais interessante dessa escola. Com a sua obra "L'Âme et l'écriture", ela expõe a Grafologia como técnica para a psicanálise.

Escola Moderna - Segue a linha de estudo de R. Trillat, observa o conjunto, seguindo a sequência: letra - palavra - página. Interpreta as observações em dois planos: o intelectual e o moral. Propõe a observação da "Margem Central".
Esta "margem" é um espaço interno da folha escrita. Ele se forma quando a ponta impressora transita da esquerda para a direita, passando do campo de visão do olho esquerdo para o direito. Indica a orientação do plano visual, sinalizando a preferência para o contato consigo, "à esquerda", e o contato com o outro, "à direita".

Escola de Barcelona - representada por Muños Espinalt que criou um sistema de síntese, apresentado em sua obra Grafologia Aplicada, em que propõe fórmulas concretas para a observação.

Escola da Relação Consciente - Inconsciente - Iniciada por Augusto Vels, na Espanha, estabelece métodos bem definidos, pedagógicos. Eles permitem conhecer e selecionar os paralelismos psicológicos, com menor margem de erros e maior convicção nas suas bases.

Segundo Xandró, seu seguidor mais notável, Vels afasta a "forma simplista e incorreta que deixa, a critério do leitor e do aluno, a valorização, o contraste, o agrupamento de sinais, quando pretendem, por um único traço, interpretar aspectos complexos da personalidade". (Xandró, pág 25)

Vels estabelece, de forma muito clara, a diferença entre "Grafologia" e "Grafomancia", e propõe, como base para o estudo, a observação de regras seguras, e módulos para a análise da estrutura da grafia. Os módulos se não eliminam, pelo menos diminuem as interpretações emocionais, imaginativas ou aleatórias. Estabelecem métodos, bem definidos e pedagógicos, com uma orientação de trabalho que permite conhecer e selecionar os paralelismos psicológicos com a menor margem de erros.

O "Dicionário de Grafologia e Termos Psicológicos", escrito por Vels em 1985, apresenta a mais importante e detalhada aproximação da grafologia com a psicologia, unindo em uma obra, a Grafologia e a interpretação dos sinais grafológicos aos termos da psicologia.

Vels desenvolveu (1990) a teoria da Grafologia dinâmica e estrutural, em que se consideram as posições da ocorrência dos sinais grafológicos por zonas gráficas (superior, média, inferior, inicial e final), complementando a orientação lógico-racional de identificação do significado psicológico.

É da autoria de Vels o "Manual de Grafoanalisis" (1949), em que se apresenta o programa informatizado "Método Vels de Grafoanalisis". O Programa, publicado em 1949, facilita o uso de computadores para a identificação do "esqueleto da personalidade".

Primeira Parte

Lógica e Bases Teóricas

INTRODUÇÃO AO ESTUDO DA GRAFOLOGIA

A Grafologia estuda o resultado impresso dos pequenos gestos de quem escreve. Os movimentos impressos devem ser observados em seus menores detalhes. Mesmo antes de pousar a ponta impressora no papel, uma pessoa executa movimentos inconscientes, estudados por Robert Saudek, que observou, usando câmeras ultra rápidas, com as quais registrou movimentos circulares e retilíneos, manifestações inconscientes do que ele denominou "ajustamentos gráficos". Essa pesquisa permitiu identificar duas naturezas de movimentos:

"A) no ar: pequenos movimentos redondos (volutas) espiralados - é o ajustamento "não material";

"B) sobre o papel: o autor executa movimentos cuja trajetória fica impressa" (Honroth, sd. pág. 27).

Os pesquisadores que desejam o conhecimento da alma, por ser essa tão complexa, têm a obrigação de procurar o conjunto de suas manifestações sensíveis, que, segundo Kant, são a demonstração incontestável da existência do invisível. Sendo a alma reconhecível por um sistema complexo de manifestações, a Grafologia é, logicamente, um instrumento complexo e de recursos minuciosos.

Augusto Vels, em sua obra, "Grafologia Estructural y Dinámica" (1994) afirma que, a partir dos estudos de Gross e Rudolf Heiss, na Alemanha, implanta-se a base da Grafologia sobre três elementos:

FORMA - o aspecto mais consciente e intencional da onda gráfica. É a expressão modal do caráter, ou seja, a conduta. Na forma das letras, o indivíduo se apresenta tal como gostaria de ser visto, manifestando-se natural e espontâneo ou elaborando e cultivando uma "fachada".

ESPAÇO - O que é concreto e visível ocupa um lugar no espaço. O conceito de espaço, na grafoanálise, refere-se não só aos intervalos, ou vazios, que a massa gráfica deixa no papel, mas também à superfície que os diversos elementos da onda gráfica ocupam nas cinco zonas do grafismo.

A maneira como uma pessoa enquadra as margens e distribui as letras, palavras e linhas no ambiente delimitado da folha de papel, nos indica como ela se sente e como se move no seu "espaço vital".

MOVIMENTO - "O movimento é a manifestação do nível de vitalidade e dinamismo das funções físicas, psíquicas e mentais da pessoa, em seus sentimentos e ideias, desejos, e em sua conduta. O movimento é como o selo temperamental de cada pessoa, é a estrutura básica e constitucional do indivíduo, abrange o temperamento, a tensão e o dinamismo das pulsões vitais que são, em suma, os estímulos internos condicionantes do pensamento, do sentimento e da ação." (VELS,1992)

O estudo

O reconhecimento simultâneo de três campos de observação é essencial para o estudo da Grafologia: identificar o movimento que foi necessário para desenhar a forma, a rapidez com que o autor executou sua escrita e o espaço ocupado pela forma.

Para essa tarefa, devem ser estudadas as teorias básicas de Klages - sobre o nível de forma, e as de Pulver sobre o simbolismo do espaço em que os movimentos foram feitos.

O estudante deve ter em mente a experiência dos autores estudados e procurar adotar e aceitar os argumentos estruturados nas teorias apresentadas. Elas são o resultado de trabalhos de pesquisas longas às quais se deve, no mínimo, dar crédito científico. A "energia Gráfica", expressão utilizada por Augusto Vels, tem sua origem nas sinapses - contatos entre os neurônios (nos dendritos).

É necessário e importante observar que o estudo da Grafologia é feito pela interpretação de fatos que ocorrem nas camadas abaixo da linha do consciente. Considere-se que o ato de escrever é a comunicação de uma ideia que se expõe (consciente), realizada por micro gestos, comandados pelos sentimentos, pela excitabilidade, pelas emoções e por muitos fatores, que não estão na esfera consciente. Assim, a Grafologia tem como campo de trabalho o âmbito das reações "primárias" - não elaboradas e não conscientes.

---

(1) A citação está feita em tradução, autorizada pelo autor da obra "Grafologia Estrutural Y Dinámica" (Vels, 1997).

TEORIA DE LUDWIG KLAGES

A Forma

Ludwig Klages (1872-1956), físico alemão, professor em Zurique, dedicou-se ao estudo da Filosofia, da Psicologia e da Grafologia. Aprofundou-se em Grafologia como manifestação da psique e propôs a pluralidade de interpretação dessa ciência, estabelecendo o que chamou de *NÍVEL DE FORMA (1917)*.

A escrita é como a manifestação intermediária do mundo interior, que se externa para exibir o ambiente desejado pelo autor. Na apresentação da teoria, Klages estabelece a relação entre a Regularidade (conjunto dos elementos gráficos) e o predomínio da Vontade ou do Sentimento; e da Proporção (modo de desenhar as letras) com as manifestações emotivas (equanimidade, obtusidade, ânimo e perturbabilidade).

Parece-me correto interpretar a aparência da letra como um filtro que se interpõe entre o ambiente interno, onde se conformam os modos externos, e a manifestação desejada pelo autor. Como a máscara, que Jung definiu como "Persona": o eu que o autor apresenta ao mundo exterior. Usando as palavras de Jung: "é um complexo funcional a que se chegou por adaptação ou comodidade". (apud SAIANI, 2000. pág. 67.)

A cultura do autor, resultado do hábito de ler e escrever, não deve ser valorizada a ponto de estabelecer, por si, o valor do *nível de forma*. A palavra "FORMA" dá a idéia de plenitude da consciência. Assim, a avaliação da plenitude da vida dos indivíduos, feita pelo reconhecimento do Nível de Forma, de Klages, significa o reconhecimento do nível de forma vital *(Formniveau)*. É o interior, invisível, revelado pelo visível.

Os graus de originalidade, individualidade, intensidade do ritmo, no âmbito vital, indicam a capacidade de expressão que tem o autor. A partir do exame de conjunto, verificamos se ele é franco, habituado à redação livre e sem medo de se expor - nível positivo; ou, ao contrário, nível negativo, a sua maneira de escrever indica seu propósito de mostrar o quadro que tenta impor a quem o observa. Nesse caso, o autor não é franco, e tem medo de se expor de maneira aberta e tranquila.

A teoria de Klages liga a noção de equilíbrio e harmonia da personalidade à observação dos elementos gráficos "Regularidade" e "Proporção". Não existe escrita em que os formatos se repitam com absoluta regularidade, mas é natural que as letras tenham aparência, extensão e energia, que causam uma informação visual homogênea.

Segundo o grafólogo Erwin A. Leibl, quando se estuda Klages, deve-se procurar identificar na grafia: os símbolos de uma atividade espontânea, eficaz, em que o movimento ritmado, em si, seja a causa da progressão; o resultado da ação de forças instintivas, que estão em harmonia com as estruturas dos seres. É necessário prever a possibilidade de ritmos variados que sejam o efeito de tendências naturais, uma ordem que não exclui a flexibilidade.

A harmonia é um estado de equilíbrio entre os instintos e a vontade. O ego oscila entre esses elementos, demonstrando seu espírito de organização e de capacidade para regular sua intensidade. O desequilíbrio de tais elementos se manifesta sob a forma de exageros, de qualquer espécie, no aspecto grafológico. São os excessos que pretendem encobrir os problemas internos. A ordem excessiva da letra de imprensa, a grafia profissional desenhada, a movimentação não natural, percorrendo as diversas zonas gráficas demonstram desejos incontidos e inconfessáveis ou, o seu oposto, a excessiva contenção, para mostrar o temor de se expor.

A escrita contém traços feitos por um impulso vital, espontâneo, inconsciente, que são impostos pela educação, pela moral. Outros são repetidos como um hábito, sem qualquer naturalidade, e mostram o nosso lado artificial, na tentativa de bloquear toda manifestação natural. A letra impessoal (de "forma" ou "bonita") mostra um aspecto que nem sempre corresponde ao sentimento natural do autor.

Os traços espontâneos são genuínos da escrita. Os demais são destinados a causar impressão. Manifestam-se pela maneira como o autor ocupa o espaço. Com exageros, sublinhados, enfeites, e demais sinais que estão além da aparência natural de uma letra, que não são expressivos, ou tentando bloquear toda a manifestação natural, quando usa a letra de forma ou desenhada.

Considerações preliminares

Citando um estudo do grafólogo Erwin A Leibl, a escrita é traçada com movimentos alternados para o alto da letra e outros que descem. Os traços dirigidos para o alto são chamados de *"perfil"*, e os que descem são os *"plenos"*. Tais movimentos se alternam e são separados pelo desclocamento da mão para a direita. Podemos realizar a experiência ou tentar fazer esses traços sobre uma folha que se movimenta para a esquerda. Um movimento sinuoso, imitando uma onda é o resultado do deslocamento lento. Se o deslocamento for rápido, a "onda" fica esticada; se a velocidade da folha for pequena, a onda fica estreitada e curta.

No caso da escrita, a folha fica imóvel, o que se desloca para a direita é a mão do autor. Com essa imagem, podemos identificar o ritmo representado pela variação do espaço ocupado pelos traços. A regularidade se manifesta na similaridade das alturas dos *perfis* e *plenos*. Em uma escrita natural, espontânea, haverá sempre suavidade nas alternâncias e nas distâncias percorridas.

Ritmo e Compasso

O compasso é representado pelos movimentos de subir e descer (perfil e pleno), enquanto a mão descreve um movimento da esquerda para a direita (abdução) - observada a proporção nos traços impressos nos dois sentidos - alternando para cima, para baixo e para a direita.

O ritmo está na regularidade das letras impressas, observadas suas alturas e os comprimentos das hastes e das pernas. Estes elementos representam a intensidade da energia aplicada pelo autor.

A vida se expressa no Ritmo, porém, é o Espírito que o faz esticar-se, como a mola que se extende e se retrai, vibrando, com a palpitação que lhe imprime compasso, que é como a cor e o relevo que lhe dão a imagem de variação vibrante.

A reprodução de imagens - Forma - se faz em intervalos semelhantes: é o ritmo que é a manifestação da vida. Nem as formas se repetem, nem os intervalos são somente semelhantes, diferem-se perceptivelmente uns dos outros. A originalidade do encadeamento rítmico consiste em "esquecer" regras imagináveis, não possibilitar quaisquer observações métricas, evitando "reproduções".

As formas devem ser observadas nos detalhes, pois, é neles que a imagem avança, assim como uma onda de pulsações: variações das elevações, das distâncias horizontais e das letras.

O Nível de Forma

A identificação do nível de forma, em cada aspecto grafológico, é feita com a observação atenta e analítica dos elementos:

Regularidade da aparência - identifica o jogo do predomínio vontade-sentimento.

Observam-se, nos movimentos predominantemente verticais, traçados para cima e para baixo, nas dimensões, hastes e pernas, a vontade, que é reguladora. O instinto cria a irregularidade com a impetuosidade do impulso:
- muita variação - escrita irregular;
- pouca variação - escrita regular.

Isto mostra o resultado da luta íntima entre a vontade e os sentimentos, que produzem os impulsos.

O equilíbrio, estado que produz pouca variação, pode ser resultado da igualdade mútua de intensidade entre os elementos vontade e sentimento, sem considerar que ambos podem ser igualmente fortes ou fracos. Predomínio da vontade - debilidade do sentimento; predomínio do sentimento - debilidade da vontade.

Proporção dos elementos da escrita - distribuição da "massa gráfica".

Observam-se, nos movimentos com predominância do sentido horizontal, traçados da esquerda para a direita e vice-versa; inclinações, espaços entre palavras e linhas, barras horizontais, pontos, sinais acessórios, traços iniciais e finais. Lembremos, para esta observação, o significado dos eixos de equilíbrio da grafia, nas letras:
- o eixo vertical: do "Ego", representado nos movimentos traçados para cima e para baixo;
- o eixo horizontal: da expansão instintiva, representado nos movimentos horizontais;
- o eixo emocional e o eixo espiritual: verificável na combinação ou alternação dos dois anteriores.

A proporção pode ser observada também na colocação dos sinais gráficos de maneira constante e uniforme, sem rigidez, em que não se identifica a ação dura e evidente da vontade de fazer um gesto "bonito e claro", e na comparação dos deslocamentos da mão para cima e para baixo, para a direita e para a esquerda impressos ou não impressos, mas que estão sempre presentes na escrita. A proporção espelha a harmonia das funções e tendências.

O nível de forma nos indica como se identificam a atitude, o comportamento (partes visíveis) e a personalidade do sujeito (parte invisível).

O duplo significado dos sinais e o nível de forma

Klages, com sua teoria, admite uma interpretação variável do significado psicológico de sinais contidos em uma escrita. A interpretação deve considerar as variações decorrentes das formas de expressão - proporção e regularidade da escrita.

A debilidade do sentimento, a intensidade da vontade, diz Klages, não são "forças", mas possuem em comum com elas a característica de poderem se intensificar. Há a vontade mais "fraca" e a vontade mais "forte", e dizemos haver "força da vontade", com o significado de "mais" ou "menos". A vontade é a soma da energia psíquica do consciente.

Por essa teoria, segundo Klages, basta o fato da analogia; é adequada a consideração de "força" para a proporção e para a regularidade. Pode-se falar, assim, de "mais" e "menos" quando se tratar de coisas que não podem ser medidas em quantidade, ou, talvez nem possam ser mensuradas.

A vivência íntima de uma pessoa pode ser expressa pelo movimento resultante da interação entre impulso e resistência psíquicos. A expressão retrata a força impulsiva ou a debilidade da resistência oposta. Deve ocorrer uma interação tal que a intensidade do estímulo vivencial se distribua de maneira diferente e diversa em cada pessoa, na variação da intensidade, ou na forma dos movimentos.

Vejam situações como:

Como reconhecer o grau de excitação de duas pessoas, se uma fala com vivacidade, em voz alta e a outra murmura entre dentes os seus protestos?

Como avaliar a intensidade da energia interior, segundo o ímpeto do comportamento, se uma pessoa permanece "fria" enquanto a outra se "entusiasma"?

Como descobrir a grandeza da benevolência de um gesto amável, se um revela a verdadeira bondade e o outro somente "deixa passar" a oportunidade?

A distinção entre o positivo e o negativo

Observando um traço qualquer de uma escrita, pode-se ter uma informação de duplo significado: (+) pela presença da força instintiva, e (-) pela ausência de sua manifestação.

Não há qualquer comparação de mérito na anotação proposta por Klages: simplesmente indica o sentido da energia psíquica do autor, que se pode identificar na maneira como ele se manifesta.

O nível de forma "positivo" é identificado: quando as partes das letras, sem enfeites, são coerentes e compatíveis, sem qualquer indicativo de exagero ou manifestação da vontade ou do sentimento; quando contêm enfeites, volteios, curvas e traços não necessários.

Devemos examinar um documento submetido à análise, com calma e método, observando:

1. no seu conjunto: aspecto geral - limpeza, organização, ausência de interferências verticais ou horizontais; cada letra ocupa seu lugar,

cada palavra idem, sem nos deixar impressionar por uma eventual "beleza" pictórica do texto, ou seja, a "aparência" e a simplicidade expõem com clareza a "alma";

2. em cada aspecto: há uma relação entre os sinais que podem dar um bom nível ou um ambiente gráfico positivo. Considera-se o texto e observam-se os pontos já descritos.

Assim é que se deve procurar encontrar, em cada aspecto do estudo, qualquer sinal que signifique o disfarce, a regularidade ou irregularidade excessiva, a monotonia ou a variação exagerada, a falta ou o excesso de espaços (margens e intervalos) deixados pelo autor ao preencher a página; a limpeza muito evidente ou a frequência de retoques e manchas, a letra disfarçada ou em desacordo com a cultura gráfica do autor. Tudo isto será interpretado como ambiente negativo, manifestação excessiva de modos não naturais, resultantes de pré-estabelecimento ou fantasias pouco sinceros, com o objetivo de ofuscar a interpretação do grafólogo.

3. Observem-se, com calma e atenção, como se apresentam os espaços deixados pelo autor - ao longo do texto e em toda a página utilizada; - estude-se o ritmo da grafia. No primeiro momento, se a letra é espontânea, natural, ou se é uma escrita com formas adquiridas, não naturais, que parecem querer mostrar mais "beleza" que simplicidade.

Deve-se colocar a página no sentido transversal para que se possam observar e avaliar, com maior facilidade, os intervalos deixados entre as linhas escritas. Se forem proporcionais à altura das palavras, sem interferir nas partes baixas das letras, a impressão que se tem é de "alamedas limpas", sem exageros ou cuidados excessivos. Considere-se "espaço" entre as linhas ou entre as palavras, aquele branco que ficou sem ser utilizado.

Observem-se os espaços entre as linhas (espaço intelectual). Eles são constantes e razoavelmente iguais? Também, se as distâncias verticais entre a base de uma linha escrita e o limite da zona do ego, na linha de baixo são rigidamente iguais, têm pequenas variações, ou variam muito (ritmo da zona intelectual);

• se os espaços deixados entre as palavras (espaço social) são aproximadamente iguais ao longo da linha escrita e nas demais linhas - entre o término da zona final de uma palavra e o começo da zona inicial seguinte. Quantas palavras há em cada linha?

• se os espaços entre as letras "dentro das palavras" são constantes e regulares; se as letras ocupam lugares definidos, (estado de tensão ou intensidade afetiva) e não são observadas interferências horizontais.

Os excessos e os disfarces - numerosos e evidentes - assim como a preocupação de mostrar "beleza" na grafia, indicam níveis negativos: são produto da vontade ou o desejo do autor de "se esconder".

Max Pulver, psicólogo, seguidor de Jung, de quem era amigo e sócio, cuja teoria é objeto de exposição mais adiante, criticou a teoria de Klages, afirmando que o sentido estético - aparência - dá maior importância à manifestação dos impulsos vitais, deixando de atribuir significado à parcela de contribuição do "espírito".

Segundo Pulver, nessa elaboração, manifesta-se a complexidade da essência humana, cuja síntese é constituída de numerosas tensões e variáveis, que se mostram em sua riqueza, plenitude e intensidade, formando a "estrutura" do ser, que é dinâmica, e engloba os diversos níveis do psiquismo. (PULVER, 1991).

Sobre Ritmo na escrita

VELS propõe algumas considerações em um de seus livros cujos originais me foram enviados (1998), com a autorização de traduzi-los e publicá-los junto com a "Ampliação do Dicionário de Grafologia e Termos Psicológicos afins", ainda inédito, sob o título "Conceito de Ritmo na Onda Gráfica". O movimento de conjunto da grafia é o ritmo, que indica a intensidade e a qualidade da energia psíquica. A monotonia e o aspecto estereotipado são o resultado do bloqueio desse elemento natural.

"A distribuição rítmica dos impulsos gráficos – diz Pulver (Simbolismo da Escrita, pág. 46) - depende do grau de afetividade". Se os impulsos são fortes e a ebulição predomina sobre a vontade, o fator ativo se manifestará nos distúrbios do ritmo. O avanço equilibrado, que provém da afetividade tranquila, conduz a uma distribuição harmônica em todos os aspectos do corpo gráfico. A precipitação, as irregularidades, o vaivém e a violência excitável não permitem um movimento de avanço harmônico no campo gráfico.

Da mesma forma que, para a regularidade ou a irregularidade da imagem gráfica, é decisiva a relação entre vontade e emocionalidade, no conceito de ritmo, o que intervém é a vibração sensível e nervosa do indivíduo, independente da inteligência, que está sempre ligada ao controle da vontade.

Essa vibração será uniforme quando for pequena. Se não estiver presente, revelará a apatia e a insensibilidade. Muito forte, mostrará a inquietação ou um desassossego sob a forma de peculiaridades, de impressionabilidade, susceptividade.

O sinal "metodicamente desigual", de Moretti e seus seguidores, se aproxima bastante do conceito de ritmo da escola alemã. A diferença entre um e outro conceito, talvez, esteja na própria psicologia de cada povo.

O ritmo dos alemães se assemelha mais ao da marcha militar, é um movimento mais angular e mais seco. O ritmo ou "desigualdade metódica" nos italianos se assemelha mais ao de "minueto de Bellini" que ao da marcha militar.

A "desigualdade metódica" é mais suave, menos disciplinada, mais leve, mais aberta. Por isso, falaremos de "ritmo", quando a onda gráfica se aproximar mais do movimento angular e de "desigualdade metódica", quando a onda gráfica for mais suave ou se parecer mais com o movimento curvilíneo. A desigualdade metódica poderá se expressar por algumas inibições na coesão e nas pernas curtas ou ausentes. A diferença psicológica entre ambos os conceitos não é outra além da "formal". Se o ângulo prevalece, a vontade está intervindo mais. Os impulsos mostram a variação do grau, o freio resulta de uma vigilância ativa da vontade. Se a curva for dominante, a onda gráfica mostrará maior espontaneidade, liberdade e um jogo sinergético mais harmônico das diversas funções psíquicas e físicas.

Tanto o "ritmo" klagesiano como a "desigualdade metódica" moretiana refletem uma certa adaptação, tanto ao mundo interior como às pessoas e circunstâncias do ambiente.

Em ambos os casos é sinal de uma boa saúde física e mental e de boas condições para a vida social e profissional" (Vels, Augusto, Ampliação do dicionário, obra inédita, 1995).

Pode-se usar, aqui, a seguinte imagem: uma banda militar executando um samba estaria no ritmo "duro", klagesiano; a grafia teria ângulos, em ritmo metodicamente desigual. Compare-se a "imagem" com a de uma escola de samba, executando a marcha militar; a grafia estaria na outra ponta, com a presença de bases arredondadas e maior suavidade no conjunto.

Diremos que os movimentos para baixo (plenos) e para cima (perfis) seriam como os movimentos do braço do regente da orquestra, constantes e seguros.

Ambos podem ser considerados de maneira semelhante, no estudo do nível da forma: positivos, "persona", de adequação, sem conflito, sem um padrão de defesa não compatível com a realidade interna do autor.

O ritmo gráfico

Combinação do movimento alternado para cima (perfil) e para baixo (pleno) com os movimentos para os lados, de abdução (para a direita) e adução (para a esquerda).

Desigualdade metódica

É, ainda, a obra de Vels a fonte do que a seguir se expõe sobre a identificação do ritmo da onda gráfica.

É um termo médio entre "regularidade" e "desigualdade" também definido como "metodicamente desigual". Esse tipo de desigualdade se revela nas pequenas variações da dimensão da onda gráfica, na zona média, sem que o grafismo perca a homogeneidade e a harmonia, segundo os conceitos de espaço, forma e movimento.

Quando isso ocorre, sem prejuízo do conjunto, pode-se pensar que o indivíduo absorve suas emoções e é receptivo, tem boa compreensão das diversas variações dos fatos, elabora suas idéias, age e expressa seus sentimentos selecionando o que deve fazer, segundo um critério ponderado, de maneira original e **harmônica**, indicativo de uma superioridade autêntica.

A grafia sem ritmo - arritmia

Quando forem observadas grandes diferenças de dimensões, de espaçamento, mudanças bruscas de direção e inclinação, de forma, de rapidez, vale dizer, quando se verificam discordâncias evidentes no avanço natural de um grafismo, conclui-se que não há o ritmo gráfico. A escrita apresenta distúrbios indicadores de perturbações, seja nas funções orgânicas, seja nas funções psíquicas, seja na atividade mental, ou mesmo em todas simultaneamente.

A arritmia indica falta de sinergia entre as entradas de energia, que afetam o equilíbrio da personalidade. O indivíduo está cheio de contrastes, lutas intrapsíquicas, ambivalências e caminha pela vida como um barco em plena tormenta e que não responde bem aos comandos do leme. Age ou decide as coisas por ímpeto, faltam-lhe a habilidade e o domínio para se conduzir pela vida, complica mais que o necessário, faltam-lhe a naturalidade e a confiança de quem sabe o que deve fazer e como fazer em cada circunstância.

A onda gráfica cadenciada

A onda gráfica é cadenciada quando se observa na zona média uma igualdade ponderada, sem monotonia: nas dimensões, forma, rapidez, inclinação, em todos os seus aspectos e sub aspectos.

É um bom sintoma de estabilidade emocional, de constância e de perseverança na conduta e no trabalho. Reflete uma boa adaptação e equilíbrio entre as obrigações e deveres, tanto profissionais quanto familiares e sociais. O autor é fiel aos seus compromissos, leal, sincero e correto.

A grafia monótona

A monotonia no traçado, que pode chegar, em sua condição mais extrema, à estereotipia gráfica - letras de imprensa sem variações - é um tipo de movimento em que a forma das letras e sua igualdade de dimensões se repetem monotonamente. A monotonia combina a lentidão com a falta de ritmo.

O traçado monótono na zona média indica que o indivíduo repete a si mesmo em tudo o que pensa, sente ou faz. Caracteriza-se por uma resignação passiva tanto no trabalho como em sua vida familiar. Teme mudanças, pois vê em toda alteração uma possível ameaça à sua superioridade ou à sua "doce" e tranqüila estabilidade. A pessoa prefere se sentir ignorada a sofrer a agitação de algo novo que lhe exigiria esforços de adaptação. Tem ambições, mas sua passividade a impede de se renovar para alcançar objetivos novos e progredir. Vive enclausurada dentro de sua rotina e de seus hábitos de vida.

A estereotipia gráfica

A estereotipia é a repetição mecânica ou automática das letras que compõem um texto. Pode ser observada no movimento e nas formas, com regularidade exagerada. A monotonia é a causa do automatismo dos movimentos.

A estereotipia se manifesta, com freqüência, pelo aspecto monótono, constante, arredondado ou redondo, sem "vibração" - pequenas variações dos espaços ocupados pelas letras.

Em geral, a estereotipia supõe uma diminuição mais ou menos profunda da atenção, da sensibilidade e da vontade. Ocorre nas pessoas com debilidade mental, dementes precoces e na paranóia, nos estados de melancolia e nos enfermos epiléticos.

Se a estereotipia for intencional, indicada, com freqüência, por letras que imitam a chamada "letra de imprensa" pode ser devida a uma deformação profissional, ou pelo estabelecimento de um hábito decorrente do preenchimento de formulários. Mais recentemente, da fixação de uma tendência para seguir a moda dos computadores, em que, por exemplo, se desenha a letra "o" cortada por um traço reto (para diferenciar do algarismo "zero", como se isso fosse necessário em todos os lugares...); é também, própria de desenhistas ou de calígrafos.

Ocorrerá, também, como conseqüência da vontade de se ocultar, falsear, ou de uma forte tensão emocional ou passional.

REGULARIDADE		IRREGULARIDADE	
Predomínio da Vontade		**Predomínio do Sentimento**	
Força de Vontade	Frieza do Sentimento	Força do Sentimento	Debilidade da vontade
+	-	+	-
Resistência Firmeza Estabilidade Decisão Solidez Persistência Perseverança	Vácuo Interior Pobreza de Sentimentos Indiferença Tédio Rotina	Vivacidade de Sentimentos Intensidade de Alma Paixão Impulsividade Ardor	Inconstância Versatilidade Veleidade Desorientação Falta de método Falta de objetivos Influenciabilidade
Proporção		**Falta de Proporção**	
Pouca Emotividade		**Muita Emotividade**	
Equanimidade	Obtusidade	Abertura de Ânimo	Perturbabilidade
+	-	+	-
Calma Tranqüilidade Contemplação Serenidade	Falta de Receptividade Rigidez Indiferença Apatia Insensibilidade	Receptividade Delicadeza Finura de Sentimentos Impressionabilidade Espírito alerta	Vulnerabilidade Excitabilidade Irritabilidade Susceptibilidade Caprichos

Fonte: KLAGES L. Escritura y Caracter. Trad. Blás A. Sosa. Buenos Aires, Paidós, 1954.

Sugestão de roteiro para o estudo - Nível de forma

Ao se iniciar o estudo para a análise de um documento, é necessário que se adote uma sequência disciplinada e atenta. O trabalho do grafólogo, antes de qualquer outra consideração, é o de pesquisar minuciosamente os detalhes que passam desapercebidos quando a observação não é orientada adequadamente.

O roteiro que apresento é uma sugestão a quem esteja interessado em bem aproveitar o que for aprendendo, ao longo do estudo da Grafologia, para uma forma de agir com coerência. O "Roteiro" é passo-a-passo, suave, mas disciplinado.

Sem a preocupação de leitura do texto, observe o conjunto da amostra. De início, não tente identificar letras ou sinais. Apenas absorva a primeira impressão sobre:

Aparência: Segundo Klages, é "o primeiro procedimento auxiliar de apreciação: todo exagero de uma propriedade motriz é prejudicial ao "nível de forma" (Klages: 62).

Há predomínio da forma sobre o movimento?

Do mesmo autor: "Nada dá mais à escrita o aspecto de monotonia que um excesso de regularidade" (Klages: 63). Letras de forma e monotonia indicam predomínio (negativo) da vontade, orientação rotineira. Verifique, também, se a grafia mostra capricho em excesso, imitação do modelo escolar caligráfico.

Procure identificar, no conjunto apresentado, se os espaços em branco prevalecem sobre a massa escrita.

Podemos encontrar a regularidade, no exagero dos espaços, que chega a dividir palavras, causando-nos a impressão de ver um vazio no campo gráfico (Klages:63).

Compasso: natural, rígido

Observe os espaços não ocupados: entre as linhas (espaço vertical), entre duas palavras (horizontal) e entre as letras, e identifique na grafia:

1) Os intervalos deixados pelo autor entre as linhas: são iguais, ligeiramente diferentes ou variam muito?

Ritmo - espaço ocupado pelas letras, função do movimento de abdução - domínio para a direita.

2) Os intervalos entre as palavras são iguais, ligeiramente diferentes ou variam muito? Quantas palavras, em geral, há em cada linha?

3) Como é a seqüência das letras, dentro das palavras? As letras são muito unidas ou há entre elas um espaço?

Legibilidade

Identifica-se a existência de legibilidade, quando a apreciação da letra não exige esforço extra na leitura:

1) Hastes e pernas se destacam da zona média?

2) As pernas interferem ou se encontram com as hastes das linhas seguintes?

3) As letras ocupam os lugares próprios e definidos, ou dão o aspecto de estarem amontoadas?

4) Observe as zonas iniciais e finais de cada letra: são distintas ou não foram traçadas?

Regularidade - regular; variada

1) Há muita variação de forma, dimensões ou de intervalos ao longo da página?

2) As variações ocorrem em algum sentido ou zona preferencial?

Proporção: proporcionada ou desproporcionada

Observe a posição dos sinais gráficos: altos, normais, baixos, existentes, ausentes, desproporcionais, em posição variada. Verifique o que ocorre com a altura das letras, em várias palavras, dentro das palavras, se há exageros ou excesso de movimentos.

1) As formas das letras se mantêm ao longo da página?

2) Os sinais acessórios, que completam as letras, variam com naturalidade, ou são mantidos com evidente preocupação com a aparência e a exatidão? O sinal gráfico, quando for constante nas posições e formas, indicará o ritmo dos impulsos e o equlíbrio.

3) Observe as barras (traços horizontais) dos "tt" e outros sinais acessórios: são mantidos naturalmente, ou as variações são muito notáveis? (Sinal sensível da presença inconsciente de orientação da vontade.)

Conclusões a que se deve chegar

1) Quais são as relações entre vontade e sentimento - qual prevalece?

Ou seja, o autor sabe se controlar, e conhece seus limites, respeitando os dos demais?

Predomínio

Vontade: Escrita regular, igual , pouca variação da forma e de dimensões;

Sentimento: Escrita irregular, variações na forma e nas dimensões;

Ego, instinto, emoção e espírito: conforme as zonas mais utilizadas.

2) Qual é a função psicológica prevalente (consulte os primeiros capítulos: Ocupação do espaço e funções psíquicas dominantes): Pensar, Sentir, Intuir, Perceber? (Consulte "Funções Psíquicas Dominantes").

O resultado das observações deve ser comparado, segundo as "zonas gráficas", com as características psicológicas correspondentes; é o que chamamos de "paralelismo psicológico", baseado nos ambientes gráficos identificados, seguindo as indicações de "sentido positivo" e "sentido negativo" em cada caso, e orientar a "interpretação geral".

A conclusão dessa etapa inicial deve permanecer evidente durante todo o trabalho do grafólogo. Assim ele terá um resultado que engloba as observações e deduções, como ensina a psicóloga e grafóloga Ania de Teillard.

Em todo o estudo, para cada aspecto, essas primeiras informações devem ser consideradas como as principais, e a escolha das características deve ser marcada pela coerência.

Jacques Grancher (ABC de la graphologie, Paris, 1993) sugere que o grafólogo, em seus estudos, detenha-se durante alguns momentos, para apreciar, mesmo instintivamente, sete aspectos:

impressão de conjunto (impulso dinâmico), dimensão, direção, forma, continuidade, pressão e velocidade.

A observação deve ser feita somente para "absorver" e "sentir" o visual.

O aspecto "negativo", no nível de forma, pode ser identificado nas partes do grafismo em que ocorram ou se notem exageros e preocupação do autor de "chamar a atenção". Revela essa atitude uma necessidade, inconsciente ou consciente, de mostrar o aspecto ideal com que ele deseja ser visto no mundo exterior. Daí o estereótipo, a clareza da letra caligrafada (artificial e muito evidente), o excesso identificado nos movimentos pouco naturais ou floreios e enfeites em demasia.

Essas indicações afetam cada um dos aspectos grafológicos, em que a aparência pouco natural e os exageros sempre significam algo negativo:

Ordem - disposição, distribuição e proporção: são naturais ou estereotipadas?

Dimensão - altura, largura, espaço e movimento: há exageros, excessos ou faltas?

Pressão - peso, profundidade e relevo; há indicação de modificação ou variação da energia aplicada?

Forma - aspecto gráfico e forma da ligação entre as letras: são naturais ou imitam determinados padrões?

Rapidez - velocidade da escrita: dá a impressão de muito ou de pouco movimento?

Direção - orientação, formas geométricas, sentido das reações: são constantes ou têm evidentes mutações?

Inclinação - variação e inversão: são constantes, rígidas, ou há ligeiras variações?

Continuidade - regularidade, variabilidade, agrupamento das letras, Gestos-tipo - letras reflexas, assinatura legível ou ilegível, desenhada ou simples, com ou sem enfeites (rubricas) de "proteção".

Traço - a espessura é constante nas pontas e no corpo?

Procedimento - observado na escrita cursiva no modelo caligráfico associado a alternância dos traços em flexão - gestos de tensão (plenos) e traços na extensão - gestos de alívio (perfis).

Movimento - deslocamento da ponta impressora sobre o papel, em progressão para a direita e animação da escrita.

Desugualdade - irregularidades e variações.

TEORIA DE MAX PULVER

O Espaço[1]

"Dr. Max Pulver, associado de Dr. C. Jung, desenvolveu o conceito de zonas da escrita, que serve para localizar as projeções inconscientes dos impulsos, das necessidades e das motivações que emergem das percepções íntimas. A escrita representa, igualmente, as forças direcionais da direita, da esquerda, de cima e de baixo que simbolizam a influência do momento.

O sentido evidente dessa "direcionalidade", ou movimento espacial, parece ter sua base nas imagens dos arquétipos que influenciaram o homem por gerações. Nossa linguagem coloquial tem expressões como: "ele ainda está agarrado na barra da saia da mamãe" - (ainda está amarrado ao passado) - ou "ele está subindo a escada do sucesso" - (ele está se projetando) - ou "ela tem a cabeça nas nuvens" - (sonha de olhos abertos) - "mantém os pés no chão" (procura segurança), etc.

Ao levar esse simbolismo para o espaço vazio do papel, é necessário gerenciar o movimento que vai de um lado a outro do espaço. A premissa básica é a de que um indivíduo projeta suas percepções internas, mostrando a que zonas gráficas ele dá maior ênfase:

Zona superior:	ocupada pelas partes mais elevadas das letras;
Zona média:	ocupada pelo corpo principal das letras;
Zona inferior:	ocupada pelos traços que ficam abaixo da linha.

Augusto Vels, em "Grafologia Estructural y Dinámica", apresenta exaustiva análise do significado das zonas gráficas.

---

1) Fonte: Farmer, Jeanette: *"Graphology and Brain Dominance"*. The Graphological psychogram: The Brain Dominance Review, Volume 6 nr 1, 1989.

Quando examinamos uma grafia, nossa primeira atitude deve ser a de considerar e valorizar a zona predominante. Isso será possível se considerarmos, com atenção, as características globais da letra em estudo. A força ou ênfase no traço, as formas mais ou menos ricas, a quantidade de espaço ocupada, a maneira como os traços nos prendem a atenção nos indicam a preferência do escritor, manifestada em sua maneira de se expressar graficamente. (VELS,1990:161).

Zona Superior - é a manifestação do intelecto, do sentido ético, religioso, dos sentimentos espirituais. Nessa zona, segundo Vels (1990: 160), a existência e a colocação dos sinais - pontos e acentos - nos dão uma boa orientação a respeito da atenção, da agitação ou inquietação do espírito e da exatidão dos detalhes nos juízos e conceitos.

Zona Inferior - é a área representativa das necessidades instintivas, biológicas e corporais, isto é, a zona em que se revelam os apetites primários: fome, sede, prazer, sexualidade. Identificam-se, também aí, a avidez pelo dinheiro, conforto e pela comodidade. Nessa zona se abrigam todos os impulsos e pulsões instintivas, a preferência pelos prazeres do corpo, pela motricidade e assuntos de ordem prática e econômica. "Essa zona revela as necessidades predominantemente instintivas. Aí ocorrem, também, os sinais de valorização dos movimentos (pressão, dimensões) indicativos da preferência pelos prazeres do corpo, da movimentação e dos assuntos econômicos e práticos" (VELS, 1990).

Zona Inicial - é o ponto em que nascem os impulsos representativos de cada estímulo, necessidade ou objetivo desejado. O traço inicial é a expressão gráfica da representação mental de um objeto concreto ou abstrato. Revela a maneira de agir em direção a um alvo, a uma espécie de objeto de culto, como o passado e a tradição do autor.

Zona Final - é o reflexo simbólico do modo de contato com o exterior. Os movimentos finais permitem avaliar a maneira de reagir em face do mundo circundante. Poderá indicar uma tendência, quando exagerada em suas dimensões, à necessidade de falar e desenvolver mitomania em que estejam presentes o ter e reter (jóias, ideias, etc). Esses traços podem ser interpretados como "braços" que se estendem para colher alguma coisa. (Vels, 1992:161.)

Zona Média - é a via de confluência, atualização e realização dos impulsos superiores (pensamento, racionalidade) e dos impulsos inferiores (pulsões instintivas, apetites biológicos, interesses práticos).

* Vels , em sua obra "Grafologia Estrutural e Dinâmica", traduzida por mim em 1991, estuda de maneira interessante e atrativa este conteúdo. N.A.

As zonas são separadas por linhas. Podemos imaginá-las como pontos de contato do EGO com as demais zonas:

A linha base da zona média - contém o conceito de "Censura". Assemelha-se ao solo que esconde as raízes, mas faz brotar e sustentar a árvore.

A linha superior - é o "Umbral" de entrada na realidade. É a revelação do patrimônio da atividade intelectual, da imaginação e da vida espiritual".

Simbolismo do espaço na grafia (segundo Max Pulver)

Proporção nas zonas: Projeção inconsciente dos impulsos, motivações e temores:

Superior: Espírito Intangível / Intelecto / Imaginação / Ideal / Teoria / Cultura / Filosofia;

Média: Consciência Prática / Ego / Ímpeto / Emoção / Hábitos Sociais Perceptíveis;

Inferior: Corpo Tangível / Biologia / Ação / Impulsos / Instintos Materiais / Inconsciência.

Ênfase da Direção: como o autor se relaciona com o mundo

Esquerda	Centro	Direita
Passado	Presente	Futuro
Origem do Autor	Atividades Básicas do Autor	Objetivo do Autor
Passividade	Atividade	Agressividade
A pessoa (self)	Independência	Os outros
Segurança	Controle	Autoridade
Introversão		Extroversão
Mãe	Ego	Pai

A ênfase da direção é observável na maneira como as letras são traçadas:
- a tendência dos traços para a direita, dextrogira, é visível no comprimento das zonas finais, nas formas curvas e nas laçadas abertas, (na letra "l", por exemplo), na extensão do espaço horizontal ocupado pelas palavras, etc;
- a evidência da tendência para a direita indica manifestação expansiva, o desejo de se projetar e de estabalecer contato, virando-se para o futuro;
- a tendência para a esquerda, sinistrogira, manifesta- se no grafismo quando o autor encurva para trás as barras elevadas (da letra "t", por exemplo), apertando as letras e os traços finais das palavras, fechando as laçadas, e reduzindo os sinais de expansão para a direita.

Ênfase Espacial: como o autor usa o ambiente

Espaço entre as Letras: memória (falta ou presença), relaxamento ou tensão;

Espaço entre as Palavras: território, sociabilidade, controle da distância social;

Espaço entre as Linhas: organização, controle mental e do espaço emocional, clareza do pensamento.

Funções Psíquicas [Teillard] - Todo ser humano possui as quatro funções psíquicas, porém em graus de evolução diferentes, combinadas com as funções vitais - Introversão e Extroversão. Uma grande parte das perturbações psíquicas provêm do desenvolvimento irregular das funções que são os nossos meios de adaptação ao mundo. A função dominante é *"insaciável"* e cresce em detrimento das demais funções.

Perceber: É chamada a "Função do Real" - É irracional, pois *não* está sujeita à noção de valor. Simplesmente constata a existência das coisas em redor. É responsável pela adaptação objetiva à realidade.

Intuir: É função irracional, pois não está sujeita à noção de valor. Apenas revela as possibilidades inerentes a uma coisa, ser ou situação. Apreende a atmosfera psicológica via inconsciente.

Pensar: É função racional, pois está sujeita à noção de valor, indica o significado do percebido (que existe) e considera o conjunto como lógico. Julga, classifica e discrimina.

Sentir: É função racional, pois está sujeita à noção do valor que o percebido tem para o sujeito. Estabelece uma relação entre sujeito e objeto, que submete o EGO ao objeto, ou vice-versa (relação de afeto).

Uma função psíquica racional subjuga outra racional, o mesmo acontecendo com as funções irracionais, por exemplo:

Funções - Exemplos de ocorrência

Principal	*Complementar*	*Subjugada*
Perceber	Pensar	Intuir
	*	
	Sentir	

ou

Principal	*Complementar*	*Subjugada*
Pensar	Perceber	Sentir
	*	
	Intuir	

Na grafia, a função	*"Pensar"* - Concentra, diminui e liga a escrita; *"Sentir"* - Alarga, aumenta e agita a grafia; *"Perceber"* - Torna o traço lento, estável, com letras unidas; *"Intuir"* - Acelera, movimenta e desestabiliza, desune as letras.

Ao se examinar a escrita, deve-se identificar a função predominante, a subjugada e a direção da atitude vital (Jung) - introversão ou extroversão. Ambas são permanentes e inseparáveis, com influências mútuas. Assim, temos que considerar o "Pensar introvertido" diferente do "Pensar extrovertido" na sua forma de manifestação. Na primeira, predomina a consideração da realidade externa, na segunda, a manifestação da realidade interna, isto é, qual deve ser a direção da energia aplicada (de dentro para fora ou o contrário).

Segundo o quadrante em que ocorre a escrita, podemos interpretar o sentimento ou atitude dominante durante a execução do gesto, observando o quadrante em que a impressão seja mais forte, mais livre ou mais evidente, e o maior espaço ocupado.

Muchelli propõe a seguinte distribuição das funções segundo os quadrantes:

Superior Esquerdo	Superior Direito
Sonhar Recordar Afastar-se da ação Pensar no passado	Imaginar possibilidades Projetar-se Entregar-se Doar-se
Inferior Esquerdo	**Inferior Direito**
Querer conservar Guardar para si Esconder-se	Desejar adquirir Realizar Saber atuar

Fonte: Grafoanálise - A nova abordagem da grafologia. A Minicucci, SP: Atlas, 1991.

Observando a proporção das partes das letras e a estrutura global de uma escrita, podemos, ainda, identificar as funções psíquicas propostas por C.G.Jung.

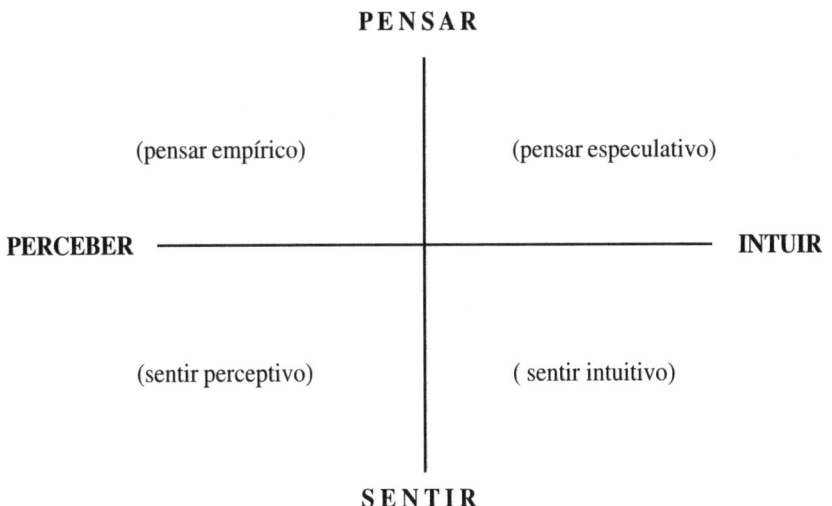

Nomenclatura básica

Zona Superior
Símbolos
inteletuais
e espirituais — A

Zona Média
Símbolos
"Ego"
Auto-avaliação — B

Zona Inferior
Símbolos
sensoriais
e instintivos — C

Legenda

1 - Zona Inicial;
2 - Zona Final;
3 - Haste (traço pleno);
4 - Perna (traço pleno);
5 - Voluta da haste (ou laçada superior);
6 - Voluta da perna (ou laçada inferior).

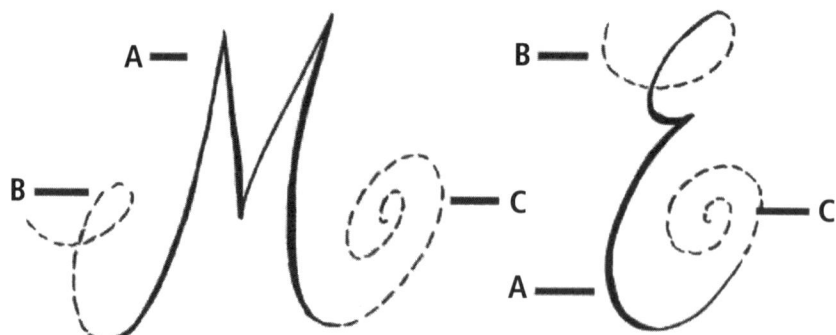

Legenda

Zonas ou Partes:
A - Elemento essencial da letra;
B - Elemento não essencial da letra - Zona Inicial;
C - Elemento não essencial da letra - Zona Final.

Fonte: A. Vels
"Escrita y Personalidad"
(1954)

FISIOLOGIA DO GESTO - OS MOVIMENTOS BÁSICOS

A Grafologia analisa cada gesto, segundo as direções e zonas dominantes. Para identificá-las, adota-se a classificação dos movimentos:

Extensão - movimento de baixo para cima, como no traço ascendente de uma letra "l" ou "h", subindo pela direita.

Flexão - movimento de cima para baixo, como no traço descendente de uma letra "l"ou "h", descendo pela esquerda.

O cruzamento dos dois movimentos - extensão e flexão - deixa impressa a forma a que chamamos de "voluta" ou "laçada", que é, naturalmente, arredondada e aberta.

Abdução - movimento dominante que parte da esquerda para a direita, como na barra horizontal da letra "v" da caligrafia escolar. Movimento igual forma também a "barra da letra "T", maiúscula ou minúscula, de caligrafia escolar. É um movimento de afastamento e abertura.

Adução - movimento dominante que vem da direita para a esquerda. É um movimento de abraçar, fechar o braço.

Classificação dos Gestos Impressos (Anatomia da letra)

Traço - qualquer movimento que ficou impresso, mesmo que seja um pingo nos "ii".

Pleno - impressão resultante do gesto de flexão (para baixo).

Perfil - impressão resultante do gesto de extensão (para cima).

Composições resultantes

Voluta - (laçada) movimento impresso, resultante da combinação de uma flexão com uma extensão ou vice-versa, cruzando-se e formando uma figura fechada.

Haste -é a voluta situada na zona superior - impressão do traço "pleno" nas zonas superiores das letras elevadas "b", "d", "l", "t".

Perna - é a voluta situada na zona inferior, com traçado inverso ao da haste, impressão do traço "pleno" (traço descendente) nas zonas inferiores das letras "f", "g" , "j" , "q" e "y".

Óvulo - (oval) é o resultado impresso de um gesto em círculo. Tem significado importante no estudo do ego, como veremos mais tarde.

Nó - também chamado pela palavra francesa "bucle" é um movimento circular, que tem uma forma curva, fechada, em que a trajetória da ponta impressora retorna ao seu ponto de início, à esquerda da letra. Aparece, com maior freqüência nas letras que são traçadas com volutas, como as vogais: "a", "o", nas consoantes "d", "f", "g", etc, nas maiúsculas e em ligações entre letras contíguas. Vels ensina que é um movimento essencialmente regressivo, com orientação negativa, egoísta.

Laço - Adorno simples e hábil, harmônico e curvo que retorna uma adução sobre uma abdução, cujo final de traçado se dá à direita da letra, em sentido inverso ao de um nó. Vels ensina que é um movimento progressivo, de sentido positivo, de habilidade, para envolver os demais, retendo sua atenção, etc. Muitas vezes, tem o aspecto de um nó repetido, mas o sentido do traçado é sempre tal que seu término se dá à direita da letra.

O Professor Vels ensina que a diferença entre laço e nó é o ambiente positivo (laço) ou negativo (nó), considerando-se que a formação geométrica é semelhante.

Formas elementares

Curva - Gesto suave, contínuo, de fácil execução, que representa o menor esforço. Revela atitude conciliadora espontânea, que alivia e suaviza as mudanças bruscas do comportamento. É a representação controlada da ação neuromotora . É uma reação secundária, em que a ação da vontade é conciliadora e suave.

Ângulo - Gesto duro resultante do desvio brusco e seco de um movimento, de uma direção para outra, sem suavidade, como o desvio de trajetória de um objeto duro que se choca contra um obstáculo também resistente. É a representação de um comportamento neuro-motor espasmódico, por arrancos, em direções variadas. É uma reação primária, em que a ação da vontade é pequena em relação ao estímulo que a provoca.

Sendo um movimento de abdução, da esquerda para a direita, revela mudança brusca de uma atitude de inibição ou contenção, para a de resistência e defesa. Revela a intransigência com relação aos próprios impulsos ou a desejos alheios. Em geral, o movimento de abdução - da esquerda para a direita - é um gesto simbólico de aproximação com as coisas fora do "Ego".

Composições derivadas das formas básicas

Derivados da curva

Guirlanda -gesto "aberto", formado pelos movimentos abertos por cima, que significa "receptividade", contato fácil, movimento curvo, com sentido contrário ao dos ponteiros de um relógio . É como uma concha capaz de receber e acolher.

Arco - gesto "fechado", formado por movimentos curvos abertos por baixo. Significa "reserva", inverso da receptividade. Contrapõe-se à "guirlanda", tanto em movimento como em significado.

Na zona inicial, como gesto de partida, mostra uma "elevação", mas, após certo esforço, volta-se em auto censura, tentando encobrir o interior ou tendências íntimas.

Serpentina - gesto ondulante, ambíguo, que revela uma atitude evasiva, que evita o formalismo.

Espiral - (coquilha) é um gesto repetido de envolvimento narcisista, tendo duas direções:

• a *egófuga*, de dentro para fora, aparece, ou se instala, nas zonas finais de letras, como o "m" ou o "n", e a *egópeta*, de fora para dentro, nas zonas iniciais de várias letras. Expressa o desejo de estender a influência pessoal - egoísta e possessiva.

Nó - definido anteriormente, como de ambiente negativo, significa "segurar", atitude de retenção, de obtenção. Um nó "ata", amarra, imobiliza e sujeita, física ou moralmente, a vontade ou a ação de quem possa perturbar ou impedir os fins ou objetivos egoístas do autor.

Laço - movimento semelhante ao de um nó. Em ambiente positivo, significa enlace, desejo de agradar, atrair e conservar o interesse e a atenção alheios, com amabilidade ou sedução.

É indicativo do *"savoir faire"*, habilidade no trato das coisas, da lisonja e da sedução. O autor deseja mais conquistar que reter, atrair que sujeitar os demais.

Golpe de látego (ou de chicote) - Movimento impresso, que descreve uma chicotada no ar.

Caracteriza-se por uma estrutura curva inicial com um forte disparo de abdução no final, dominado por volteios evidentes. Reflete uma imaginação atuante, difícil de ser controlada, dominadora. Associa a tendência do autor para se impor com uma imaginação ativa. Em alguns casos pode ocorrer associada à espiral egópeta, já descrita. Tendência ao comando e à imposição de desejos, para que os demais se submetam.

Derivados do ângulo

Arpão (Gancho) - Terminando um movimento em qualquer direção, ocorre uma freagem brusca com a inversão na direção do movimento inicial. Símbolo da potência das forças de inércia e de controle, sob a forma de uma vigilância ativa da vontade sobre as manifestações de paixão e instintivas. Tenacidade e avidez. O gancho é a representação de uma "fisga" ou anzol, que não larga fácil sua presa.

Triângulo - Movimento duplo de ângulo, que indica um duplo esforço de frenagem das tendências naturais. É como se fosse um arpão sobre outro, mudando sua direção, sem interromper o gesto incontrolado. Reflete um modo extremo de inibir qualquer manifestação espontânea de contato ou aproximação.

É um gesto duro, incômodo que indica uma necessidade premente de independência, com tendência para o mando e à decretação dos desejos.

Golpe de sabre - Gesto que se assemelha a uma agressão com um sabre (espada curta ou florete). Consiste em um movimento semelhante ao golpe de látego, sem a suavidade daquele.

Há um primeiro momento de frenagem, seguido de um disparo incontrolado em movimento de abdução. Símbolo e reflexo de atitude impulsiva com imaginação não contida. Igualmente significa a tendência de mando e imposição da imaginação, associada à vontade de dominar.

Derivados da tensão gráfica

Maça - Movimento progressivo de tensão neuromuscular acumulada, que se descarrega de uma só vez, mostrando uma parada brusca, com ímpeto. Reflete uma inibição brusca da energia dirigida; pode manifestar-se em qualquer direção, ou momento, como descarga das forças instintivas, ou como sinal de conduta explosiva. Maça é sinônimo de pilão, peça usada para bater, amassar, ferir, daí o nome dado ao símbolo.

Ponta (agulha ou acero) - É a inversão da maça - É um movimento rápido no início, que se acelera no seu percurso, ao ser impresso. O início do sinal apresenta uma espessura maior que em sua ponta, como a de um espinho ou agulha. Mostra um decréscimo da força de impressão, é como uma descarga que não se consegue reter, "esvaziando-se" aos poucos.

Há uma descarga incontida, contínua de pressões, irritabilidade sem controle ou inibição das forças instintivas.

Fusiformes ou reinflados - traços que têm seu início afinado, engrossando-se logo a seguir, e que, no fim, se tornam novamente afinados. O nome provém da forma do "fuso", objeto usado nas fiandeiras, que enrolam um fio contínuo sobre uma vareta reta: aos poucos, a sua espessura aumenta, para, em seguida, diminuir. O traço é chamado de "espasmódico", "reinflamento".

Segundo Vels, indica tendências paroxísticas, inclinação para se obter o máximo possível, forçando o organismo a alcançar o prazer, afã de voluptuosidade, histeria e exibicionismo.

A OBSERVAÇÃO DO CONJUNTO

Matilde Rás, que foi a professora de Augusto Vels, ensina que o significado dos traços, "grafismo", "depende do conjunto dos traços, que vão se modificando ao serem combinados, de tal modo que valorizar somente alguns desses sinais é o mesmo que não conhecer nada de Grafologia" (1931).

A mesma autora sugere um conjunto de observações. Ela as denomina a chave analítica de todo o sistema. É o que veremos a seguir e que servirá apenas para que os estudantes possam atingir unidade dedutiva em suas conclusões. O conjunto se refere a aspectos grafológicos, que são estudados com o detalhamento adequado neste trabalho.

O ângulo na escrita (grafia)

O ângulo, na Grafologia, é o sinal da firmeza. Quando estiver por toda a escrita, significa contestação, violência ou dureza. Escrita angulosa, caráter anguloso.

A curva na escrita

A curva é a linha da graça. "O ângulo, disse Crépieux Jamin, é uma detenção da escrita. Uma espécie de afirmação voluntária, simples, dura, perfeitamente de acordo com a que uma pessoa expressa, quando quer demonstrar firmeza se opondo a alguma coisa. É um sinal de vontade, resistência, teimosia." (Rás, M. sd.)

A curva, ao contrário, se apresenta aos nossos olhos como um sinal de suavidade, graça. Recorre-se a movimentos suaves e a ondulações leves quando se deseja atrair e reter.

Klages classifica de *plena* aquela escrita cujos traços abarcam muito espaço. Acrescenta que a amplidão arredondada cobre mais espaços que a angulosa. A escrita com curvas, segundo esse autor, revela fantasia, uma alma rica e bondosa. Comprova-se que é realmente simples, assim, sempre que outros traços de superioridade intelectual e moral venham reforçar a revelação da escrita.

Dimensões da escrita

A escrita grande, constante, de tamanho igual é o sinal de hábitos pomposos, do orgulho, da generosidade, da ostentação. As escritas aristocráticas são maiores que as da plebe, e os "reis", naturalmente, escrevem com dimensões sem limites. (...) Elas têm movimentos espontâneos, mas existe também uma espessura artificial no seu traço impresso. É uma caligrafia mais ou menos dependente das sugestões da moda, sob influência, logicamente explicável, de circunstâncias excepcionais. As escritas muito altas revelam grande orgulho da posição social da família.

As letras altas e iguais, de igualdade natural, não caligráficas, são sinais de distinção, de elegância e generosidade. A igualdade na escrita não caligráfica é muito mais rara do que se pensa.

A escrita mediana é a mais corrente e em si não tem significado particular.

A escrita pequena, em especial se for muito clara e legível, indica moderação, sensibilidade, economia sem avareza e atenção para detalhes. Caso haja sinais de cultura, significa gosto pela erudição.

A escrita microscópica é própria dos avarentos, dos mesquinhos, dos minuciosos, que querem contar até as moscas. Se a essa pequena dimensão excessiva se une a ilegibilidade, a confusão, então é o sinal de um caráter falso e impenetrável. A miopia reduz as dimensões da escrita, mas se observa que essa redução não deve ser levada em conta quanto à manifestação do caráter. Os míopes que usam lentes de correção têm escritas de dimensões normais.

A letra de tamanho médio, com traços e maiúsculas de proporções exageradas revela o inflamento da vaidade, mentalidade de pavão, que, de pura fanfarrice, fica inchado e se avoluma. É preciso aprender, na Grafologia, a diferença entre ser e parecer, pois, como em tudo, um imita o outro. As letras *p* e *s* (minúsculas) revelam uma imaginação graciosa. Se essa diferença for exagerada, serão sinais de fácil exaltação e de histerismo.

O emprego de letras minúsculas em lugar de letras maiúsculas revela ausência de cultura, unida a uma grande humildade. Em geral as letras pequenas são sinais de modéstia, simplicidade, moderação e equilíbrio.

A escrita em que as letras das palavras diminuem revela sagacidade, penetração, reserva, finura, espírito crítico. Caso essa diminuição seja exagerada, expressará mentira e falsidade. Uma palavra cujas letras diminuem progressivamente produz o efeito gráfico de uma espada. Os franceses a chamam de escrita "gladiolada" (escrita em forma de espada). Podemos chamá-la de decrescente.

Se, a esse gênero se unirem as linhas sinuosas ou serpentinas, e os óvulos do "a" e "o" estiverem fechados, reforça-se o significado de um caráter falso e embusteiro.

A escrita cujo tamanho das letras cresce na palavra é própria das crianças, dos incultos, dos crédulos, dos supersticiosos. Se nessa escrita houver sinais de inteligência cultivada, o aumento significa exaltação e veemência, entusiasmo incontido, dinamismo. As letras, qualquer que seja o seu tamanho, quando legíveis, espontâneas, de igualdade natural não estudada, convenientemente espaçadas, sem proporções exageradas, nem traços, nos oferecem o sinal da calma relativa, da moderação, da veracidade. Mesmo os que desconhecem a Grafologia acham esse tipo de grafismo agradável.

Direção das linhas

Há uma linha imaginável ou não, em que a escrita se apóia: chama-se "direção". As linhas retas, como se a escrita toda estivesse guiada por pautas invisíveis, denotam retidão, sentimento do dever, sinceridade, equilíbrio.

As linhas de direção rígida significam inflexibilidade de caráter, severidade de princípios, conseqüência, fidelidade aos ideais, constância nos sentimentos. A escrita ascendente revela animação, atividade, ardor, ambição, juventude, alegria. É a tendência para subir, de uma personalidade animada, ágil e sadia. A escrita horizontal é o sinal do equilíbrio, da calma, da moderação. É o sinal gráfico da idade madura, em que a situação social está consolidada, assegurada e de que não há conflitos entre aspiração e estabilidade. A escrita descendente é o indício de tristeza, desanimo, frouxidão e pessimismo. É a escrita da velhice - ainda que alguns idosos de coração jovem conservem linha horizontal e até ascendente. São naturezas privilegiadas. É o grafismo da preguiça, da melancolia, esse infecundo amargor psíquico, destilado pelo duplo fel: do fígado e das decepções. A tristeza é um sentimento antivital, pois mostra o peso da vida. A linguagem poética revela, em parte, como o grafismo tem um fundo espiritual: "o desgosto, que pesa sobre o organismo e faz arrastar os pés, pesa sobre as mãos e faz descer a escrita." Eis aí uma analogia entre a linguagem e o andar, na escrita. Quando, após seguir uma linha bastante correta, a escrita cai, no final, tem um súbito declive, sinaliza uma alteração fisiológica. As forças do escritor enfermo decaem contra sua vontade. Mas, ao contrário, se a linha sobe primeiro para depois descer, indica um ardor prematuro, um entusiasmo inicial que logo decai ante os obstáculos. É o tipo de escrita convexa. É necessário esclarecer que uma escrita pode ter uma direção de linhas, que, muitas vezes, revela um estado de ânimo passageiro. Não é o caso de uma escrita com linhas sinuosas, que obedece a uma tendência permanente do caráter, como nas formas anteriores.O grau de inclinação em determinadas direções expressa uma combinação na gama psicológica.

A escrita sinuosa revela um caráter que se acomoda, diplomacia e, segundo os sinais que estejam presentes nela, adulação, falsidade e mentira. Geralmente, as pessoas que têm o grafismo sinuoso se dobram facilmente quando lhes convém, e parecem maiores quando procuram ser agradáveis.

A escrita côncava, no início, é descendente e depois ascendente. Indica mais constância que arrojo.

Seu autor se retrai ante as dificuldades, recupera o ânimo e leva a sua tarefa até o fim. Também marca um início de cansaço sobrepujado pelo ânimo, fadiga vencida.

Inclinação das letras

As letras seguem um "eixo" - linha imaginária - que indica a orientação em direção ao alto. É o que chamamos de "inclinação".

A inclinação normal das letras em nossos alfabetos, de escrita com letras "latinas", é a dextrógira, isto é, a letra inclinada para a direita. O grau de inclinação manifesta a sensibilidade de quem escreve. Nós nos inclinamos em direção ao objeto de nossos afetos ou de nossos desejos.

A escrita vertical é sinal de domínio próprio. As letras se tornam verticais quando surge a sensibilidade na luta entre o sentimento inato e a vontade resultante da experiência.

As letras desiguais, ora grandes ora pequenas, de diversas inclinações, são sinal da impressionabilidade intelectual. Uma escrita igual revela calma, domínio sobre si mesmo, mas o contrário, a escrita com mobilidade reflete também a mobilidade e a agitação espiritual.

O nervoso não consegue dominar sua impressionabilidade, nem os movimentos de sua pena. Quando a desigualdade da linha e dos espaços, das diferenças nas barras das letras "t" e a irregularidade são constantes, revelam um caráter caprichoso e fantasioso. A dissimulação da verdadeira personalidade (muito empregada nos escritos anônimos) produz letras com inclinação invertida, isto é, voltadas para a esquerda. No cotejamento da escrita falsificada com a do possível autor, verifica-se que as outras características permanecem, o que facilita a comprovação de uma suspeita.

A sensibilidade muito viva dá origem aos afetos ardentes e aos grandes ódios. A escrita excessivamente inclinada para a direita indica paixão, sem que esse sinal seja suficiente para que se possa dizer de qual gênero.

Segundo os sinais dominantes na escrita, a inclinação nos demonstrará diversas formas de paixão; o amor, o ódio, a vingança, abnegação, sensibilidade doentia, impulsividade, os ciúmes, etc. Essa parte corresponde ao estudo grafológico das resultantes, a ser abordado: a energia na grafia.

A escrita demasiado frouxa e sem cor, com excesso de curvas, formas pouco definidas, sem qualquer sinal de energia, revela um autor de temperamento indolente e débil, sem domínio sobre si mesmo e fácil de se deixar arrastar para o mau caminho, sob qualquer sugestão perniciosa.

Quando a isso se soma uma escrita variável de um dia para outro e de direção indecisa, com as barras dos *"tt"* desiguais, teremos com certeza, a versatilidade, indecisão e a preguiça. Não convém confiar em quem assim escreve. Possivelmente são pessoas que prometem e não cumprem. (Rás, M.,1951.)

ENTREVISTA PARA OBTENÇÃO DE UMA AMOSTRA

A título de sugestão

1 - Para dar início a um processo de estudo grafológico, é necessário:
a) identificar adequadamente o autor;
b) obter amostras adequadas;
c) estabelecer claramente o objetivo do estudo.

2 - Para atender às etapas indicadas, é necessário:
a) fazer uma entrevista sucinta, na qual se reconheça o autor: sua maneira de se expressar, sua posição na constelação familiar; a provável existência de circunstâncias de vida que possam intervir no estudo: conflitos internos em estado agudo, resistências inconscientes, interpretação errônea sobre o que seja a Grafologia, etc.

b) a amostra a ser colhida deve atender às seguintes indicações:

Papel - liso, não acetinado, leve, compacto. Evitar papel cartão, de seda, encorpado ou grosso, papel "tela" e semelhantes, papel decorado, colorido, e com qualquer outra característica de fabricação que perturbe a percepção de nuances e sinais gráficos próprios da grafia em exame;

Instrumento de escrita - preferivelmente caneta de tinta, tipo clássico de pena flexível. Hoje em dia, tal tipo é difícil de ser encontrado e mais ainda, de ser utilizado. Deve-se então preferir a escrita com caneta esferográfica comum, com pelo menos metade da carga no tubo (evita falhas de impressão). Deve ser usado o tipo de caneta, pena ou ponta impressora, cor de tinta, etc. que sejam do hábito declarado pelo autor. O uso de grafite, lápis ou lapiseira introduz algumas deformações que prejudicam o resultado final, como: a espessura do traço, a homogeneidade da cor ao longo da escrita, etc. É condenável o uso de grafite dura, espessura 0,5mm.

Podendo, devem ser evitadas as canetas de ponta fina, pontas muito duras de ligas de aço, "de platina", ou pontas de nylon, pontas porosas, de fibras de qualquer natureza, que compensem o esforço aplicado pelo escritor. Esses tipos deformam os sinais de pressão, modificam o entintamento da grafia , disfarçam as deformações resultantes de retoques, e dão aspecto falseado aos sinais gráficos, que ficam, assim, de mais difícil interpretação, porém não a impossibilitam.

Natureza do documento e seu preparo - Recomenda-se um documento que seja escrito logo após a entrevista para a amostra principal, e cujo preparo pelo consulente possa ser observado pelo grafólogo:

Devem ser observados:

Posição do papel, da mão, maneira de segurar o instrumento de escrita, atitude durante a redação do documento, sinais de impaciência, calor, desconforto, disposição de conforto local, enfermidades, cacoetes e tiques nervosos.

Natureza do Texto: Documentos de redação profissional, ou de modelos padronizados têm seu valor de espontaneidade reduzido e devem ser evitados. O melhor tema deve ser o da escolha do autor, com algo que se refira a ele mesmo, tipo: uma pequena história, parte de sua experiência de vida, sua opinião a respeito de qualquer fato corriqueiro, comentários sobre alguma coisa da qual ele participe ou tenha participado, algo sem compromisso de formalidade. Diz-se claramente ao entrevistado que ele não deverá tentar reproduzir trechos decorados, poesias em verso ou prosa, mesmo que sejam de sua autoria.

O apoio do papel não deve ser uma superfície muito dura, tipo tampa de vidro, melamina, ou prancheta de aço. Em todos os casos, deverão ser colocadas várias folhas de papel, três ou quatro, sob a folha em que a amostra será redigida.

Tipo de letra - Deve ser dada ao autor a liberdade de escrever com o tipo de letra de seu hábito, não terá valor o uso de uma grafia que *não lhe seja natural*, ou de seu uso constante, quer seja caligráfica, artificial ou "de forma". - Isso, por si, já é uma eficiente revelação!

O candidato poderá usar o tipo de letra que mais o deixe à vontade: pode lhe ser dito que se estiver bem e à vontade, deverá escrever com letra corrida, ou cursiva, **mas, se esse não for seu hábito, pode escrever com letra de forma. -** O que prejudica o estudo da Grafologia é o uso de uma letra que não seja a natural de quem escreve!

3 - Orientação para uma entrevista quando essa for possível, ou facilitada:
Deixe que o entrevistado fale livremente, mas não divague sobre assuntos que não interessem a você, para a informação grafológica.

1 - Identificação - Nome completo, nome do pai e da mãe.
2 - Idade, data de nascimento. Idade dos pais: atual, se vivos, ou na época do falecimento.

3 - Saúde, saiba se toma algum remédio controlado, seus hábitos de controle da saúde, se faz ginástica, pratica esportes, tipo de movimentação usual.

4 - Ambiente social e familiar. Inscrição na constelação da família (posição entre os irmãos: quantos acima, quantos abaixo, com quem se dá melhor, camaradagem familiar, se é casado, figuras do pai e da mãe);

5 - Profissão atual - Satisfação pessoal com o que faz. Hábitos de afazeres domésticos (hobby) não profissionais.

6 - Opinião do consulente sobre o trabalho a ser desenvolvido. (Fazer a investigação sem mencionar palavras como psicologia, Grafologia, etc. Exemplo: Você sabe o que estamos fazendo, e por quê? A resposta não deve ser comentada.)

4 - No início, o entrevistador deve saber claramente:
- se o estudo foi pedido pelo entrevistado (autor);
- se a entrevista é condição para admissão em emprego;
- se a entrevista é para identificação das características pessoais do autor em função de qualquer solicitação recebida.

O entrevistador deve, também:
- garantir ao autor que ele tem o direito de perguntar pelo resultado; ou
- caso o resultado do trabalho não seja sua atribuição, informar isso ao entrevistado;
- garantir ao autor a discreção e a confidencialidade do resultado.

5 - Sempre que possível, deve-se solicitar um teste de Grafia ou de Palografia logo antes ou logo após a redação da amostra. Esse teste serve de apoio para a interpretação grafológica de algumas características pessoais, em caso de grafia do tipo letra de imprensa, caligráfica, artificial, etc. É uma alternativa para se considerar quando o candidato ou entrevistado demonstrar uma inibição que o impeça de escrever ("não tenho ideia", "a minha letra é muito feia", "não sei o que posso escrever", etc.).

ESCREVER: A ESCOLHA DE UM INSTRUMENTO*

"A escrita, assim como a pessoa, pode ser rica em contrastes, desconcertante por suas irregularidades e, da mesma forma, ser apagada, sem relevo ou exprimir- se com monotonia.

A qualidade do traço, a cor da tinta, a caneta e o tipo do papel utilizados têm um significado que esclarece tais características, não são aleatórios.

Algumas pessoas desfrutam um prazer sensual ao escolher um bom papel, ao sentir sua textura especial, ao sentir sua densidade ou a suavidade de sua superfície. Podemos preferir escrever sobre uma superfície porque ela é de boa qualidade ou por ser de fantasia. Consciente ou inconscientemente, em cada caso, estamos emitindo uma mensagem. Ao receber uma correspondência, aquele que abre o envelope tem uma impressão. Alguns escritores se sentem à vontade com um papel neutro - eles preferem a simplicidade. Dão menor valor à forma e à aparência.

Alguns dizem não dar qualquer importância ao papel e tão pouco à cor da tinta. Pode ocorrer mesmo que prefiram escrever com os recursos que tenham à mão, sem pretender manifestar qualquer outra escolha. Entendem que isso não tem qualquer valor. Entretanto, essas mesmas pessoas reconhecem, sem embaraço, que não escreveriam com tinta vermelha ou verde, por exemplo. Elas dão preferência "instintivamente" às folhas de dimensões maiores sobre os pequenos formatos e vice- versa.

De maneira geral, o que nós usamos em nosso plano de vida, os lugares que frequentamos e as cores que usamos não são aleatórias. Isso corresponde sempre a algo que sentimos no fundo da alma, uma realidade que, sendo interior, manifesta-se no exterior. Acontece a mesma coisa com a escrita. Uma aceitação implícita da superfície sobre a qual vamos escrever e o que nós sentimos têm a possibilidade de evitar o que não nos convém, ou que nos incomoda de qualquer forma.

* Fonte: La Graphlogie autrement. L' écriture, comme l'individu, est unique". Sylvie Chermet- Carroy

A pena, dura ou suave, de ponta ou esfera, de feltro grosso ou fino, é o instrumento que pertence ao quotidiano e que escolhemos para o uso diário e, com maior razão, para a correspondência pessoal.

A escolha emana de dois fatores: a sensação que procuramos ao escrever, de um lado, e o efeito produzido, de outro.

Diferentes instrumentos para escrever significam sensações diferentes com as quais nos sentimos bem ou, ao contrário, desconfortáveis. Sob outro ponto de vista, os textos redigidos por um autor têm a mesma qualidade estética, variando conforme o instrumento escolhido. Aqui intervém o fato de ver e ser visto, a imagem que vamos dar de nós mesmos, a impressão que emana da forma.

Por exemplo, o uso da caneta de pena implica em qualidades estéticas, ao mesmo tempo, possibilita a irregularidade na impressão da tinta. No traçado da escrita, a intensidade da cor não é repartida uniformemente. O contato com o papel se modula à medida que a pena se apóia. O grafismo registra as emoções, as alterações no estado de alma, que são manifestadas nas irregularidades da pressão e que nós percebemos logo. Os bloqueios (volutas ou óvulos preenchidos com tinta) têm, segundo a localização, um significado mais evidente, ou menos obscuro. Traduzem as crispações, emoções mal liberadas.

Aquele que escreve com pena aceita a idéia de ter emoções, de comunicar-se por meio delas. Em sua vida, concorda em deixar algum lugar para o universo afetivo.

A sua esfera racional se alimenta desse tipo de troca. É consciente das emoções que sente.

Alguns escritores sentem, ao contrário, constrangimento pela sensação provocada pela pena flexível, com elasticidade. Escolhem, nesse caso, um instrumento que tenha a ponta dura que lhe evitará revelar todas essas variações. A caneta esferográfica que atende bem a esse critério permite o apoio com pouca ou com muita pressão, sem registrar a vulnerabilidade emocional que não transparecerá mais da mesma forma, pois o traçado será mais regular. O autor ganha, com frequência, em eficácia, uma vez que pode escrever mais rapidamente do que o faria com a pena, bloqueando o leque de variações que esta lhe oferece. É a marca de quem vai privilegiar a ação ou o objetivo a ser atendido, em vez da vida afetiva, cujas manifestações quer aturar. Isso não quer dizer que o autor não tenha sentimentos. Ao contrário, ele prefere acelerar quaisquer que sejam as implicações afetivas ou as impressões que possam comovê-lo com profundidade. Ele não quer ser perturbado pelas emoções que possam confundi-lo.

A grafia feita com instrumento com ponta de fibra proporciona um traço com aparência perfeita. Oferece, para a observação, uma grande regularidade. Não há borrões. É mais estética que a esferográfica, mas camufla os estados de alma que assim não transparecem, uma vez que a espessura e a qualidade do traçado mostram uma regularidade constante ao longo de toda a impressão. O traçado se desenvolve como uma listra de cor sem variações. O efeito produzido sugere uma sensibilidade estética e, portanto, uma certa sensualidade.

Anteriormente, o estudo grafológico privilegiava o traço. Os precursores da Grafologia analisaram os documentos escritos com pena de ganso, que se prestava totalmente a esse tipo de observação, por ser flexível e deformar-se com facilidade.

Hoje, a diversidade de instrumentos é tal que seria perigoso desejar estabelecer conclusões a partir de tal observação. O traço registra a vitalidade, as emoções, a maneira de afirmar-se. É, entretanto, um elemento extremamente importante a escolha do instrumento utilizado na escrita."

Acrescente-se que a escolha das cores também é uma fonte de informações para a observação global: a tinta azul, de uso mais amplo, por ser a de mais ampla escolha, é a de menor significado. A escolha da tinta preta indica uma necessidade de afirmação e de imposição da imagem: a cor preta acrescenta solidez à aparência dos objetos. A tinta vermelha tem o sentido de crítica, de energia impositiva, enquanto que a cor verde nos fala da inserção no sentimento de calma, e do pensamento em equilíbrio com a natureza. A cor violeta e as de tonalidade rosa indicam um sentimento romântico, ligado à conquista afetiva.

A tecnologia modificou o material com que a pena é feita, e também a maneira de fabricar o papel - tornou ambos mais suaves, o atrito entre as duas matérias se tornou menor, a tinta passou a ser mais espessa, de forma a evitar falhas ou diferenças de cor ao longo do traço.

Os grafólogos das diversas épocas, simultaneamente com o avanço tecnológico, foram compelidos a reestudar as manifestações sobre a apreciação dos formatos resultantes das modificações. Foram também levados a reconsiderar o conjunto de efeitos introduzidos pelas alterações condicionadas pelos novos hábitos sociais e culturais decorrentes da pressão evolucionista da história.

Sugestão de roteiro de estudo
para a elaboração de documentos

É necessário observar que há vários métodos e roteiros propostos pelos diversos autores. O roteiro de trabalho que estou apresentando é uma sugestão formulada a partir de observações, e procura atender às questões levantadas pelos participantes dos meus cursos. É mera orientação sobre a forma de aglomerar e ordenar as características identificadas na fase de levantamento das dimensões, combinações e comparações métricas da grafia (grafonomia).

Cada um tem a liberdade de estabelecer sua própria maneira de argumentar e sintetizar o reconhecimento das características grafonômicas, mas, ao fazê-lo, deverá manter uma ordenação racional, homogênea e lógica. O texto final não deve conter termos padronizados, utilização de jargões próprios da psicologia ou de qualquer outra profissão: afinal, o texto, em geral, é dirigido a um leigo, que é o indivíduo que o solicitou, e informá-lo bem é o objetivo do perfil grafológico.

A elaboração da síntese deve seguir um roteiro incluindo os temas parciais, a que denominamos "grupo" de características e conter:

1 - Relação do sujeito com o social:
- Conjunto;
- Grupo;
- Próximo.

2 - Relação com os assuntos ligados à área intelectual, aprendizado, etc.;

3 - Relação do sujeito com o indivíduo oculto, atitudes, etc.;

4 - Características individuais - comportamentos, anomalias, individualidades específicas. Identificação da atitude que predomina nas relações do sujeito com o objeto e com o ambiente.

A seleção dos paralelismos psicológicos deve resultar de uma análise dos significados do que se pôde observar. Cada grafólogo percorrerá seu caminho, orientando-se com indagações a si mesmo, e escolhendo a classificação nos grupos, de acordo com as respostas conseguidas, como:

1 - a característica em questão:

a) carece de manifestação exterior para que "outros" a reconheçam? exemplos: - vaidade, afetividade, sobriedade, timidez, etc. Caso a resposta seja positiva, está indicado o *grupo 1*. (Relação Social.)
Caso a resposta seja negativa, deve-se propor uma pergunta do tipo:

b) em caso extremo, a falta de instrução, ou de capacidade para entender afeta a manifestação da característica? exemplos: - Ordem nas tarefas, organização, espírito científico, imaginação, visão ampla, etc. Caso a resposta seja positiva, está indicado o *grupo 2*. (Relação Intelectual.)

c) é alguma sensação ou atitude de conotação muito interior, que leva o autor a se limitar às suas ideias, mostrar que sente necessidade de mais espaço íntimo para examinar as suas decisões, aclarar o exame que procura fazer da realidade? ou é característica que influi nas outras já classificadas, e que carece de apoio para se fazer evidente? Exemplo: sentimentos de superioridade, auto-imagem, segurança, prudência, economia, repressão de sentimentos, etc.
Em tais circunstâncias, a característica deve ser incluída no *grupo 3*: (Relação do sujeito com o seu interior.)

d) A característica não foi selecionada para os grupos anteriores, o que pode significar que é algo presente no indivíduo e que se prende à sua experiência de vida, ao seu modo, único, de agir e faz parte de sua realidade. Inscrever a característica no *grupo 4*. (Outras Relações.)

É importante lembrar que esse exercício é apenas uma forma de *disciplinar* e condicionar a apresentação descritiva do perfil de um autor, de maneira a torná-la de fácil leitura, ordenada, permitindo ao leitor o acompanhamento da informação.

As características que se repetem com freqüência, tornam-se evidentes, e são os pontos fortes do autor. As que apresentem aparentes discordâncias devem ser revistas. Podem ser pontos fracos que o autor não revela com intensidade, pois são decorrentes de estímulos eventuais ou resultantes de interpretações que devem merecer revisão a partir do levantamento da grafonomia inicial.

Obtidas as respostas satisfatórias nos diversos pontos de análise, deve-se fazer uma síntese da observação. Para isso, elabore-se uma lista das caracterísitcas selecionadas para cada grupo de relação (1, 2, 3, 4).

As características selecionadas como do grupo 1 - Relação social - vão fornecer o "perfil social" do autor. As características referentes ao grupo 2 -

Relação intelectual - deverão fornecer o "perfil intelectual" do indivíduo, e assim por diante.

Cada grafólogo deverá, então, redigir as suas conclusões por grupo e imprimir um estilo pessoal ao trabalho.

Exercício de redação do Perfil Grafológico

De início, devemos dizer que a Grafologia não fornece um *"laudo"*. Um laudo é uma comparação, uma declaração de compatibilidade da coisa examinada, uma conclusão de se estar ou não de acordo com um padrão.

A Grafologia revela um *perfil* invisível do autor, descrevendo suas características e tendências, segundo o ponto de vista do grafólogo, para atender um cliente. Esse *perfil* deve ser desenhado parte por parte, uma informação de cada vez, como se faz com um "quebra-cabeças", formando um mosaico completo. Klages compara a Grafologia a um retrato "que não é uma definição, mas apenas uma explicação" (apud SOSA, 1954, p. 258) do que possa ser o indivíduo. "Não devemos simplesmente alinhar os traços do caráter uns depois dos outros, mas uni-los entre si em uma relação evidente" (ibidem, p. 258). Um perfil tem caráter dinâmico em seu traçado. Um "laudo" é a comparação estática de um padrão conhecido ou adotado.

É importante, também, considerar que a Grafologia faz o seu trabalho de identificação no âmbito interno, primário, instintivo. A parte adquirida por educação, treinamento, como o são os hábitos decorrentes do exercício de uma profissão, o aprendizado de uma língua ou a fixação de um gesto ou "cacoete", estão fora da esfera de percepção da Grafologia.

Ao longo do estudo, em cada etapa, deverá ser elaborado o perfil grafológico, com método, sob uma disciplina de observação para que nada escape ao exame. Isto é importante, pois o trabalho da Grafologia poderá exarcebar a imaginação do grafólogo, fazendo com que se percam detalhes ou ele se afaste dos seus reais objetivos, que são:

1- Completar a definição das características grafológicas estruturais da escrita em exame, escolher os nomes dos símbolos encontrados, conforme os conceitos e orientação anterior; a esse trabalho chamo de *Grafonomia.*

2 - Identificado cada sinal grafológico, deve-se rever o trabalho. O passo seguinte será a seleção das expressões que irão compor o paralelismo psicológico, que é a identificação das características do autor, e que devem formar o perfil grafológico.

Considerar sempre o ambiente ***do nível de forma*** para reconhecer-lhe o sentido.

Ler os significados positivo e negativo para se decidir. Comparar com cada etapa anterior, identificando eventuais contradições. Refazer o exame todas as vezes que encontrar alguma incoerência.

3- Agrupar as conclusões do paralelismo psicológico, segundo os conceitos já apresentados nas páginas anteriores. Escolher frases simples e curtas, sem adjetivos desnecessários.

4 - Com muito cuidado, comparar cada frase com as anteriores, procurando localizar as que têm o mesmo sentido, e as que se contradizem. Estudar e rever a escolha. O resultado deve sempre ser compatível e uniforme.

5 - Fazer uma "redução" do texto, simplificando repetições e superposições de características.

O resultado deve ser simples, enxuto e sem frases de sentidos dúbios ou que permitam interpretações incorretas ou inaplicáveis.

Como sugestão de estilo, usar somente um verbo de ação ou existência, em cada frase (entre pontos finais), e limitar a quantidade de palavras, entre vinte e cinco e trinta. Cada parágrafo - conjunto lógico de informações - deve conter cinco ou seis frases. A redação total não deve ultrapassar trinta linhas.

A descrição do perfil grafológico não é demonstração de capacidade literária! Recomenda-se fazer uma leitura em voz alta para "sentir" o significado.

6 - Elaborar uma redação fina, corrigindo eventuais erros. Usar bom vernáculo, sem jargões ou termos profissionais. Usar todo o poder de crítica.

7 - Se ainda houver alguma dúvida, refazer todo o processo. O grafólogo dever colocar no seu trabalho a qualidade que gostaria de ver no dos outros!

Segundo a British Academy of Graphology, a Grafologia tem limitações que devem ser consideradas:

O que a escrita revela

Adaptabilidade, agilidade, ambição, atenção para detalhes, astúcia nos assuntos práticos, auto-afirmação, autoridade, capacidade de decisão, capacidade discriminativa (aptidão natural), clareza de julgamento, clareza de pensamento, comunicabilidade, concentração, confiabilidade, consideração pelos sentimentos alheios (empatia), confiabilidade (credulidade, ingenuidade), confusão de ideias, consciência, consistência do caráter, coragem, criatividade;

Desequilíbrio (emocional / mental), desonestidade, dinamismo, diplomacia; egocentrismo, energia, equilíbrio, estabilidade, esperteza (habilidade de enganar e enredar), espírito crítico, espírito curioso (curiosidade), evasão (evasividade), extroversão, falsidade (mentira), firmeza de caráter, flexibilidade, franqueza;

Habilidade para: acelerar o próprio ritmo quando necessário, dar e receber ordens, manter calma sob situação de pressão, trabalhar em equipe, liderar, habilidades práticas, harmonia, hipocrisia;

Imaginação, independência, inibição, inteligência generalista, inteligência de particularização (observação do objeto isolado), introversão;

Julgamento prudente, lógica, leveza de espírito; maneira complicada de pensar, mente dedutiva; meticulosidade, modéstia, motivação, narcisismo, nervosismo, ordem, organização, orientação para o objeto, originalidade de ideias;

Paciência, percepção, perseverança, prioridades morais, prudência (poder de decisão livre e ampla escolha);

Racionalidade, rapidez de julgamento, receptividade, rigidez, sensibilidade, sinceridade, senso comum (julgamento prudente), senso de responsabilidade, senso de prioridades;

Teimosia, tenacidade, versatilidade;

...ainda outras características, sempre com essa orientação.

O que a escrita não revela

A Grafologia tem várias limitações - Há muitos elementos da personalidade *"que não podem ser revelados pela escrita"* são os seguintes:

Idade e sexo do autor - A dimensão da inteligência (podemos ver a sua qualificação como analítica, sintética, dedutiva, generalista, particularista etc);

A profissão (podendo somente ver aquilo em que o autor poderia ser melhor, mas não o que ele esteja fazendo atualmente);

Aparência (beleza, cor, raça, altura, peso, etc);

Posição financeira (somente podemos ver como o autor se sente a respeito de sua situação financeira no momento em que escreve);

Destino e fatos futuros; comportamentos específicos; disfunção física específica;

Honestidade - que não é elemento da personalidade, pode ser indicada pela ausência dos sinais da desonestidade. (A desonestidade é um elemento que pode fazer parte da personalidade);

Ignorância - (desconhecimento de alguma crise, circunstância, fato ou condição).

Os parâmetros para a identificação da honestidade, como atitude social que seja congruente com os limites da pessoa, dentro da sua cultura, estão inseridos nos hábitos, no conhecimento das circunstâncias sociais, e em outro âmbito não alcançado pela Grafologia. Assim, a honestidade é identificada pela ausência dos traços da desonestidade - que é a vontade consciente ou inconsciente de ultrapassar os limites sociais em proveito próprio, emocional, sentimental, ou da satisfação fisica ou fisiológica do autor, mesmo que não seja em desfavor ou intencionalmente em prejuízo alheio.

Segundo Augusto Vels: A sinceridade é uma verdade submetida a uma censura. A franqueza é uma verdade não submetida à censura! A Grafologia revela a existência das censuras, sua intensidade e orientação, indicando como e sobre quais temas uma pessoa não é honesta, franca, ou se sente liberta. Crepieux-Jamin, em seu *Traité Pratique de la Graphologie,* afirma que "ser franco é ser livre"...

* GRAPHOLOGY, The British Academy of Graphology ; October 1995, Number 34. pp 28, 29.

SEGUNDA PARTE

Definições dos Termos Grafológicos e seus respectivos paralelismos psicológicos

ROTEIRO PARA O ESTUDO DOS SINAIS GRAFOLÓGICOS ORIENTA A AVALIAÇÃO DO PARALELISMO PSICOLÓGICO

Aspecto (onde observar)	Subaspecto (o que observar)	Paralelismo Psicológico (o que se avalia)
Ordem	Distribuição, enquadramento Sinais acessórios	Como o autor ocupa o espaço? Ordem e clareza de idéias, reação social
Dimensão	Altura, largura, uniformidade e movimento	Como o autor se vê ou deseja ser visto? Impulsos, expansão, intro-extroversão
Pressão	Tensão, relevo, profundidade	Como o autor aplica sua energia em ação? Criatividade, saúde, energia, instintos, sentimentos
Forma	Execução, estética, forma de ligação das letras	Como o autor se adapta, evolui? Cultura, originalidade, harmonia, capacidade artística
Rapidez	Velocidade	Rapidez de resposta aos estímulos recebidos e de execução
Direção	Formato e orientação da linha base, ab-reação	Flutuações do estado de alma, humor e vontade
Inclinação	Ângulo formado com a linha horizontal	Necessidades de contato com os outros, sociabilidade
Continuidade	Ligação, regularidade, variabilidade	Tendência ao contato entre idéias e ação, aproveitamento da energia vital, evolução do caráter, constância das reações
Gesto-Tipo	Fisionomia da letra	Movimentos do Ego, reações peculiares
Letras Reflexivas	"T" (Barras) "M" (elevações) "d" (haste e óvulo) "V" (traço horizontal) "s" (forma) "r" (forma) "a" e óvulos "i" (pontuação) "g" (voluta e óvulo)	Vontade e persistência Autoconceito social Faculdades criadoras Noção de dever Consciência de si Canalização da energia Interesses mais próximos Atitudes vitais Precisão, atenção Libido e erotismo
Assinaturas e rubricas	Forma, direção Envolventes, pontos, traços inúteis	Apresentação do indivíduo, manifestação presumida, cordialidade

Orientação para o estudo

ASPECTO	SUB-ASPECTOS (SUB-GRUPOS RESTRITOS)	TIPOS		
		BÁSICO	VARIAÇÕES	OPOSTO
O **R** **D** **E** **M**	ENQUADRAMENTO	Margens corretas Espaço bem distribuído	Margens ausentes Margens ausentes	Margens irregulares Espaço mal distribuído
	DISTRIBUIÇÃO	Organizada Ordenada Cuidada Clara Espaçada	Inorganizada Arejada ou aérea	Desorganizada Desordenada Descuidada Confusa Concentrada Compacta
	SINAIS GRÁFICOS	Proporcionada Presentes (Posição correta)	Mal proporcionada Irregulares Mal colocados	Despropor-cionada Ausentes

ASPECTO: ORDEM

Segundo Honroth, "cada pessoa tem o seu modo peculiar de distribuir os elementos gráficos - letras, sílabas, palavras, frases, parágrafos. - sobre o espaço do papel. Nossa atenção não se concentra, pois, só nos elementos gráficos em si, mas também em uma análise do espaço não utilizado entre as palavras, nos claros existentes sobre o fundo branco que ficou sem ser usado.

Do ponto de vista grafológico, interpreta-se o espaçamento adequado, em termos gerais, como capacidade estética individual derivada da necessidade de ordenar as coisas" (Honroth, pág. 33).

Vels salienta que os espaços desordenados, mal utilizados e de ocupação confusa revelam um autor de mente perturbada e mesmo louco.

Ordem é a maneira pela qual um autor organiza e ocupa o espaço da página, tanto no sentido horizontal (espaço entre as letras e as palavras, e entre o texto e as bordas do papel, ou seja, o respeito às margens laterais) quanto no sentido vertical (espaço entre as linhas e margens superior e inferior), legibilidade e limpeza.

Afirma Vels: "é a demonstração da capacidade do autor para se organizar e se adaptar à situação social".

Coloca-se, em geral, no âmbito da organização das tendências, nas atividades e nos processos mentais e:

Aptidões para:
- classificar - isto é, selecionar as coisas identificando nelas um atributo comum;
- pôr em ordem - dispor tudo, segundo a intensidade do atributo comum;
- controlar - registrar e comparar;
- verificar - avaliar o acerto da própria atividade em relação ao esperado.

Põe em relevo:
- capacidade de adaptação;
- estilo de vida;

- imagem que se deseja transmitir;
- raciocínio e percepção espacial;
- atitude social.

Características a serem observadas - (Grafonomia)

Enquadramento*

Disposição - Dimensões das margens normais [1]

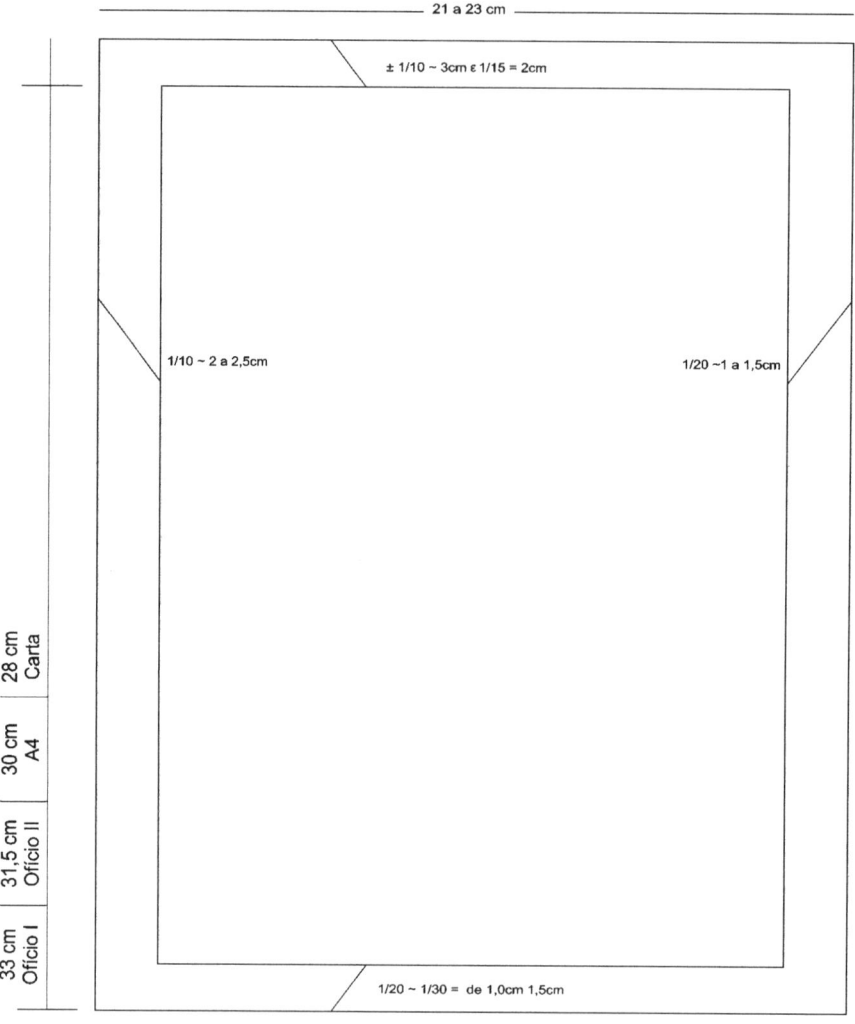

(1) Este padrão é somente para documentos e cartas não dirigidas a pessoas do círculo íntimo, ou família do remetente (autor). Para cartas íntimas (familiares), em papel carta, a margem inicial admitida tem de três a cinco vezes a altura da letra.

Disposição - Observações mais frequentes
Margens Superior e Inferior

1º Caso: Primeira Página

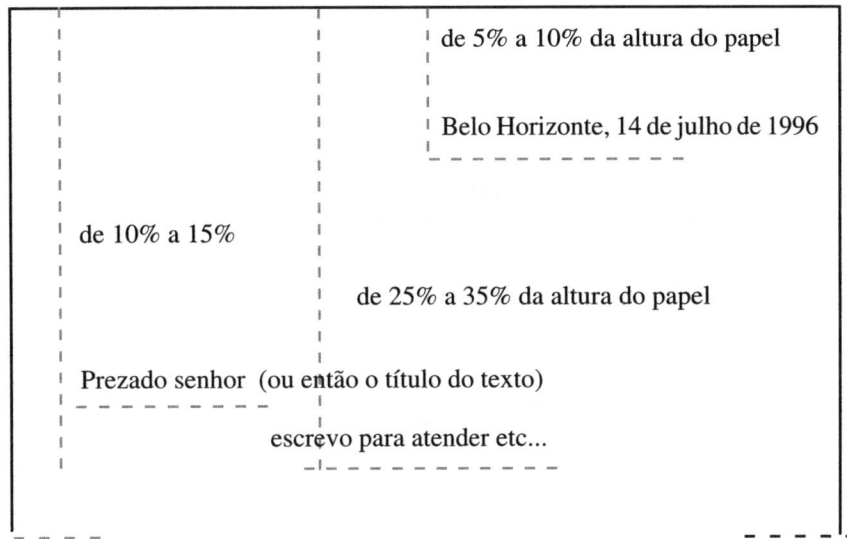

de 5% a 10% da altura do papel

Belo Horizonte, 14 de julho de 1996

de 10% a 15%

de 25% a 35% da altura do papel

Prezado senhor (ou então o título do texto)

escrevo para atender etc...

2º Caso: Segunda Página em diante

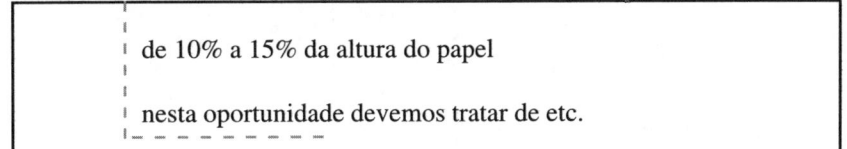

de 10% a 15% da altura do papel

nesta oportunidade devemos tratar de etc.

Margem inferior, última linha

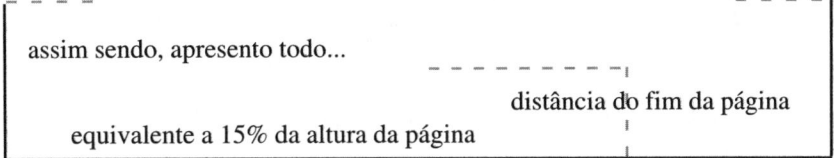

assim sendo, apresento todo...

distância do fim da página

equivalente a 15% da altura da página

Disposição - Observações mais frequentes

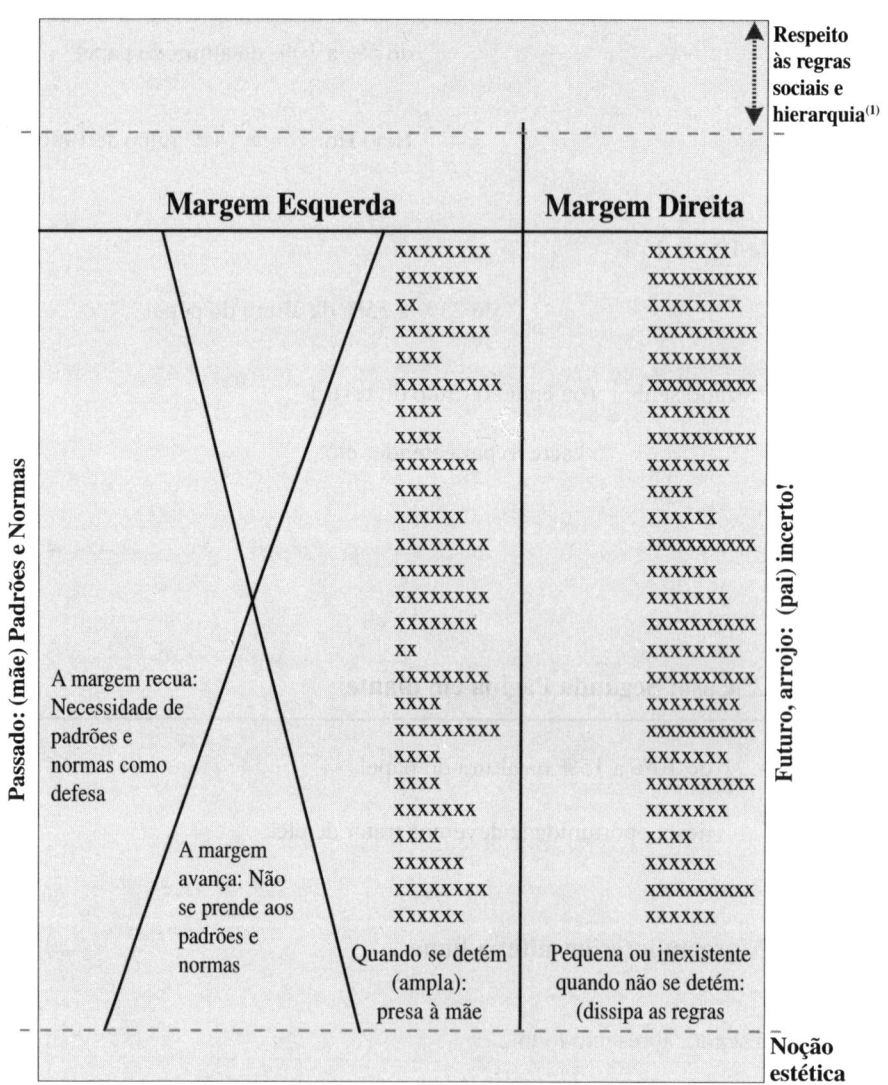

Respeito às regras sociais e hierarquia[1]

Margem Esquerda	Margem Direita

Passado: (mãe) Padrões e Normas

Futuro, arrojo: (pai) incerto!

A margem recua: Necessidade de padrões e normas como defesa

A margem avança: Não se prende aos padrões e normas

XXXXXXX
XXXXXX
XX
XXXXXXXX
XXXX
XXXXXXXXX
XXXX
XXXX
XXXXXXX
XXXX
XXXXXX
XXXXXXXX
XXXXXX
XXXXXXXX
XXXXXXX
XX
XXXXXXXX
XXXX
XXXXXXXXX
XXXX
XXXX
XXXXXXX
XXXX
XXXXXX
XXXXXXXX
XXXXXX

XXXXXX
XXXXXXXXXX
XXXXXXXX
XXXXXXXXXX
XXXXXXXX
XXXXXXXXXX
XXXXXXX
XXXXXXXXXX
XXXX
XXXXXX
XXXXXXXXXX
XXXXXX
XXXXXXX
XXXXXXXXXX
XXXXXXXX
XXXXXXXXXX
XXXXXXXX
XXXXXXXXXX
XXXXXXX
XXXXXXXXXX
XXXXXXX
XXXX
XXXXXX
XXXXXXXXXX
XXXXXX

Quando se detém (ampla): presa à mãe

Pequena ou inexistente quando não se detém: (dissipa as regras

Noção estética

(1) A altura da margem é proporcional ao respeito que o autor tem pelo destinatário da carta (Vels).

(2) A margem esquerda, regular, cuidada e com largura correta é um bom sinal de cortesia, disciplina, controle da emotividade e da regularidade de conduta (Vels).

O estudo do enquadramento é feito segundo a teoria estabelecida por Trillat e Escriche, em seu livro *"La graphologie praticque au service de l'école et l'entreprise"*.

O exame do aspecto total do grafismo na página nos permite ter uma impressão de conjunto da escrita, parte integrante da observação grafológica.

Deve-se considerar que um autor faz parte do "universo" pois, nesse plano, a escrita obedece também às leis que regem o simbolismo espacial – acima e abaixo, à direita e à esquerda. Por isso, deve-se, sempre que possível, preferir um documento completo, para evitar a falta de alguma informação sobre o autor no seu ambiente, ou negar ao grafólogo qualquer elemento importante.

A partir do plano da página, podemos ter uma noção maior do conjunto da pessoa. Deve-se estudar o enquadramento do texto, ou seja, a posição do conjunto gráfico em relação à página. Aí aparecerão quatro margens:

- a margem de cima, que é o início da ação, em função de seu campo limitado;
- a margem de baixo, que mostra o sentido de liberdade, e fica depois do ato;
- a margem da esquerda, que representa o ponto médio de partida de cada um dos atos individuais;
- a margem da direita, que representa a finalização de atos sucessivos.

Com a observação das margens, podemos identificar a atitude de um indivíduo nesse enquadramento. Ela pode ser contida, estreitar-se ou alargar-se, de acordo com sua necessidade de ocupar maior ou menor espaço. Também pode ser invadida, quando o escritor tenta aproveitar o espaço ao máximo, sem levar em conta a clareza.

É preciso observar o comportamento do indivíduo nesse plano de ação, pois esse aspecto do grafismo é importante e tem representação nas deduções gerais. O equilíbrio do aspecto gráfico, chamado de enquadramento, mostra a harmonia entre o pensamento do escritor e sua forma de expressá-lo.

Margens

Na escrita latina, que vai da esquerda para a direita e de cima para baixo, há um arejamento do texto, acima, para dar à massa escrita um relevo mais acentuado, uma liberdade maior.

* Trillat, R et Escriche, V. : GRAPHOLOGIE PRACTIQUE au service de l' école et de l'entreprise.Valencia, sd, 1986. pág.93.

Abaixo, é necessário deixar, também, um espaço para que, na página, a massa gráfica se situe harmoniosamente. Essa reserva de arejamento é menos estudada, quando na parte de cima da página, porque determina a quantidade do texto escrito, mas sua utilização equilibrada corresponde ao controle e à previsão organizadora do pensamento.

Um texto, ao abranger toda a largura da página, revela a perda de toda iniciativa pela sujeição aos limites que inibem qualquer impulso. Um texto muito isolado, ao contrário, expressa uma desconfiança, quase pânico, na decisão inicial, que pode chegar ao isolamento mórbido.

A imprevidência se manifestará, no preenchimento de toda a linha, com o risco de se diminuir o tamanho das letras ou ficar sem espaço. O perdulário, ao contrário, desperdiçará um espaço importante, sem tentar tirar partido disso. O vaidoso aproveitará todo esse espaço para fazer desfilar sua pomposa assinatura.

As duas margens, superior e inferior, sendo pequenas, mostram uma atividade febril e desorganizada, muito largas, darão a impressão de isolamento, de descrença, em alguns casos, de morbidez, uma tendência para a agorafobia (temor no espaço aberto).

A margem lateral, à esquerda, informa como o autor se sente em relação às suas origens, sua necessidade de segurança, como reage às normas e sua passividade.

A margem à direita informa como o autor se sente (sentimento) e reage frente ao outro e ao futuro.

A margem muito irregular é a representação das dúvidas do autor quanto ao seu sentimento e sua desorientação sobre como deverá agir tanto em relação aos demais como em relação ao desconhecido.

A alternação do espaço entre a massa escrita e o limite da folha significa falta de controle adequado, entre o que o autor sente e o que teme quando se vê frente ao "não eu".

Margem superior

É o espaço deixado pelo autor entre a borda superior da folha e o início do texto, ou outro elemento: data, título, referência. O módulo é o espaço que ocuparia três linhas da mesma escrita, de tamanho normal.

Margem superior é o espaço que está relacionado com a representação da "imagem do pai ideal", com o contexto da autoridade e o constrangimento que ela causa.

Assim, a margem superior grande representa a imagem do idealismo e do sentimento religioso, assim como a mensagem de respeito à hierarquia e ao interlocutor. A margem superior deve ser observada:

- na linha base da data : Belo Horizonte, 25 de julho de 1996;
- na linha base da saudação introdutória: Prezado senhor;
- na linha base da primeira frase do texto: estamos apresentando as condições...

Quando não houver data, o título do texto ocupará o lugar da "saudação introdutória"e, faltando também esta, a margem superior é medida na linha base da primeira frase.

Quando o texto ocupar mais de uma página, devem ser medidas as margens superiores em todas elas, considerando-se a distância entre a primeira linha base até a borda superior, e a constância dessas medidas.

Segundo J. Javier Simón, as distâncias das linhas-base até a borda superior serão consideradas normais quando houver distância equivalente a:
- 5% a 10% da altura da folha, na linha da data;
- 10% a 15% da altura da folha, na linha da saudação;
- 25% a 30% da altura da folha , na primeira linha do texto.

Nas páginas que se seguem à primeira, a linha inicial deve estar distante da borda a uma altura equivalente à de três a cinco vezes a medida do corpo da escrita (zona média), o que, também, informará sobre o sentido estético do autor que aprecia "ter as coisas no lugar".

Margens pequenas significam o desejo de invasão do espaço dos demais, excesso de confiança ou avidez pela ocupação dos vazios, que não deixam espaço para movimento ou manifestação dos demais.

Margem inferior

A margem inferior é a que mantém uma distância, entre a borda do papel e a linha-base da última frase, igual ou equivalente a uma altura de três a cinco vezes a medida do corpo médio da escrita (zona média).

Margem inferior é o espaço deixado pelo autor entre a última linha de um texto e a borda inferior do papel, *sem consideração de data e assinatura*, se estas ocorrerem nessa ordem.

Para estudá-la, é necessário observar as condições impostas pelo texto: se ele termina sem que haja a necessidade de recomeçar o preenchimento de nova folha, ou se o autor apertou a grafia, ou encurtou os espaços para não ter que mudar de linha.

* Fonte: "Le Symbolisme de L' Écriture" - Max Pulver.

Essa folga deve corresponder à altura equivalente a cerca de três a cinco vezes a altura de uma letra "m" minúscula, da mesma grafia. Essa distância é sinal de um bom sentimento de realidade, sem temor do desconhecido nem ansiedade negativa em relação ao futuro.

A falta de margem inferior, ou quando ela for muito pequena, informar-nos-á sobre a submissão do autor, mais ou menos desordenada, aos apelos instintivos de segurança, posse, etc.

A margem inferior pequena indica uma reação inadequada em relação às mudanças de ambientes. A adaptabilidade será menor ainda, caso ocorra uma redução nas alturas das letras, ou diminuição dos espaços entre as linhas.

Proporções e aspectos das margens laterais

O texto evolui entre duas margens laterais, constituídas pelo começo e pelo fim de cada linha.

a) A margem da esquerda

É o ponto de partida das linhas, símbolo de uma liberdade cultural adquirida pelo autor em relação aos seus vínculos familiares e de origem.

O fio de prumo adotado pelo escritor pode ser dirigido para a borda esquerda da folha, estreitando-se ou, ao contrário, alargando-se . A menor distância, indica a menor autonomia, alargar-se significa abrir mão dos vínculos.

Atribui-se, também, à menor largura dessa margem a interpretação de uma submissão inconsciente ao meio familiar. Enfim, os grafismos de professores ou pedagogos sugerem um antigo hábito de submissão à disciplina escolar.

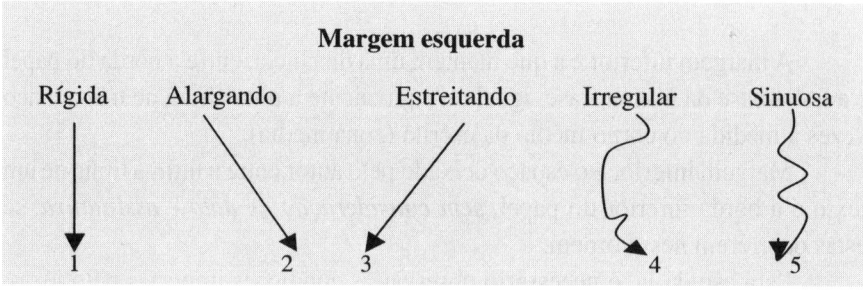

É com sua direção que a margem esquerda nos fornece as mais preciosas informações. Ela segue as flutuações da energia, que enfrenta a fadiga ou a indolência.

Ela pode ser rígida[1], quando desce paralela à borda do papel, caracterizando uma ação regular e firme da energia.

Ela se alarga[2], quando se afasta progressivamente da borda, indo para o centro do papel, manifestando uma segurança que perde, aos poucos, a sua força.

Ela se estreita[3], quando tem a tendência de se aproximar da borda do papel, simbolizando uma segurança progressiva, que aumenta, constantemente, seu campo de ação.

Ela é irregular[4], quando desigual e não tem uma regra de direção. Demonstra uma ação irregular e arbitrária.

Entre esses dois extremos, a vontade pode ser caracterizada pela margem ondulante (sinuosa)[5], que indica as flutuações da força da vontade, no início, e uma manifestação oscilante e irregular.

Muitas vezes, vemos variações de atitudes que estão de acordo, geralmente, com o tônus da linha: a margem que se alarga pode se estreitar, sinal de uma brusca recuperação da energia; e a margem que se estreita pode ser quebrada durante um enfraquecimento.

Em tais casos, é preferível comparar vários grafismos do mesmo autor para evitar o risco de um diagnóstico embasado num documento elaborado num momento de fadiga.

b) A margem direita

É como o final de uma letra, um dos elementos inconscientes da escrita. Ela não é projetada pela vontade, mas é resultado espontâneo da finalização das linhas, isto é, da finalização das ações.

É um símbolo da previsão de organização das ações seguintes do indivíduo.

Ao examinar uma série de textos do mesmo autor, verifica-se que é possível sobrepor quase identicamente as diversas margens da direita: é uma constante, a ponto do seu desenho poder ser usado como um dos meios de identificação gráfica.

Alargada, quando se distancia da borda.

A margem é estreitada quando se aproxima da borda direita da página.

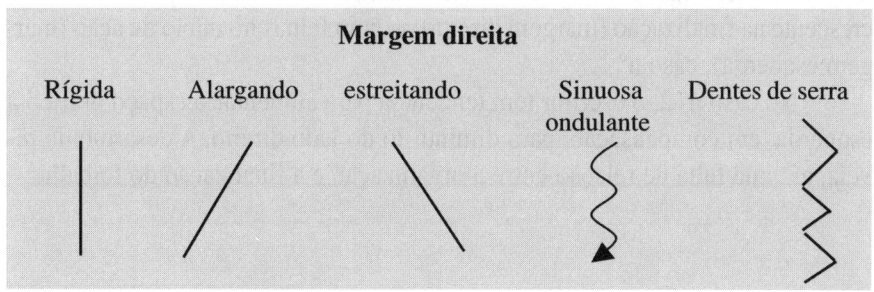

Margem direita

Rígida   Alargando   estreitando   Sinuosa ondulante   Dentes de serra

Ondulante ou rígida de acordo com suas várias finalizações.

Da mesma forma, ela caracteriza o "sentido de orçamento": o econômico vai usar a folha de papel até a sua borda extrema, enquanto o pródigo deixará em branco uma vasta ourela.

Aquele que tem o "orçamento" mal regulado terá sua margem direita em "dente de serra"; o avarento tem margem que se estreita e o perdulário uma que se alarga.

Os côncavos que ela apresenta, geralmente, são interpretados como sinais de desperdício. As saliências são analisadas como indícios de controles periódicos de disponibilidades "orçamentárias".

As linhas que alcançam a margem direita do papel são marcas de impulsos descontraídos.

Ao se considerar as margens, é preciso situá-las uma em relação à outra, e verificar se são compensadas ou opostas.

Assim, a margem esquerda estreitada se harmoniza com a margem direita alargada, inversamente, mas há uma desarmonia, caso uma e outra se oponham.

Harmonia – Margens compensadas

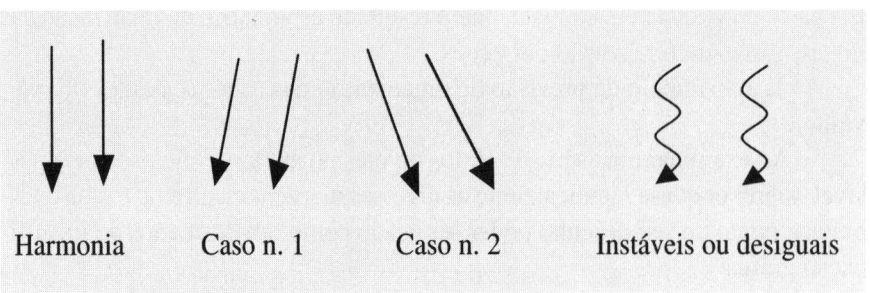

Harmonia   Caso n. 1   Caso n. 2   Instáveis ou desiguais

A informação obtida com essa observação se refere à organização do trabalho, à sua regularidade ou à maneira como foi realizado: por um esforço crescente na finalização (margem direita) ou com falhas no início da ação (margem esquerda), caso nº 1.

No caso nº 2, o escritor tem tendência para aumentar o espaço gráfico à esquerda; em compensação, para diminui-lo do lado direito. A desarmonia revela, aí, uma falta de relação entre a organização e a finalização do trabalho.

Margens não compensadas (iniciais e finais)– desarmonia

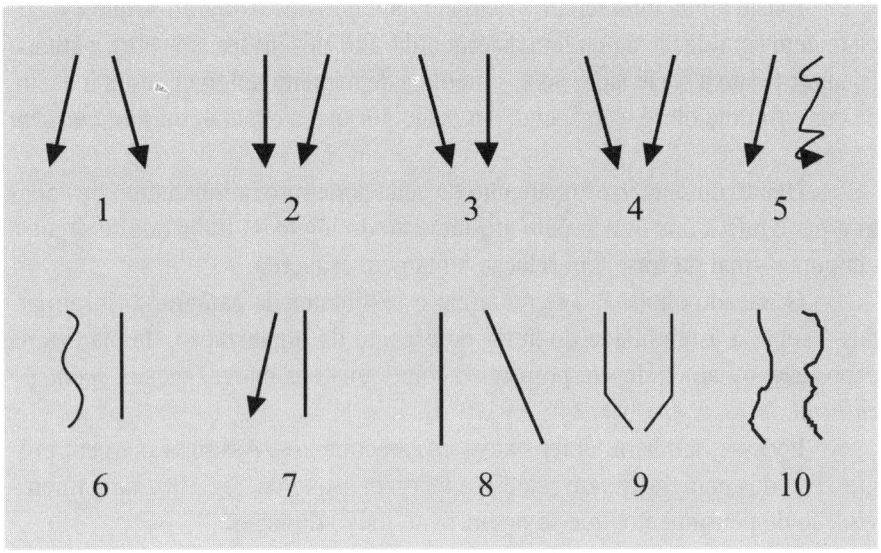

1. Aumento do campo de ação;
2. Superfície útil diminuindo;
3. Diminuição do campo de ação, compensada por grande rigor no controle;
4. Diminuição geral do campo de ação, até a inação;
5. Superfície útil aumentada e desigual na finalização;
6. Desigualdade do campo de ação por instabilidade na decisão;
7. Aumento do campo de ação;
8. Regularidade na decisão e aumento na finalização das ações;
9. Firmeza na ação e desfalecimento súbito no fim;
10. Variação geral do campo de ação por desigualdade.

Enfim, após ter examinado o texto sob o aspecto da lateralidade, é no conjunto da página, com a interpretação das linhas sucessivas, que poderemos distinguir melhor as circunstâncias que podem ter alterado o comportamento do autor.

Assim, a Grafologia nos oferece um novo esclarecimento sobre as mudanças sucessivas do indivíduo, desde seu comportamento inicial, até o definitivo, influenciado pelas transformações que balizam sua existência.

a) A margem social ou a margem dos parágrafos

Existe ainda uma terceira margem lateral, a dos parágrafos, que é o alinhamento em relação à margem da esquerda. Ela nos informará sobre a atitude do autor frente à sociedade, pois, simboliza de maneira tangível, a sua maneira de cumprir uma obrigação social: é a razão por que a chamaremos *de margem social*.

Habitualmente, o alinhamento de cada parágrafo, alinhamento de "ponto-e-parágrafo", é marcado pelo afastamento do início da linha que se segue a um ponto final da frase, em relação à margem esquerda.

O traçado obtido, ao se reunirem esses inícios de parágrafo, informar-nos-á sobre a estabilidade do autor no aspecto da organização, da clareza na exposição, ou ainda de sua polidez. É como uma das marcas da sua *evolução cultural*.

Pode-se, também, obter outros esclarecimentos. Assim, a margem progressiva dos parágrafos, em relação à margem esquerda, significa uma improvisação do pensamento, que se organiza ao longo **da ação.**

A margem regressiva dos parágrafos acompanha-se, na maioria das vezes, de uma invasão da escrita nas linhas que avançam para a direita: completa-se, então, o quadro que revela um autor sem limites sociais, cuja aproximação obsequiosa é seguida de uma familiaridade que desrespeita os limites da gentileza e o alcance da polidez elementar.

Margens de Parágrafos

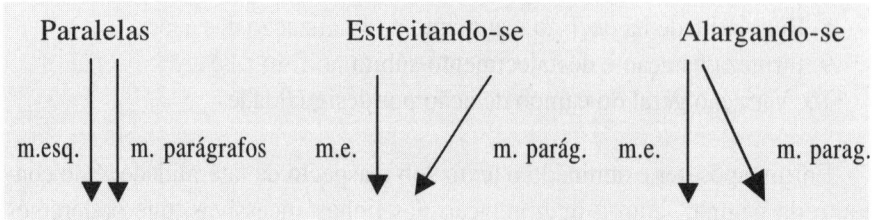

A margem central ou de alternação do campo visual

Quando o autor R.Trillat conseguiu (1936) definir a margem central (ou alternação ótica), como o resultado simples de uma preferência do olho direito ou do olho esquerdo, ela foi considerada como uma ambivalência gráfica, mas também, mais que uma simples demonstração de acuidade visual. É necessário ver nela a relação que existe entre o que foi escrito sob uma influência íntima, e o que foi traçado no plano da relação com a sociedade.

O exame da lateralidade da escrita permite constatar, em alguns casos de prolongamentos verticais, o que Bernson denominou de "chaminés", dando-lhes uma interpretação psicológica pura.

Entretanto, quando se examina melhor esse fenômeno, percebe-se que não é uma falha acidental do texto, mas a manifestação de um princípio ainda não observado e que corresponde ao fato de que temos duas grafias, que se devem: uma à visão do olho esquerdo, e uma à visão do olho direito, separadas por uma interrupção. Essa zona sem visão resulta da alternação, e se produz no momento do trânsito visual na margem central, alternação ótica.

Cada pessoa tem entre os dois olhos uma acuidade visual diferente, mesmo que não tenha problemas visuais, e tende sempre a usar um dos olhos mais que o outro, no campo da visão próxima. Na visão à distância, o emprego dos dois olhos possibilita a sensação de relevo, sem a qual a percepção de distância não seria possível.

Na maior parte das grafias, constata-se, como consequência, uma zona que separa o texto em sua altura, e delimita o plano de visão de cada um dos olhos. Esse sinal, a MARGEM CENTRAL, permite determinar de modo preciso, por seus contornos, o ponto em que um dos olhos é trocado pelo outro.

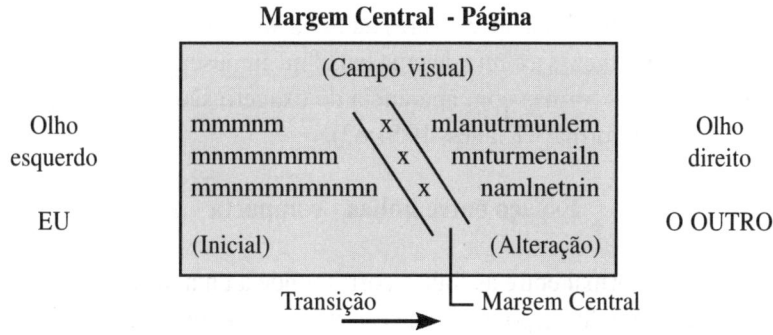

Margem Central - Página

Em algumas situações, o grafismo será completamente modificado, o que demonstra uma notável diferença de acuidade visual do autor, entre a vista direita e a esquerda.

Distribuição

- existência de margens - espaços não preenchidos ou ocupados entre as bordas do papel: esquerda, direita e superior;
- forma e regularidade das margens; alinhamento de parágrafos;
- aspecto geral da ordenação: espontaneidade com que as palavras e as letras são distribuídas, alinhadas e organizadas;
- proporção mútua das partes que constituem as letras e seus sinais acessórios - barras dos "tt" , pingos dos "ii", til, cedilhas, tremas e acentos gráficos, as hastes e as pernas, os traços que excedem à forma-base da letra;
- posição relativa dos sinais gráficos - sobre o eixo de simetria da letra; à sua esquerda (atrás) ou à sua direita (avançados);
- A separação entre duas letras consecutivas, dentro de uma palavra, deve ser de cerca de metade da medida da largura de um óvulo da mesma escrita;
- A distância entre duas palavras consecutivas, dentro de uma frase, deve ser igual ao comprimento de uma letra "m" minúscula, do mesmo grafismo;
- A distância vertical entre duas linhas, medida entre a linha superior da zona média (linha da realidade) e a linha que passa pela base da zona média (linha da censura) da linha anterior, deve ser igual a três ou quatro vezes a altura de uma letra "m" minúscula, da mesma grafia.
- "Todas as formas com aparência de exagero são prejudiciais para o nível de forma" (Klages, 1954:62).

Espaço entre linhas - compacta

O espaço normal entre as linhas corresponde a uma distância entre duas e três vezes a altura do corpo médio da escrita: toma-se como elemento base a altura de uma letra "m" minúscula uniforme.

Observa-se a maneira como o autor ocupa o espaço: se o texto dá a impressão de ocupar todo o papel, sem deixar lugar para "ideias".

Espaço entre as palavras - concentrada

A medida do espaço entre as palavras corresponde ao comprimento de uma letra "m" minúscula da mesma grafia. É a medida do espaço social de que fala Pulver.

Ordem - Interpretação paralelismo psicológico

Corresponde, em geral ao nivel de organização das tendências, na atividade e nos processos mentais. Aptidão para classificar, ordenar, controlar e verificar

CLASSIFICAÇÃO DO SINAL	CARACTERÍSTICA - PARALELISMO PSICOLÓGICO
Organizada Inorganizada (falta de aprendizado) Desorganizada	Cultura gráfica e de organização
Clara - Confusa - Arejada	Clareza na ordenação do pensamento, do tempo e da atividade, sentido do que é "seu" e do que é "meu", equilíbrio mental
Ordenada - Desordenada Cuidada - Descuidada	Respeito às normas e usos sociais Equilíbrio e ordem no pensamento e na atividade; senso de estética e de exatidão, apreciação subjetiva
Espaçada - Concentrada - Compacta	Concentração na atividade, nos problemas que são apresentados pela vida, pela profissão e pelo trabalho
Proporcionada Desproporcionada	Equilíbrio e sensatez nos juízos e na apreciação de si mesmo. Adaptação social, noção de comportamento social Autonomia e relacionamento com a autoridade Maturidade, Orientação da atitude vital
Enquadramento: Margem Superior Margens do Texto Margem de Parágrafos Margem Central Margem Inferior Entrelinhas Intervalos entre Palavras	Adaptação social Ligação com a origem, com o passado, com a dependência dos outros Estabilidade dos sentimentos, auto-domínio Estética, noção de segurança, noção de liberdade Horizonte intelectual - adaptação no ambiente Forma de contato entre pessoas

Fonte: "La selección de personal y el problema humano en d., 1982.

Enquadramento - paralelismo psicológico

Sentido geral da ocupação do espaço

A maneira como um autor preenche uma folha escrita indica, em geral, a sua noção de espaço. Toma-se, aqui, o termo espaço em sua mais ampla interpretação: o espaço "interno", o espaço "social", o seu espaço "intelectual", etc.

O estudo desse aspecto deve ter como objetivo uma conclusão sobre quem escreve, respondendo à pergunta: "Como o autor ocupa seu espaço?"

No social: como o autor "invade" o espaço dos interlocutores: respeita as posições relativas? Prefere o monólogo, isto é, fala de maneira que o interlocutor não tenha a oportunidade para se manifestar?

O espaço da folha de *papel ocupado* em demasia significa a presença de tensões emocionais em relação à segurança e proteção do ego. Segundo Simón Javier (pág. 107), o papel ocupado indica a presença de mecanismos de defesa psicológicos em face do ambiente que rodeia o indivíduo: o autor deixa pouco espaço para os outros, fechando-se nos seus próprios propósitos e idéias.

Por outro lado, o *papel "desocupado"*, representado pelas linhas muito afastadas, as palavras separadas além do módulo indicado, poucas palavras por linha escrita, etc., indicará que o autor cede excessivamente o terreno aos outros, mostrando-se escassamente assertivo. Tenta superar a timidez que sente, mas não sabe como afirmar-se, firmar posições. Poderá, eventualmente, procurar compensar esse sentimento com o ar distraído, perdendo-se nas próprias preocupações.

Vels (Grafologia Estrutural e Dinâmica, pág. 9 e seguintes) considera as margens superior e esquerda como *"Zona Inicial"*, onde "nascem os impulsos representativos de cada estímulo, de cada necessidade, de cada objetivo." A ocupação da zona inicial deve ser observada igualmente nos traços com que um autor inicia o desenho das letras. É o termômetro da ambição interna, dos objetivos e das metas de superioridade do autor.

A zona inicial, seja na margem superior, seja na margem esquerda é símbolo, inclusive, da cultura global do autor e de seu nível de deferência (respeito) em relação ao outro.

A margem *esquerda* indica a situação de defesa (lado de *mãe*, ver Pulver). Testemunha o controle que o autor exerce sobre si, e a variação que ocorre entre a posição consciente desejada (nas primeiras linhas da página) e o recurso que rege suas ações (inconsciente, as últimas linhas da página), o que é representado pelas margens crescentes ou decrescentes.

A margem *direita* que Vels considera como "Zona Final", é o reflexo simbólico do modo de contato com o exterior, o outro, o futuro. "Nos movimentos finais das letras, palavras e linhas, principalmente na Zona Média , é possível apreciar o modo de reagir e de agir frente ao ambiente, o mundo que nos cerca, o modo como conseguimos ou temos a intenção de conseguir alcançar nossos objetivos" (Vels, Grafologia Estrutural e Dinâmica, pág. 28). Mostra a maneira como o autor enfrenta suas dificuldades e age em relação ao futuro que desconhece, ou qual é a sua forma de se relacionar com os outros.

A margem direita pequena indica necessidade de se aproximar dos outros, do futuro. É sinal de atitude extrovertida, tendência para a abertura e exposição do autor que poderá agir com precipitação. Significa o contrário se for grande, sinal possível de timidez e angústia ante as situações que exijam uma tomada de decisão; e se for muito grande (acima de 20% da largura da folha) indicará a retração, um nível de angústia elevado e dificuldades significativas para o contato eficiente com o exterior (Simón, pág. 95).

Se a margem ocupar a metade da largura da página, poderá indicar a presença ativa de complexos, que levam à contestação da autoridade, "fuga ou reação" ante a figura do pai.

A margem inferior, quando tiver que ser considerada, no caso do texto ser maior que uma página, indicará o sentido estético do autor, sua proporção harmônica. A interpretação dessa margem é menos frequente, pois as amostras para estudo, em geral, têm de 20 a 25 linhas, não completando a primeira página.

A falta de margens - que ocorre quando o autor não deixa espaços em torno do texto - indica sua falta de cultura, o hábito não desenvolvido da leitura. No campo social, indica a falta de respeito pelos espaços do interlocutor, e desconsideração das posições relativas. No campo pessoal, identifica a imaturidade psicológica.

Margem superior normal significa bom nivel de cultura e de atenção e deferência em relação ao outro.

Margem Superior Grande
Sentido Positivo - Indica a deferência e o respeito pelas convenções sociais.

Noção de respeito e de "distância social", conforme os costumes e hábitos aprendidos.Saber escutar e deixar aos demais tempo e espaço para suas manifestações.

Sentido negativo - Excesso de timidez, passividade e submissão.

Margem Superior Pequena

Sentido geral - Desejo de ocupar todo o tempo e o espaço disponíveis. Tendência a falar mais que ouvir.

Desconsideração das posições hierárquicas relativas. Expressa a atitude do autor que não facilita, não permite que o interlocutor se manifeste ou fale. No campo pessoal, indica ansiedade.

Margem Inferior

Sentido geral - Deve ser observada somente quando o texto tiver extensão maior que uma página, tendo sido ocupada toda a primeira folha. A margem inferior corresponde ao auto controle e à auto disciplina.

Margem Inferior Grande

Sintoma de desejo de mudar de ambiente e de tarefas com frequência, dificuldade para se aprofundar no exame de situações, superficialidade.

Margem Inferior Pequena

Resistência para mudanças ou alternação de ambiente e de tarefas. Redução da capacidade de adaptação às situações novas ou não esperadas.

Margem Esquerda

A margem esquerda, distância entre a zona inicial das primeiras letras de cada linha até a borda esquerda do papel, é muito importante para a caracterização do estado interior frente aos problemas vitais, fortaleza e capacidade de controle e de organização para atingir metas e objetivos. (Vels, Grafologia de A a Z, pag. 242.)

Faltando, indica senso de economia. O espaço livre cria a distância. O princípio da economia de espaço utilizável é compensado pelas exigências estéticas, culturais e materiais que estão na maneira de tratar essa margem. As classes mais abastadas e as pessoas de comportamento original deixam margens mais largas que as pessoas das classes menos favorecidas.

A prodigalidade do espaço é vista como símbolo da falta de economia - *uso inadequado* - em si, uma tendência psíquica para se entregar imprudentemente, ou uma tendência econômica para não utilizar os valores adequadamente.

Muito larga, indica presunção. Assim, a margem poderá ser larga, no início do trabalho (alto da folha) e restringir-se depois, estreitando-se. Poderá acontecer o contrário, pequena no alto da folha, alargando-se à medida que o autor avança em seu trabalho.

A margem esquerda regular estreita indica preocupação com a aparência e que as necessidades são resgatadas enquanto se escreve, ou seja, o sentido de economia se revela mesmo quando o autor relaxa sua máscara de representação. O sentido de economia, nesse caso, significa a contenção dos gastos, ou o domínio do ato de dispender valores monetários, econômicos e mesmo a energia em geral.

Ao contrário, margem que larga indica que o autor se impõe uma atividade econômica que lhe é impossível manter, e tão logo o controle inicial se perca, ele cederá a uma tendência de levar vida folgada.

As margens esquerdas podem, ainda, apresentar formas *irregulares, côncavas, convexas e variáveis.*

A margem esquerda *convexa*, inicialmente, afasta-se da borda do papel, retomando a proximidade, quando se aproxima do pé da folha. Essa variação mostra que o autor, inicialmente, renuncia e, em seguida, assume um aproveitamento econômico do espaço. É, pois, alguém que tende a relaxar, mas, em seguida, se força à economia. A variedade *côncava* indica, ao contrário, uma fuga da parcimônia, que é combatida por alguma razão de ordem moral.

Enfim, a margem esquerda *variada*, ou em zig-zag, mostra um autor sob impulsão alternada entre presunção e ensaios de economia. As linhas avançam e seus comprimentos variam, o que é um defeito da disposição, aspecto grafológico da ordem. A observação de tais características significa que o relacionamento do autor com o dinheiro simboliza a função do seu Ego e a estrutura de seu instinto de conservação. A fé na vida e o medo de se revelar se mostram na atitude de uma pessoa em face do dinheiro. Podemos dizer que a largura da margem esquerda apresenta o espaço que o Ego se reserva, e exige para si, antes de se dirigir ao "outro", ou a sua manifestação e o doar de si para outrem.

Margem Direita

As margens direitas irregulares são mais frequentes porque a maior parte das pessoas mostram uma tendência para reter e outra para dar, que se entrecruzam sem que nehuma se sobreponha: a indecisão se revela.

A margem direita repete, por toda a linha, a situação já definida para cada palavra isolada, no que diz respeito à tensão entre seu início e o seu término. Assim, a disputa com o "tu" se exprime na zona final de cada palavra, e se repete no fim da linha. Uma grande necessidade de comunicação que avança para o "tu" com vivacidade, ocupa a margem direita. O medo do "tu", ou seja, o movimento da esquerda para a direita, tomando como modelo o medo do futuro, produz a margem direita larga. Representa o intervalo que pretendemos interpor, prudentemente, entre nós e os outros.

A medida das margens, em geral, deve ser feita em relação às dimensões do papel em que se escreve. As de um cartão postal são diferentes das de uma carta dirigida a uma empresa, ou a uma pessoa que não se conhece.

O já citado autor, J. Javier Simón, afirma que "quando terminamos de escrever uma página, enfrentamos, de forma inconsciente, o problema de ter de mudar o campo de operações para outro, em que teremos que começar tudo de novo."

Margem pequena indica pouco controle ou temor de novas situações e a tensão frente ao desconhecido.

Margem grande: desperdício do tempo ou impaciência para se livrar do que se está fazendo, superficialidade, tendência para não terminar as tarefas com o cuidado de fazê-lo bem.

Distribuição

Maneira pela qual o autor ocupa o espaço da folha, com o traçado das letras dentro de cada palavra e das palavras em uma linha. É nesse aspecto que se verifica a clareza com que o autor se revela e ocupa o "espaço" ao seu redor. Cada letra está colocada em seu lugar, dentro de cada palavra, sem interferir ou invadir o espaço que cabe à outra. Cada palavra se coloca corretamente dentro da linha.

As alças inferiores e superiores, pernas e as hastes, não invadem o espaço das linhas vizinhas. O autor mostra, assim, que reconhece, instintivamente, o que pertence a cada um, o que deve ser colocado em cada lugar.

Características a serem observadas

Legibilidade: Cada letra em seu lugar, sem invadir o espaço das outras. A leitura do trecho é feita sem esforço adicional, ou sem provocar estranheza;

Clareza: O autor não deixa traços adicionais que impeçam a leitura fácil. Não há a preocupação marcante de ser claro, com estereotipia ou formalismo. A grafia dá a impressão de ser leve e natural. Há predomínio do movimento natural, não deformando o aspecto ou estrutura da letra;

Uniformidade: As letras assumem aspectos gerais mais ou menos uniformes ao longo de toda a página. Não se percebem diferenças marcantes, e as que ocorrem têm o aspecto de eventualidade, não se repetindo em outros lugares;

Sob esse aspecto, devem ainda ser observadas a existência de discrepâncias em direção, dimensão, forma, etc. A escrita é "limpa", quando não ocorrem exageros ou dureza da forma ostensivamente cuidada.

O estudo da distribuição se faz a partir da observação da variedade de contato, proporções e organização das letras nas palavras, das palavras na linha e das linhas no papel.

O espaço em branco, deixado entre as palavras e entre as linhas, produz as variedades:

- clara - confusa;
- espaçada - concentrada; considerar as direções: vertical , horizontal;
- organizada -
- inorganizada - conseqüência de poucos estudos e escolaridade insuficiente;
- desorganizada - conseqüência de doença, falta de controle sobre os músculos, ou quando uma pessoa está sujeita à vibração de um veículo que se movimenta, ou sob frio excessivo, etc.
- ordenada - mantém os espaços e margens;
- desordenada - não mantém os espaços, as margens são irregulares.

Outros sinais gráficos recebem denominações conforme as características a serem investigadas e, a partir deles, identificamos as demais modalidades da escrita:

- Limpa - suja, com retoques e borrões;
- Cuidada - descuidada - letras de alturas e formas irregulares, distribuição mal feita;
- Arejada - quando não ocorre qualquer contato entre os elementos das letras, das palavras ou entre as linhas, etc, e outros sinais que estudaremos adiante, com mais minúcias.

Pulver, em seu livro, já mencionado, chama a atenção para a maneira de considerar a forma e as dimensões das margens em relação à cultura do país e da região geográfica de origem do autor. Ele comenta que, nas Américas, a margem esquerda é menor que nos países europeus. Assim, aqui no Brasil, devemos pensar nas discrepâncias que possam ter origem nos costumes regionais decorrentes das relações sociais e culturais.

As pessoas dos Estados do norte-nordeste têm grupos de reações, de comportamento, noções de segurança, sentimento de orgulho por terem nascido nessa região (bairrismo), diferentes daquelas que tenham origem e educação na área do Rio de Janeiro, nos Estados do Sul, em São Paulo, etc.

Observei que os documentos escritos por autores do Norte têm margens diferentes das deixadas pelos autores dos Estados do Sul e do Centro-leste. Devo lembrar que as origens culturais foram e são bem diferentes. Há muita influência até na maneira de falar, de construir as frases e nos acentos de voz (sotaques), reflexos evidentes dos respectivos ambientes culturais.

Sugiro aos estudantes e leitores que façam suas próprias observações!

Espaço entre linhas - compacta

O espaço entre as linhas é o intervalo vertical deixado pelo autor ao escrever cada linha seguinte: deve equivaler a, três ou quatro vezes a altura do corpo médio.

Reflete o respeito pelas próprias ideias, uma vez que ao escrever abaixo da linha anterior, o autor realiza um exame (inconsciente) da dimensão necessária para se abstrair de limites e apreciar, de maneira panorâmica, o passado, o presente e o futuro. Segundo Vels, indica a capacidade do indivíduo para "ver a vida", os assuntos e as circustâncias externas com aceitação do passado. Assim, pois, quanto mais próximas as linhas, mais o pensamento se liga e se prende ao cotidiano (rotina); quanto mais se distanciam as linhas, mais o pensamento mostra capacidade para evoluir e projetar-se em horizontes de médio e longo prazos. A observação se limita aos exageros, que significam dispersão e desprezo pelas relações das coisas com o tempo e com os princípios de economia.

Essa observação indicará como o autor cede ou concede lugar, tempo, espaço para manifestação, tempo para falar aos seus interlocutores. Com o espaço normal, a pessoa amolda-se bem ao presente, a cada dia, e às pessoas com quem convive.

Espaço entre as palavras - concentrada

O intervalo entre as palavras, segundo Vels, é o terreno psicológico proporcionado e harmônico da pessoa que sabe discernir o possível do impossível, com respeito pela personalidade alheia.

O espaço normal indica que o autor sabe discernir o possível do impossível, tendo a apreciação correta dos valores individuais, indicio de espírito crítico.

O espaço excessivo indicará uma restrição da necessidade de contato humano, com uma atitude de silêncio ou de isolamento. Assinala também uma certa desconfiança em relação ao mundo circundante, levando à necessidade de guardar silêncio, de pouca manifestação com o temor de uma acolhida inadequada ou recusada. A atitude poderá tomar uma orientação seletiva. O autor escolherá com quem e quando se manifestar, ou que objetos preferirá. Deve-se fazer uma observação combinada com outras informações, como o sejam: as dimensões das letras e as disposições das margens direita e esquerda.

O espaço pequeno ou insuficiente terá um significado contrário: o autor tende a "tocar" objetos - só sabe ver, tocando os objetos e pessoas. Ele se aproxima em excesso das pessoas, cometendo mesmo faltas de cortesia e discreção.

Em outro campo de consideração, as noções de conceito e análise, que exigem uma clara separação de cada elemento constitutivo de um objeto, de um fato, ficam prejudicadas.

Se a grafia for desordenada, desproporcionada e confusa, expressará insuficiência da capacidade de julgar e grandes defeitos de apreciação crítica, inclusive com falseamento dos fatos. O indivíduo, não tendo capacidade para ver a realidade, inventa e imagina.

O espaçamento desigual mostrará um temperamento nervoso, em que a necessidade de contato humano será variável. O autor se aproxima, quando necessita de alguma coisa, mas se afasta e "desaparece" tão logo tenha conseguido seu intento.

Proporção nos Acessórios

"Entende-se dentro do termo proporcional a precisão na colocação de pontos e acentos, das barras dos "tt" bem colocadas e com dimensão moderada, bom espaçamento entre letras, palavras e linhas e, enfim, boa ordenação do conjunto"(Vels, Grafologia de A a Z -P18 - pag 274).

Na grafia escolar e na caligrafia formal, as posições e proporções abaixo atendem as indicações da proporcionalidade gráfica:

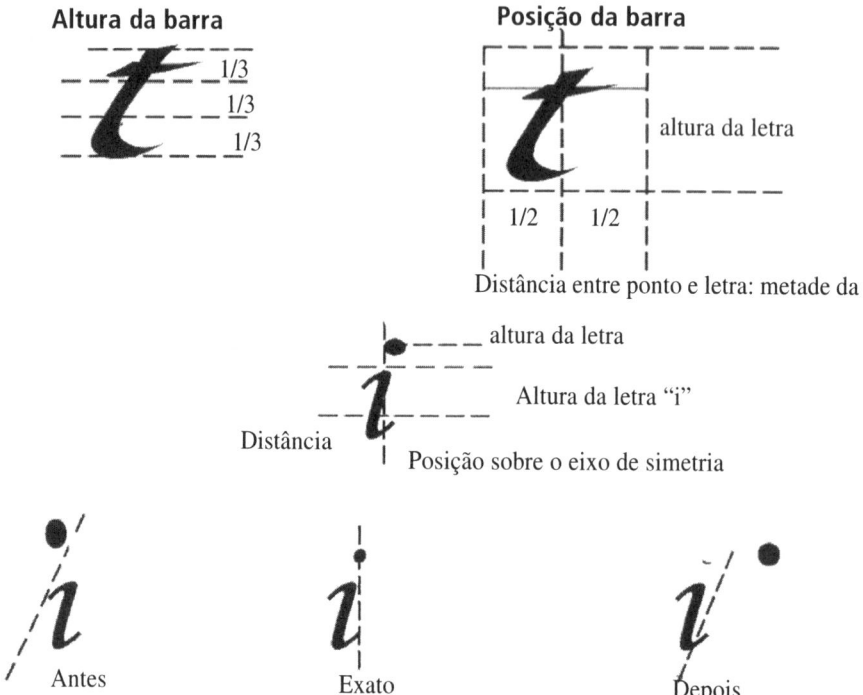

O equilíbrio do grafismo, diz Vels, é a proporção das dimensões das letras. Esse equilíbrio é resultado:

1 - da igualdade de humor (disposição de ânimo ativada pelos sentimentos de prazer, de satisfação, etc.);

2 - da ponderação (capacidade, em cada momento, de comparar o valor das coisas, com calma e manter as reações dentro do limite da razão);

3 - de objetividade nas apreciações (juízo equitativo para comparar valores com realismo, sem posições sentimentais que alterem o julgamento).

Cada autor procura expressar com maior relevo aquele sinal que lhe pareça cobrir ou disfarçar o que seu inconsciente identifica como fraqueza ou algo que deva ser escondido. Assim, as grandes dimensões podem esconder a pequenez, e os volteios excessivos, ocultar a feiúra ou um aspecto (interno) desagradável; o traço rebuscado pode indicar a sua falta de naturalidade ao tratar diversos assuntos.

Proporção

O professor Vels, em seu estudo inovador, contido em sua "Grafologia Estrutural e Dinâmica," afirma que a zona média é o resultado da confluência das funções superiores - pensamento, racional, ideal - com as inferiores - biológicas, apetites, interesses práticos.

São, assim, estabelecidas as linhas limítrofes entre o ideal e a realidade, representada pela zona média, na fronteira entre a realidade e o abismo do inconsciente da zona inferior.

Na grafia, a zona média está sujeita a todas as turbulências, reações e às demonstrações do domínio alternado da vontade e do sentimento, do racional e do irracional. É o fiel espelho da proporção das reações efervescentes, resultantes do confronto do ideal com a realidade e o biológico, que ocorrem na alma do autor.

A partir dessas observações se torna mais fácil identificar a dimensão grafológica do aspecto "Ordem".

A tranquilidade interior revela-se na grafia cursiva, com dimensões e espaços naturais, resultado da constância e continuidade dos movimentos feitos pelo autor em sua manifestação escrita.

Jacqueline Aymard, presente no *Dicionaire pratique de Graphologie*, afirma que uma proporção justa das massas gráficas, contida nas dimensões corretas e na repartição bem feita dos espaços, revela uma propulsão balanceada e estabilizadora dos impulsos à esquerda e à direita, acima e abaixo do centro em que está o autor.

"A proporção é um elemento da harmonia jaminiana. Em um meio leve e vivaz, a escrita proporcionada revela que o autor usa todos os recursos de sua personalidade diversificada", diz Aymard. "Em um meio mais contraído e menos personalizado, a proporção será o resultado da medida e da objetividade".

A proporção, dentro do aspecto ordem, identifica-se na apresentação regular, sem rigidez, dos traços e sinais gráficos, ao longo da página escrita, ou seja, as formas das letras e sinais gráficos se assemelham na forma, com pouca variação da dimensão, principalmente na zona média.

Como indicação, mais adiante, mostra-se o que pode se passar com a letra "i" minúscula, em que se observa a relação entre o pingo e o corpo da letra, e na letra "t", também minúscula, em que destacamos a posição e altura da barra em relação à haste. É um mero exemplo de observação.

Outras manifestações gráficas podem ser aceitas como indicação da proporcionalidade, desde que se repitam com naturalidade. Para observá-las, escolhemos uma letra e a seguimos ao longo da página, estudando as formas que assume, reconhecendo a natural repetição dos traços que a compõem.

A proporção deve ser:
- regular, com poucas variações;
- sem rigidez, aspecto natural e espontâneo;
- sinais gráficos presentes, podendo ser irregulares.

A desproporção é identificada quando houver:
- letra de forma ou de "imprensa", caixa alta (maiúsculas) ou caixa baixa (minúsculas);
- rigidez, traço pré formatado, pouco espontâneo;
- predomínio evidente de uma zona gráfica, sem compensação;
- excesso de enfeites que deformem as letras;
- irregularidades essenciais nas dimensões e na estrutura da grafia.

Paralelismo Psicológico dos Símbolos Grafológicos

Distribuição

A boa distribuição de um texto sobre o papel, em sentido geral, revela harmonia interna. Os diversos elementos psíquicos estão em equilibrio. Não ocorrem manifestações discordantes, há uma noção estética ampla, genérica. Mostra que o autor mantém tudo nos respectivos planos e proporções, respeita os limites propostos ou estabelecidos para o seu ambiente.

Sobre uma base interna assim equilibrada, as modalidades gráficas são como variações da distribuição das potências e espaços dos diversos elementos psíquicos, havendo motivos positivos e negativos segundo o nível de forma (Klages).

*Fonte: VELS,A. Escritura y Personalidad.Barcelona, Luis Miracle, 1955; e outras obras indicadas.

Escrita organizada

A escrita é organizada, quando não ocorre o predomínio da forma sobre o sentimento, ou o inverso. O autor tem domínio suficiente de sua escrita (grafia) para que seu pensamento não se submeta à forma que o traçado assume.

A escrita organizada apresenta ordem interna - nas letras, nas palavras e nas linhas. Os sinais gráficos presentes - ponto, acento, trema, til, vírgula, cedilha - coloca-se em relação às respectivas letras. Indica que o autor tem um bom domínio de si, boa coordenação motora. A inteligência é cultivada, com bons hábitos de leitura e de informação.

Quando o aspecto for caligráfico, revelará convencionalismo, interposição de normas e padrões entre o indivíduo e os demais. No ambiente profissional, será cordial, mas convencional e autônomo, com tendência para comparar as afirmações com as experiências e verificações concretas.

Pode ser sinal de pouca maturidade, principalmente, nas relações sociais.

Escrita inorganizada

É a escrita do autor que não tem escolaridade, ou não adquiriu as noções básicas de margens, estética, etc. Significa, em geral, um nível de cultura mais simples ou de pessoa que não tem o hábito de leitura.

Distribuição clara

Quando a observação mostra natural suavidade no conjunto, não ocorrem interferências entre as letras, as hastes não tocam ou recobrem as pernas das linhas anteriores, a distância entre uma palavra e outra corresponde ao comprimento de uma letra "m" da mesma grafia. A distância entre uma letra e outra, dentro de uma palavra, corresponde à metade da largura de um óvulo, sem qualquer indicação de que o autor teve a necessidade de se esforçar na sua composição, ou de que "passou a limpo" para mostrar a clareza (que não lhe é natural).

Sentido Positivo:

Interpretação: Predomínio da atividade consciente;

Clareza de espírito;

Noção de limites;

A razão dirige a imaginação.

Quando a clareza coincide com letras bem formadas, linhas bem distribuídas e sem perturbação em qualquer aspecto grafológico, indica:

- necessidade de tornar as coisas claras para entendê-las e transmití-las de maneira adequada - (capacidade pedagógica bem definida).

A atitude vital (Jung) orienta a manifestação da característica:

Introversão - a pessoa desejará adaptar as coisas e a ordem dos objetos, segundo sua ordem interior - Mudam-se a ordem, a organização e a disposição de tudo, segundo o desejo do sujeito.

Extroversão - a pessoa procura se adaptar ao que percebe e encontra no ambiente, molda suas reações e manifestações de acordo com seu plano de vida social.

Sentido Negativo

O conjunto, por sua aparência, mostra que o autor se preocupa em mostrar clareza e ordem. A letra se mostra caligráfica, escolar, rígida, estereotipada, em forma de imprensa, aparência monótona, sem as alterações que são naturais.

Interpretação -

Inteligência convencional, mediana, limitada;

- pessoa acostumada a repetir o que aprendeu, com disciplina e sem variação - é o tipo "bom aluno" que conhece todas as lições do mestre e se esforça por fazê-las bem;
- a razão dirige a imaginação e a aprisiona sem permitir alterações;
- faltam-lhe recursos para inovar, sair da rotina.

A pessoa assume sua "máscara" (Persona - Jung) conforme a exigência do cenário, mas não tem a capacidade para alterar a essência, modificar o principal, criar o argumento. Aqui, também, cabem as variações conforme a atitude vital - *introversão ou extroversão.*

Distribuição confusa

O texto impresso mostra perturbação dos sinais impressos: os espaços nem sempre são bem respeitados, as letras parecem espremidas ou se interferem, dando a impressão de que não têm espaço definido e próprio. O conjunto mostra a falta de um equilíbrio que o torne claro. Pode se tornar de leitura difícil ou trabalhosa.

Sentido Positivo

- exaltação - a noção dos limites se perde por excesso de imaginação ou energia criativa;
- utopia, otimismo exagerado;

- impulsividade, ingenuidade - a pessoa manifesta falhas no juízo e na percepção dos limites;
- espontaneidade, excesso de confiança, sugestionabilidade.

É necessário observar em qual zona gráfica ocorrem as perturbações estruturais e as variações mais evidentes. Na zona inferior (vida física, biológica, instintiva), a perturbação significa mania de mudanças, desejo de auto superação, tendência para proezas, demonstração de força física, natural em atletas, desportistas, etc.

Na zona superior (vida espiritual, intelectual, ideal), significa tendência ao misticismo, disposição para imaginar inovações, etc. O grafólogo deve interpretar as variações nas demais zonas, para se decidir sobre o paralelo psicológico.

Distribuição Arejada ou Aérea

É o tipo em que não ocorre qualquer contato entre as palavras e as linhas, ainda que as dimensões não sejam proporcionais. A escrita desse tipo é uma variação positiva do tipo "Clara", com o aspecto natural.

A facilidade de escrever e se manifestar com gestos gráficos deve-se à fluidez do gesto cursivo que resulta da inexistência de opressões internas, com grau de adesão bem caracterizado, com tendência ao contato e ao movimento para a direita.

Sentido positivo
- O pensamento se organiza facilmente, sem confusão;
- o juízo é ponderado - há equilíbrio de valores;
- o pensamento é bem definido, independente;
- a imaginação é equilibrada pela capacidade de dar valor correto às coisas e aos fatos;
- a emotividade é controlada, com manifestações sensatas, sem paixões perturbadoras;
- potencial para o bom uso dos conhecimentos adquiridos;
- espirito natural de dedução;
- atitude racional facilitada e agradável.

Sentido negativo
- confusão mental;
- tendência para agir sem clareza, ações desorientadas;
- tendência para sair de sua órbita - limites sociais, intelectuais ou profissionais - (conforme a zona predominante) pouco atendidos ou definidos;

- contato fácil com o imoral e o amoral, complacência nos afetos legítimos e ilegítimos;
- distribuição defeituosa do tempo e de sua energia em geral.

Distribuição Ordenada

Todos os pontos, acentos, tremas e demais sinais gráficos estão colocados. A assinatura se destaca, em posição não isolada, nem sobre o texto, situa-se ligeiramente à direita da página, a direção pouco inclinada ascendente. Os sinais, em seu conjunto, dependem da cultura de seu lugar de origem.

As margens são corretas e regulares.

Sentido positivo

Esses sinais evidenciam que o autor tem espírito claro e disciplinado, que se submete aos hábitos e usos sociais com naturalidade e sem artifícios.

A colocação ordenada da escrita traduz uma exigência do autor em relação a si mesmo, o senso de disciplina e uma preocupação com a organização, assim como sua capacidade para se conter frente à pressão de algum momento, quando a escrita for rápida e personalizada.

Sentido negativo

O autor mostra restrições em sua apresentação natural. Prende-se ao formalismo escolar.

Distribuição Desordenada

A escrita desse tipo não atende ao que se identifica como uma escrita ordenada. O texto que preenche a página dá o aspecto de indisciplina e de irregularidade geral, mostrando falta de clareza e de harmonia. Os traços se entrecruzam desobedecendo os respectivos limites. As hastes e as pernas se tocam ou se interferem com frequência; uma linha escrita abaixo de outra atravessa as pernas das palavras da linha anterior.

Esse tipo é interpretado como um dos sinais da coordenação defeituosa dos valores e dos recursos de que o autor se serve - tempo, dinheiro, ideias e energia.

Sentido positivo

Estando associada a movimento vivo, original e rápido:
- a imaginação ativa do autor o leva a ultrapassar o limite dos valores ou da correlação de ideias. Ele não se prende aos limites dos juizos que manifesta.

Sentido negativo

A escrita associa-se a um descuido do traço, traços brandos, excesso de curvas e falta de pressão:

- atitude passiva de aceitação de quem espera obter tudo sem aplicação de esforço pessoal;
- abandono das obrigações;
- incapacidade para assumir posições e responder por suas ações - irresponsabilidade;
- desordem moral.

Escrita cuidada

É uma variedade da escrita "ordenada", em que há evidência do esmero na colocação de sinais acessórios: til, cedilha, acentos, etc. O cuidado e o asseio são interpretados como necessidade de ordem e exatidão. Como consequência, o contato com os outros revela cortesia e deferência.

Sentido positivo

Noção de escrúpulo, pontualidade e moral exigentes.

Sentido negativo

O excesso pode indicar intolerância e apego excessivos às normas e suas limitações, o que lhe torna difícil o contato social.

Escrita descuidada

Mostra que os espaços ocupados pelas letras e palavras são desiguais, sem harmonia. As letras são mal traçadas e as formas são de aspecto desagradável, irregular. As letras, a despeito do aspecto, ocupam seus lugares, não ocorrendo interferências, portanto, podem ser identificadas e lidas sem esforço de interpretação. É a escrita que mostra pouco cuidado na sua composição. Significa, também, o desleixo. É a antítese do que revela a escrita cuidada, mas sem os exageros. Seria, antes, a imagem de uma flexibilidade descuidada.

Escrita ilegível

Em caso positivo - É o resultado da precipitação - necessidade de anotar alguma coisa com rapidez, ou em condição de apoio desfavorável, etc. A grafia é instável, com variadas dimensões e orientação, com traços não alinhados, e com a linha (imaginária), que passa por baixo de todas as letras das palavras, instável, não homogênea. Parece que as letras "se desmancham", perdem a forma. Quando a razão não for a instabilidade do apoio utilizado, indica que a pessoa está sob tensão de uma atividade febril, neurose ativa, ou astenia (debilidade física). Nos casos em que a perturbação for constante, indica a vontade de ser diferente, de se singularizar, o gosto pelo secreto, misterioso ou codificado.

Em caso negativo - Indicará perturbação mental, emocional, má fé, fuga das responsabilidades e falta de senso moral. Associada a uma escrita organizada, quanto melhor for essa organização, maior será o equilíbrio moral e a transparência do autor; haverá equilíbrio entre o rigor e a tolerância.

Sentido negativo

Quando associada a uma escrita de tipo gorda, pastosa, com sinais de negligência, em que faltam sinais acessórios, há má conformação dos gestos que não se completam para formar a letra, etc. Com gestos regressivos:

- adaptação exagerada ao ambiente, o que leva à maleabilidade excessiva;
- falta de convicção;
- atitude frouxa, o autor "se dissolve" ante a opinião alheia, pela falta de capacidade de resposta.

Distribuição espaçada

Caracteriza-se pela separação das palavras em uma frase ser maior que o módulo, tanto na horizontal (comprimento igual ao de uma letra "m" minúscula, da mesma grafia em exame), quanto na vertical (altura da letra "m" multiplicada por quatro ou cinco), ou em ambas as direções.

A interpretação basea-se na teoria de Pulver, já mencionada.

Sentido positivo

- amplitude de ideias e de sentimentos;
- gosto pela vida folgada e sem obstáculos;
- amplitude do campo da consciência (capacidade de conhecer valores e de aplicá-los para se dirigir ou para se orientar);
- capacidade para considerar vários temas simultaneamente.

Se a escrita for estreita

- necessidade de isolamento;
- concentração em si mesmo, autismo;

Coincidindo com letra arredondada e progressiva:
Sentido positivo

- bondade natural, generosidade, simpatia;
- necessidade de contato - sociabilidade .

Em *sentido negativo*, indicará:
- falta de capacidade para reconhecer os próprios limites e se orientar;
- falta de sagacidade e de prudência;
- superficialidade;
- fraqueza moral;
- dissipação da energia vital;
- ausência do sentido de economia.

Coincidindo com escrita estreita, pequena, inibida e angulosa:
- tendência para inconstância na manifestação dos sentimentos e dos afetos, perturbações de ordem afetiva frequentes ou fora do controle;
- contato social difícil;
- necessidade de criticar.

Coincidindo com barras de "t" e traços em diagonal, ascendentes ou descendentes:
- desejo de protestar, de desmoralizar.

Escrita concentrada - (Espaço entre palavras - horizontal)

É a escrita em que os espaços que separam as palavras e as linhas são reduzidos.

A avaliação é feita comparando-se o comprimento linear ocupado por uma letra "m" minúscula, da mesma escrita, com a distância que o autor deixa entre as palavras de uma linha (módulo horizontal).

A concentração na horizontal resulta da tendência do autor para ocupar o tempo e o espaço consigo mesmo, e revela uma educação social sem respeito, discrição e consideração pelos outros. Vels cita o "caráter oral" de Freud quando descreve esse fenômeno.

Quando o sinal ocorre com escrita pequena e contida, indica "falta de visão panorâmica dos fatos, incapacidade para coordenar grandes conjuntos de coisas, estreiteza de horizontes".

Compacta - (Espaços entre linhas -vertical - reduzido-)

Espaço entrelinhas medido entre as linhas base das letras igual a de quatro a cinco vezes a altura do corpo médio, como módulo de separação vertical.

É o suficiente para que não ocorram interferências ou superposições de hastes de uma linha e as pernas da linha anterior.

A concentração vertical existe quando a soma dos comprimentos das hastes e pernas, da mesma escrita, é comparada à distância entre as duas linhas consecutivas.

Em qualquer das duas escolhas para módulo, a impressão que o conjunto escrito (massa gráfica) nos dá é a de falta de espaço.

A concentração vertical, resultado da redução do espaço referente à zona superior, quando o autor escolhe inconscientemente a distância que manterá acima da linha que se inicia, indica sua menor capacidade para pensar no passado. "Quanto mais as linhas se aproximam umas das outras, mais o pensamento sobre o presente se acentua", afirma Vels.

É o grau superlativo da concentração. Hastes avançam sobre as pernas das linhas anteriores, e a zona média é traçada sobre as pernas, enquanto as palavras se tocam com frequência. O campo gráfico é ocupado em demasia, e freqüentemente com exagero. A massa gráfica é muito densa e dá a impressão de falta de ar.

Em outro sentido, a capacidade de investigar é reduzida, a pessoa se recolhe sob a capa da proteção, da necessidade de certeza e de ações. Diminuição da disponibilidade e da capacidade para ouvir, escutar e meditar. Há uma luta, tanto mais intensa quanto mais compacta for a escrita, contra o sentimento de solidão.

É importante distingüir os documentos pessoais (íntimos) dos documentos de comunicação. Muitas pessoas têm suas notas pessoais, rascunhos e anotações que não se destinam a outros, em escrita compacta, mas o que vai servir de comunicação com terceiros é feito de maneira espaçada, respeitando os espaços horizontais e verticais. A concentração, em geral, exprime um sentimento de apreensão, reforço dos controles internos. Em tais casos, a indicação é de uma pessoa concentrada, capaz de investimentos ativos e eficácia, com adaptação realista.

Espaçamento desigual entre linhas é próprio de pessoas que perdem o sentido da orientação, no tempo e no espaço. Pode significar alguma enfermidade da visão ou da audição. (VELS:1992).

Sinais Gráficos

Proporcionada

Vels indica a escrita proporcionada como sinal de objetividade e prudência. Tendência para buscar as relações claras que comprovem os acontecimentos.

Significa o domínio das próprias paixões e a visão construtiva das obrigações sociais.

Se a escrita for rígida, revelará falta de imaginação e de capacidade para criar. Deve ser interpretada como sinal de preferência pela rigidez e de tendência à inflexibilidade de princípios, intolerância.

Desproporcionada

Vels vê a escrita desproporcionada como resultado da emotividade incontrolada ou mal controlada. As tendências e necessidades saem do controle do autor. Há falta de sintonia entre as emoções e reações ante fatos reais.

Sugestão de Roteiro de Observação
Estudo da Ordem

1 - Observe o conjunto: qual é a impressão geral que lhe causa?

2 - Identifique o nível de forma:

* há interferências e colisões entre os traços de letras, dentro das palavras?
* há interferências e colisões entre as palavras, na horizontal ou na vertical?
* a disposição lhe parece natural ou estereotipada, forçada?
* qual é mais importante, para o autor: a forma das letras ou o seu movimento?

3 - Disposição - Margens:

* Comece pela margem superior.
* Onde foi escrita a data? e o cumprimento inicial (prezado senhor, etc)?
* Se o texto ocupar mais de uma página, a margem superior em todas elas é uniforme?
* Estude a margem esquerda. É regular? - use uma régua transparente para traçar uma linha, com lápis, ligando a primeira letra da primeira linha à primeira letra da última linha.
* Meça, com a régua, a distância entre a borda esquerda e a primeira linha, no alto do texto, no meio do texto e na última linha - compare as medidas, e veja se a margem é crescente, regular ou decrescente, regular ou irregular.
* Estude as dimensões do texto, já com as percentagens calculadas, em relação ao formato do papel. Estude a margem direita. É regular? É exagerada?
* Observe que, nessa margem, o alinhamento deve ser mais irregular que na margem esquerda, face à estrutura das palavras. O importante é que exista uma distância entre o alinhamento médio observado e a borda direita do papel. Avalie a distância média dos traços finais de cada linha até a borda do papel.

- Verifique se a linha base das últimas palavras se mantém ou se encurva antes de tocar a borda: o autor "aproveitou" o espaço, para não deixar folgas? Esse sinal se chama "rabo de raposa".
- Verifique se o autor "espremeu" as últimas letras, ou manteve o mesmo distanciamento entre as letras e as palavras.

4 - Distribuição

Devemos também observar se há traços ou finais de letras exagerados, bloqueando o espaço vazio entre a última letra da linha e a borda direita do papel.

Conclusões a que devemos chegar:
- Nível e característica cultural;
- Organização das ideias, clareza de espírito;
- Estude a coluna escrita: as letras estão juntinhas ou afastadas umas das outras? (consulte a distância modular igual a um oval da mesma escrita).
- A distância entre as palavras deve corresponder ao comprimento de uma letra "m" da mesma escrita. Os intervalos são regulares? maiores ou menores que o módulo ("m")?

5 - Traços acessórios

- Observe os detalhes: os pingos das letras "ii", sua posição e forma, distância da letra.
- Idem para os acentos, cedilhas, til, etc.

6 - Grafonomia

Procure as definições dos sinais que se encaixam em suas observações.

7- Grafotecnia

Procure as frases que comporão o seu paralelismo psicológico, no livro texto ou no Dicionário de Grafologia e Termos Psicológicos Afins.

Orientação para o estudo das dimensões

ASPECTOS (GRUPOS GENÉRI-COS)	SUB-ASPECTOS (SUB-GRUPOS RESTRITOS)	TIPOS		
		BÁSICO	VARIAÇÕES	OPOSTO
D I M E N S Ã O	ALTURA X LARGURA	Grande	Mediana	Pequena
		Alta		Baixa
		Extensa (Ampla)	Normal	Apertada Estreita
		Soerguida		Rebaixada
		Proporcionada	Alturas irregulares	Despropor-cionada
		Decrescente (Gladiolada)	Uniforme Filiforme	Crescente
	QUANTO AO MOVIMENTO	Contida Sóbria	Compensada	Movimentada Dinâmica Impelida

ASPECTO: DIMENSÃO

A dimensão é medida basicamente na zona do Ego ou zona média, de preferência, nos óvulos, nas letras "m" e "n", onde é mais fácil identificar a "altura". As hastes e as pernas são medidas a partir das linhas limites dessa zona média. É a distância vertical entre a linha que passa na base das letras (linha da censura) e a linha que toca as partes superiores das vogais (linha da realidade).

O módulo adotado para a observação, aqui no Brasil (por falta de observações sistemáticas e registradas), é o adotado na França e na Espanha: de 2,5 a 3,0 mm para a altura (distância entre as linhas paralelas, traçadas de forma a serem tocadas pelas letras das palavras, por baixo e por cima).

Há uma relação dimensional entre largura e altura das letras. Consideram-se como normais as seguintes relações númericas, segundo Vels:

Largura :   0,8 altura (Escrita de homens);
             0,9 altura (Escrita de mulheres).

ou seja:

Largura = 3 mm x 0,8 = 2,4 mm   Altura : 3,0 mm - Mulheres;
                               ou
Largura = 2,5 mm x 0,8 = 2,0 mm   Altura : 2,5 mm - Homens.

A escrita feminina é mais alta e mais larga que a masculina.

As dimensões das letras da escrita observada devem ser comparadas com esse módulo, para que sejam classificadas.

No conjunto, a dimensão revela o nível das necessidades de:
* Irradiação - o Ego tende a se expandir horizontalmente, sem pro-fundidade; imagine como se comporta a mancha de óleo sobre água tranquila;
* Expansão - a tendência é de expansão volumétrica - em todos os sentidos, com profundidade, como um balão que se infla com o ar aquecido pelo calor do desejo de se fazer apreciado.

Reflete a intensidade do sentimento de auto-estima e do culto do Ego, ou sejam:

- Grau de espontaneidade;
- Comportamento;
- Auto-estima.

Põe em relevo:

- Comportamento exibicionista;
- Intensidade da auto-estima;
- Intensidade da força da vontade;
- Importância que o autor dá a si mesmo;
- Complexo de inferioridade (menos valia).

Características a serem observadas: (Grafonomia)

- Dimensões - altura e largura da letra;
- Proporção numérica entre largura e altura;
- Comprimento das palavras;
- Proporção das dimensões da primeira e da última letra de cada palavra:
  - uniforme (a primeira e a última têm dimensões iguais);
  - crescente (a primeira letra é mais baixa que a última);
  - decrescente - gladiolada - (a primeira letra é mais alta).
- segundo o conjunto de dimensões - altura e largura - as letras podem ser:
  a) Proporcionadas:
     Grande - quando ambas as dimensões são superiores a 3mm;
     Pequena - quando ambas as dimensões são menores que 2,5 mm;
     Média - ambas as dimensões estão entre 2,5mm e 3 mm.
  b) Desproporcionadas:

Alta - a letra tem altura maior que 3mm, porém sua largura é menor que 2,5mm;

Baixa - a letra tem a altura normal ou maior que 2,5mm até 3mm, porém a sua largura é maior que 2,5 mm.

Observadas as relações entre as dimensões, no conjunto de letras das palavras, a escrita poderá ser:

- rebaixada - a medida da elevação das letras maiúsculas e das hastes superiores, ou da extensão das pernas é insuficiente em relação aos respectivos módulos.
- soerguida - a medida das hastes (zona superior) e das maiúsculas

ultrapassa o módulo adotado para a observação do sinal. As dimensões de comprimento e altura devem ser medidas a partir da linha base (linha da censura). Na escrita soerguida ou sobrealçada somente são afetadas:

- letras com hastes - b, d, h, l, t ; - as barras dos "tt" em relação à haste;
- os traços iniciais e finais longos;
- as letras maíusculas.
- extensa - Para avaliar a característica da dimensão transversal (ao longo da palavra), é necessária a paciência para se realizar pequenos cálculos: verificar quantas vezes a largura de um óvulo "cabe" dentro da palavra (a largura de um óvulo corresponde à largura das letras a, b,c,d,e,f,g,h,j,k,l,o,p,q,r,s,u,v,x,z; a letra "m" contém três larguras, e a letra "n" contém duas larguras; as letras, "i", "t" devem ser contadas como "0,5" (metade da largura). Esse valor deve ser adicionado ao do espaço entre letras. Cada intervalo entre uma letra e outra deverá ser contado como "0,5" (metade da largura do óvulo). O resultado desse cálculo (simplesmente aritmético) deve ser considerado como o comprimento ocupado pela palavra inteira na grafia, medido com uma escala ou régua milimetrada.

Exemplo: a palavra "gostosa" contém 6,5 larguras (g,o,s,o,s,a + t) e 6 intervalos. A letra "t" ocupa somente 0,5 espaço!.

Se a altura do óvulo for 2,5 mm, o comprimento (teórico) da palavra será [(6,5 x 0,8x 2,5) + (6 x 2,5 x 0,8 x 0,5)]mm.= 13+6= 19 mm.

Se sua dimensão no papel for maior que esse valor, a grafia será **extensa;** será **estreita,** no caso inverso: a dimensão da escrita é menor que o comprimento obtido pelo cálculo.

Assim, além dos tipos anteriores, a escrita poderá ser ainda:

- **Filiforme** - quando as letras "m", "n", "u" e outras tendem a não ter altura identificável; são como um "fio" ondulante e esticado.

A observação poderá, também, ser feita, tomando-se como referências+ o espaço, a forma e o movimento:

Quanto às medidas das letras (espaço):

Grande	Média	Pequena
Alta		Baixa
Soerguida		Rebaixada
Proporcionada		Desproporcionada
Extensa	Estreita	Apertada ou compacta

Quanto à relação entre as medidas (forma): Decrescente (gladiolada), Uniforme, Crescente.

Quanto ao movimento observado: Sóbria, Movimentada (espaço), Impelida (expansão).

Dinamizada (direção); Contida (disciplinada); Compensada (ocupação desigual das zonas) e Filiforme.

Dimensão
Proporção Vertical - (Trillat)

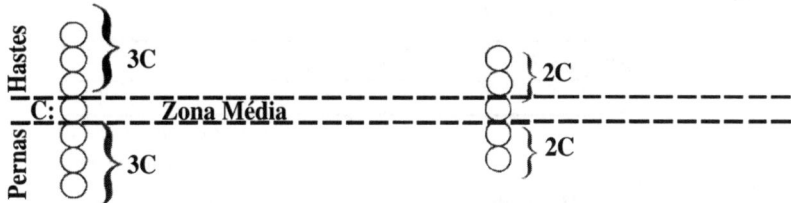

(Espanha, como referência)   (França, como referência)

Proporção Horizontal

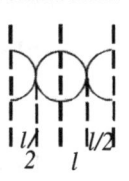

Traços Iniciais

Traços Finais

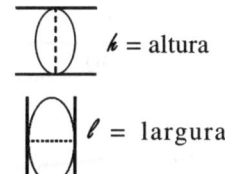

h = altura

ℓ = largura

Alta $-\left(\dfrac{l}{h}\right) < 0,8$ $\begin{array}{c} h > 3 \\ l < 2,5 \end{array}$

Largura menor que o módulo. As hastes são maiores que duas vezes a altura da zona média (prevalece a dimensão do eixo do ego - vertical -)

Baixa $\left(\dfrac{l}{h}\right) > 0,8$ $\begin{array}{c} h < 3 \\ l < 2,5 \end{array}$

Largura maior que o módulo As hastes são menores que duas vezes a altura da zona média (prevalece a dimensão do eixo da expansão - horizontal)

Quando a letra for inclinada, a medição da altura é feita sobre o eixo (ego) vertical. A da largura na parte mais larga do óvulo (expansão) ou da voluta.

Relação entre as dimensões das letras dentro das palavras

Rebaixada

Maiúscula
1ª letra

Zona Média

Maiúsculas baixas   *hastes curtas*

pernas curtas (comprimento menor que duas vezes o módulo)

Soerguida ou Sobrealçada

Maiúsculas altas   *hastes grandes (acima de 2 vezes o módulo)*

As dimensões das hastes - alturas - e das pernas - comprimentos - devem ser medidas a partir da linha base (linha da censura). A altura da zona média é a distância entre as linhas da realidade (superior) e a linha da censura (linha base). Ver "Ocupação do Espaço" - Teoria de Pulver.

Crescente   h1   h2   h1 < h2

Decrescente (gladiolada)   h1   h2   h1 > h2

Média (uniforme)   h1   h2   h1 = h2

Filiforme

As letras "m", "n" e "u" tendem para uma linha indefinida, como um fio que se desenrola em um movimento rápido para frente.

Escrita grande - O corpo da escrita (zona média) tem dimensões maiores que os três milímetros de altura e, em proporção, as pernas e as hastes ultrapassam nove e onze milímetros. Não se deve confundir as escritas ALTA e SOBREALÇADA. A assinatura maior que o texto traduz orgulho da própria importância, consciência do próprio valor. Negativamente, pode demonstrar uma ambição de "SER" superior às possibilidades.

Escrita pequena - As dimensões do corpo da escrita (zona média) são inferiores ao módulo, isto é, aos dois milímetros e meio. As hastes e pernas podem ter a altura superior à normal, e o mesmo pode ocorrer com as maiúsculas.

As causas acidentais que podem tornar a escrita pequena são: frio, fadiga, depressão, inibição, miopia, e a necessidade de adaptar-se às dimensões reduzidas do papel em que se escreve.

Escrita alta - Uma escrita é alta, quando o corpo da grafia (as letras ou partes da letra que ocupam a zona média) se destaca pela sua altura não proporcional em relação à largura. A largura é menor que 0,8 da altura.

Não deve ser confundida com a escrita SOBREALÇADA, na qual as desproporções afetam somente certas letras ou partes de letras (maiúsculas, hastes, pontos, barras do "t", etc.).

Escrita baixa - Uma escrita é baixa quando, em proporção, as letras são mais largas que altas, dando a impressão visual de alongamento horizontal. As maiúsculas, hastes do "t", os pontos, acentos e demais sinais são baixos.

As pernas podem ter um comprimento normal ou excessivo em relação à altura das letras interiores. Não se deve confundir com a escrita REBAIXADA ou encurtada, que se distingue pelo encurtamento das hastes e pernas, mas, nela, as letras da zona média podem ter largura e altura normais, tratando-se, neste caso, da centralização dos movimentos sobre a zona média. Tampouco deverá ser confundida com a escrita EXTENSA.

Escrita mediana - Suas características principais são: uma altura que não ultrapassa os três milímetros nem fica abaixo dos dois e meio; tem uma certa regularidade na zona média e uma dilatação (largura das letras) normal ou ligeiramente espaçosa; movimentos bem pausados.

Escrita extensa ou espaçosa - Uma escrita é extensa ou espaçosa quando as letras são, em proporção, muito mais largas que altas e a distância entre uma e outra letra, em uma palavra, for superior à largura média dos óvulos das letras "a", "o", "g", etc. Não deve ser confundida com escrita BAIXA.

Escrita estreita ou apertada - As letras nas palavras se apertam, estreitam-se como se quisessem ocupar o menor lugar possível. Os óvulos das letras "a", "o", "g", etc podem ter uma largura normal ou superior. Somente as letras ficam comprimidas, enquanto que, na DISTRIBUIÇÃO CONCENTRADA (ver Aspecto Ordem) somente palavras e linhas se comprimem. Esses dois tipos, Apertada e Concentrada podem ocorrer numa única escrita. Acidentalmente, a escrita apertada pode ser provocada pelo frio, pela opressão de um temor e por diversas enfermidades: o calor, o vigor físico, a boa saúde, e a confiança em si mesmo dilatam os movimentos.

Escrita tipo sobrealçada ou soerguida - As letras ou partes de letras (traços iniciais ou finais, volutas, etc) se destacam pela elevação demasiada em desproporção com as dimensões corretas da escrita. As barras dos "tt" muito altas ou acima da haste pertencem a esse tipo de grafia.

Escrita tipo rebaixada - Nas maiúsculas, as letras de hastes e pernas sobressaem pouco acima da zona média e além da sua base. Esse encurtamento das letras longas dá a impressão de que os movimentos se centram "sobre uma zona única"(Castellet).

Teoria da zona única - Em nossos estudos sobre as zonas do grafismo, encontramos algumas escritas não classificáveis a partir do ponto de vista das três zonas: Superior, Média e Inferior. Em geral, essas escritas apresentam algumas características comuns: letra simplificada, pequena, clara, proporcional, de pressão leve, firme ou limpa, harmônica, vertical ou ligeiramente inclinada, e rebaixada.

Essa última característica é que nos deu a chave para interpretá-la. Efetivamente, em tais grafismos, as hastes e as pernas sobressaem pouco ou não se destacam do corpo central da escrita. Pode-se dizer que são grafias de "zona única".

Escrita crescente - Uma escrita é crescente quando as letras aumentam de tamanho progressivamente até o final das palavras. Às vezes é somente a letra final que, em proporção, fica mais alta e larga que as anteriores.

Escrita gladiolada, decrescente ou "em ponta" - As letras vão perdendo a altura, à medida que se aproxima o final da palavra. A última letra é muito menor que as anteriores. Há uma diminuição da altura das letras, gradualmente, ou somente da última, em relação à primeira da palavra.

Escrita uniforme ou de altura igual - Se traçarmos duas linhas paralelas entre a base e o cimo das letras interiores, comprova-se que não existem mudanças importantes na altura. A primeira e a segunda letra de cada palavra podem ser pouco mais altas, sem que por isso a escrita perca sua uniformidade.

Escrita filiforme - Uma escrita é filiforme, quando as letras não têm hastes nem pernas, especialmente as letras "m" e "n" minúsculas, substituídas por um traço semelhante a um fio que se desenrola: daí o seu nome, filiforme.

Escrita movimentada - Caracteriza-se pela ampliação desproporcional e proliferação de traços em todas as direções do espaço. Movimentos de caneta inúteis, exagerados, que invadem um espaço maior do que o que lhes corresponde, ocupando lugares de letras anteriores ou posteriores, das linhas de cima e de baixo, associam-se à escrita desproporcionada, lançada, confusa e complicada. Escrita contrária: sóbria.

Escrita sóbria - A escrita é sóbria, quando todos os traços são simples, equilibrados, proporcionais e sem gestos inúteis ou qualquer ornamento. A extensão de cada traço é a necessária, especialmente nos finais de cada letra ou palavra. Associa-se à escrita ordenada, clara, simplificada, contida e proporcionada. É oposta à escrita movimentada, lançada, crescente, desproporcional e discordante.

Escrita compensada - O desenvolvimento dos movimentos (a ocupação do espaço) é insuficiente (altura e largura) em qualquer das zonas do espaço gráfico e compensado com a expansão do gesto sobre outras zonas, geralmente opostas. Assim, por exemplo, o encurtamento e a simplificação dos movimentos, na zona inferior (pernas), são compensados pela sua amplificação na zona superior.

Escrita dinâmica - A escrita é dinâmica quando avança sobre o espaço gráfico com impulsos fortes e amplitude de movimentos, sem nenhuma classe, inibição ou temor. O movimento dominante é o de abdução, com deslocamento e projeção do movimento para a direita. Os seus traços estão sempre bem providos de tinta, ainda que apareçam algumas desigualdades em altura e extensão; o movimento é livre, espontâneo, sem nenhum tipo de contenção. O movimento predominante é a abdução, com deslocamento e projeção para a direita. As letras e as palavras são cada vez mais ascendentes e progressivas.

Escrita impelida (ou impulsionada) - As barras dos "tt" e traços de sentido horizontal são "atirados" para a direita, em um movimento que lembra a impaciência e a falta de limites no gesto de abdução.

Escrita contida - A escrita contida é disciplinada, todos os gestos estão sob o domínio consciente do escritor, que mede e contém seus movimentos de avanço para a direita (finais de letras, barras do "tt", e enlaces). Coincide, frequentes vezes, com a escrita sóbria, ordenada, cuidada, regular, simplificada, simples, e também com a escrita seca e angulosa.

A escrita é contida quando os traços finais são muito curtos ou inexistentes (o caso da letra "a", que fica parecendo com um "o", etc), como se existisse algum obstáculo para travar o movimento da ponta impressora. Quando os sinais de contenção são exagerados (excesso de inibição), a escrita é INIBIDA e suspensa.

Escrita com letras de altura irregular (Xandró:1991; pag. 82) - Dentro da palavra e em todas elas, a altura das letras varia de maneira clara.

Escrita desproporcionada ou mal proporcionada (Vels) - A escrita é feita em todas as direções, ou somente em direções opostas. O aspecto é não harmonioso e dimenções não proporcionadas. A largura e a altura não mantém as relações, o comprimento das hastes e pernas é irregular, assim como nas barras, sublinhados e outros movimentos horizontais.

Dimensão - Orientação sobre o Paralelismo Psicológico

Em geral reflete o nivel das necesidades de irradiação, de expansão e o nivel do sentimento autoestimativo e o valor do culto do "ego"

Classe do sinal	Características psicológicas
Grande Pequena	Auto-estima e amplitude do impulso vital.
Alta Baixa	Sentido de auto valorização interior e de expansão do EGO.
Extensa Estreita	Extroversão e autoconfiança, liberdade ou opressão da tendência expansiva.
Sóbria Movimentada Impelida Dinamizada	Intensidade da imaginação. Intensidade da tendência instintiva.
Compensada Contida	Vivacidade imaginativa, expansão das emoções, compensação da energia instintiva; contenção da imaginação.

Gladiolada (Decrescente)
  Filiforme
   Crescente
	Amadurecimento psicológico e prudência nos contatos com o exterior, ilusão ou racionalidade lógica.

Dimensão uniforme Dimensões desiguais	Estabilidade afetiva e de ponderação.
Rebaixada Sobrealçada (Soerguida)	Intensidade do desejo e do ideal.
Pernas compridas Pernas curtas ou ausentes	Intensidade dos instintos como força impulsiva da ação e das necessidades físicas e fisiológicas, desejo e medo da realidade.
Proporcionada Desproporcionada	Equilíbrio e sensatez na apreciação de si mesmo.

Dimensão – Paralelismos Psicológicos

A **Altura** das letras, especialmente na assinatura, em geral, revela a importância que o sujeito se concede a si mesmo (auto valorização).

A **Dilatação** ou **Largura** mostra o grau de liberdade e espontaneidade das tendências pessoais.

A **Altura** ou **Elevação** mostra a necessidade de ser ou ter e corresponde às seguintes modalidades gráficas: Grande, Pequena, Sobrealçada, Rebaixada, Alta Baixa, Crescente, Gladiolada.

A **Dilatação** mostra a necessidade de estar ou ocupar espaço e corresponde às escritas: Extensa, Apertada, Inchada, Constrangida, Movida, Sóbria, Contida, Lançada.

Deverá ter interpretação negativa o conjunto resultante de um esforço consciente e pouco natural do autor: letras com dimensões muito variadas, alturas não harmônicas (ou muito variadas), excessos no eixo horizontal (eixo do ego), traços demonstrando rigidez, ou desporporções evidentes no traçado, nas alturas exageradas, desenhos e formatos artificiais, etc.

O grafólogo deverá sempre considerar que interpretações negativas não têm conotação de degradação, mas são informações sobre os aspectos de liberdade e autonomia do autor.

Escrita Grande

Interpretação

Em sentido geral - Revelam vitalidade, dinamismo psicofísico, expansão, amplitude do EGO. É o tipo de grafismo de quase todos os extrovertidos, dos vibrantes, dos temperamentos sanguíneos e dos sujeitos que apresentam uma forte tendência ao culto da própria personalidade (sede de poder, de hierarquia, de importância social ou admiração), a pose: necessidade de chamar a atenção dos demais.

Em sentido positivo - Capacidade para dar às coisas, cores e matizes sugestivos (expressividade no gesto, na palavra e na ação).

Amplitude de visão. Capacidade para um grande número de atividades de uma só vez e para conciliar contrastes. Socialização da vida afetiva e emocional, se coincidir com escrita Ampla. Sob o ponto de vista moral, dá-se à escrita Grande e positiva o significado de: nobreza, generosidade, lealdade, cavalheirismo, grandeza de alma e valor moral. O respeito à dignidade da hierarquia ou da situação social, segurança em si mesmo, a confiança no êxito, o otimismo, etc podem ser identificados na escrita Grande, resultado da consciência do próprio valor e da própria força.

Em sentido negativo - Exaltação, vaidade. Desejo de honras. Tendências exibicionistas (necessidade de "representar"); sentimento de grandezas (megalomania); ambição desmedida (desconhecimento dos próprios limites). Atitude ditatorial (soberba, altivez, despotismo, autoritarismo). Ausência de sentido crítico. Citando Vels, *"O sentimento de insegurança – disse Oliver Brachfield – pode se mostrar em uma letra excessivamente grande, como se com essas dimensões, o autor quisesse compensar a sensação de insignificância que sente".* ("Os sentimentos de inferioridade", Pág. 154).

A assinatura maior que o texto traduz o orgulho da própria importância, a consciência do próprio valor. Negativamente, pode demonstrar desejo excessivo de "ser" superior às próprias possibilidades.

Escrita Pequena

Interpretação

Em sentido geral - Praticamente, a escrita pequena representa a redução da capacidade expansiva e das relações do indivíduo com o ambiente. Em uma palavra, traduz a introversão, a concentração, o refúgio na vida interior.

Em sentido positivo - Indica a atitude prudente, a tendência do sujeito a não abandonar o meio no qual se sente seguro, sem tomar precauções. Daí sua necessidade de atender, de refletir e de ter ordem interior, conhecer e observar previamente a realidade externa (pessoas, circunstâncias) antes de se comprometer com um juízo ou uma decisão (objetividade e profundidade de pensamento).

Essa conduta favorece a capacidade de análise, a curiosidade intelectual, o espírito critico e de observação, o desenvolvimento da capacidade intuitiva e dedutiva e a focalização da atenção nos detalhes. Isto explica o significado de fineza de espírito, minúcia, precisão, sutileza, economia, escrúpulos, modéstia, sensibilidade, afeição à vida caseira, a modéstia, etc. que os grafólogos clássicos (Klages e Crepieux, por exemplo) dão a essa escrita-tipo.

Os sinais de respeito, abnegação e docilidade que se atribuem (positivamente) a esse grafismo podem indicar uma atitude de baixa auto-estima, ante a sensação de deficiência do próprio valor e da própria força.

A escrita pequena indica, em âmbito profissional, certa tendência à especialização, e, no âmbito filosófico, inclinação ao "apolíneo"em oposição ao "dionisíaco".

Apolíneo é uma menção a Apolo, figura de um deus da mitologia greco-romana, símbolo do trabalho bem feito e do dever tomado como prioridade. Contrapõe-se a Dionísio, representação do deus Baco, ligado ao prazer e à descontração.

Em sentido negativo - Incapacidade para compreender, assimilar e produzir algo maior, de envergadura ou de certa complexidade (estreitamento do campo da consciência, liberdade diminuída, temor, timidez, dúvida, insegurança). Muito pequena indica a exacerbação do sentimento do detalhe e da minúcia (o indivíduo tende a ser absorvido e dominado por pormenores insignificantes e por exagerado escrúpulo que o impedem de se adaptar, de maneira espontânea e fácil, ao conjunto dos problemas e situações da vida: Inteligência limitada). Sintoma de neurose.

A escrita pequena traduz, muitas vezes, a tendência ao desalento, ao pessimismo, à falta de confiança nas próprias forças. Pode revelar angústia ante os problemas vitais, ansiedade, dificuldade para achar o caminho da libertação interior. O estado de insegurança pode ser tal que o indivíduo se sinta incapaz de fazer parte, por si só, da realidade.

Reflete também o "caráter nervoso" de Adler, e "anal" de Freud, a avareza, a astúcia, o dissímulo, a desconfiança, a inclinação à insatisfação, à murmuração; tendência a se fixar em pequenas minúcias de caráter agressivo, isto é, para reclamar dos demais, a não ter generosidade ou propósitos elevados; a ser áspero, árido, rígido e inexorável.

A escrita pequena da mulher, sobretudo se é simplificada, combinada e rápida, revela a preponderância do seu lado masculino (ver "ânimus" em Jung).

As causas acidentais que podem favorecer a escrita pequena são: o frio, o cansaço, a depressão, a inibição, a miopia ou necessidade de adaptação às dimensões reduzidas do papel em que se escreve.

Escrita Alta

Interpretação

Em sentido geral - Aspiração por viver em um mundo socialmente elevado. Orgulho da própria importância ou situação social. Esse sinal ocorre, com grande frequência, nas mulheres que pertencem ao "grande mundo", nas grandes damas. Vaidade muito sensível à estima alheia (existe, também, frequentemente, nas pessoas acostumadas ao êxito social e à popularidade, sobretudo em artistas apreciados pelo público). Culto à fantasia, à apresentação pessoal. Arrivismo (costume de tirar proveito das novas ocasiões, das oportunidades e das pessoas usando como isca a aparência exterior). Necessidade de independência.

Escrita Baixa

Interpretação

Em sentido geral - Pobreza ou ocultação do idealismo. Acomodação ao ambiente moral que rodeia o indivíduo. Incapacidade para sublimar as tendências ou sublevar-se contra as imposições dos demais ("fuga para frente"). Complacência de si mesmo e da própria situação social (com pressão forte). Necessidade de comodidades materiais. Socialização da vida emocional. Ausência do sentido da economia (gestos desproporcionados, esbanjamentos). Dissimulação, hipocrisia, permissividade (com escrita regressiva, branda e filiforme). Ociosidade. Aberrações sexuais, homossexualismo, segundo Zanetti e Rollandini.

Escrita tipo Mediana

Interpretação

Em sentido positivo - Capacidade de adaptação bem regulada. Reações sentimentais e intelectuais adaptadas. Espírito empreendedor, mas sereno e bem centrado. Excelente habilidade motriz. Clareza de espírito. Sociabilidade normal. Capacidade para realizar e organizar. Enfim, harmonia e equilíbrio nas diversas funções e atitudes: ambiversão. Esse tipo de atitude é próprio do indivíduo que tem facilidade para se adaptar aos problemas interiores e exteriores e adotar atitudes não extremadas com relação a ambos.

Em sentido negativo - Inteligência mediana. Temperamento linfático. Sensibilidade débil, pouco impressionável. Indiferença afetiva. Frieza, rotina, sentimento e imaginação pouco brilhantes. Em geral, reflete a ausência de excitabilidade que, em sentido positivo, é a serenidade, profundidade, harmonia e o equilíbrio; em sentido negativo, revela frieza, apatia, indiferença, o aborrecimento e a falta de recursos para criar.

Escrita Extensa ou ampla - Não se deve confundir com escrita baixa.

Interpretação

Em sentido geral - Atitude vital extrovertida. "Necessidade de contato com pessoas e coisas fora do ambiente familiar. Tipo sintônico de Kretschmer e dilatado de Corman. Temperamento sanguíneo clássico (mesobrástico do Dr. Martiny)" (apud Vels, 1992).

Em sentido positivo - Caráter expansivo, aberto, radiante. Amplitude de ânimo (euforia, alegria, desejo de viver, contente e satisfeito de si). Franqueza, naturalidade, confiança em si mesmo. "Necessidade de apoios exteriores (pede conselho em vez de refletir)" (Brosson). Facilidade para renunciar às próprias opiniões e aceitar as alheias (Marchesan). Capacidade para captar o aspecto dinâmico e a transcedência social das coisas.

Memória e imaginação verbais. Pensamento e sentimento em linha horizontal. O pensamento é mais amplo que profundo e mais brilhante que reflexivo.

Em sentido negativo - Tendências dissolutas (dispersão ou desperdício de tempo, de dinheiro ou de atividade, sobretudo se for espaçada e dilatada). Gosto pelos prazeres mundanos e diversões em numerosa companhia.

Impaciência, irreflexão. Ausência de timidez e de pudor (o indivíduo não se inquieta com presença de outros). Pode mostrar tendências exibicionistas. Sede de chamar a atenção e de surpreender os demais com extravagâncias.

Escrita Tipo Apertada (Estreita)

Interpretação

Em sentido geral - Opressão de sentimentos e tendências (falta de liberdade para expressar as emoções).

Complexo anal (próprio dos indivíduos muito cuidadosos, econômicos e tenazes). Tendências egocêntricas e regressivas. Contração. Timidez, retraimento, desconfiança (o indivíduo deseja pôr-se ao abrigo das contingências, não quer se expor, toma uma atitude mais prudente). Rigidez mental.

Em sentido negativo - Incapacidade para assimilar e criar idéias completas (estreitamento mental e de consciência). Unilateralidade de pensamento. Egocentrismo rígido. Avareza, desconfiança, receio constante dos demais. Inveja, ciúmes e descontentamento com as ações dos demais; caráter azedo e reivindicador, obcecado sempre em pormenores sem importância; espírito reparador. Opressão angustiosa e crispações nervosas frequentes. Incapacidade para prescindir de si mesmo e ser altruísta com os demais (auto referências). Atitude recriminatória.

Acidentalmente, a escrita apertada pode ser produzida pelo frio, pela opressão de um temor e por diversas enfermidades (o calor, o vigor físico, a boa saúde e a confiança em si mesmo dilatam os movimentos, como já afirmamos).

Escrita Tipo Soerguida (Sobrealçada)

Interpretação

Em sentido positivo - Tendência inflativa do EGO (orgulho, ambição, superioridade, independência).

Necessidade e desejo de ideal (o indivíduo deseja achar um refúgio nas manifestações superiores do espírito, aspira um outro ideal ou posição econômica, social, religiosa, mística, política, humanitária, etc.).

É frequente esse sinal nas personalidades de tendências paranóicas. Excesso de sensibilidade para captar as coisas procedentes do espírito, para vivê-las e criá-las, sendo incapaz de vivenciar as realidades práticas e a experiência (ambição insatisfeita).

Capacidade de mando e de direção (autoritarismo) com escrita tensa e barras do "t" retas, firmes e de colocação alta.

Em sentido negativo - Amor próprio e orgulho muito susceptíveis (complexo de inferioridade supercompensado por um desmedido orgulho – Teillard). Necessidade de justificar-se a si mesmo. Desejo ávido de se destacar dos demais, de sobressair aos outros. Medo de ser postergado ou desqualificado. Menosprezo ao valor e méritos da personalidade alheia e das opiniões dos outros (espírito obstrucionista dos planos e propostas dos demais, se o indivíduo não for líder).

Desnível entre o que o indivíduo queria ser e o que é realmente. Rigorismo e rigidez com os humildes e submissão aos superiores.

Observação

a) Assinatura de letras mais altas que as do texto e sublinhada com traço retilíneo: Orgulho, satisfação de si mesmo. Tendência a valorizar a própria importância. Preocupação com o prestígio pessoal.

b) Maiúsculas com traços que encobrem as letras seguintes sem violência: Sentimento protetor. Defesa dos outros. Primeiro traço do M e do N sobrealçado: perturbações da função auto estimativa. Sentimento incerto do próprio valor. Desequilíbrio entre a ambição e as possibilidades. Alternância entre a inflação do EGO e a perda de confiança em si mesmo.

Escrita Tipo Rebaixada

Interpretação

Em sentido positivo - Todos os pares de contrários que constituem a psique se agrupam, se enlaçam e se integram no campo da consciência, buscando uma certa reciprocidade.

Os movimentos não se expandem sobre a zona inicial e superior ("ideal do EGO"), nem sobre a zona final e inferior ("Objeto do EGO"). O idealismo e sensação de superioridade (autoridade, orgulho, afã de reger e de dirigir, etc), e as tendências e necessidades são virtualmente diminuídas, reprimidas ou concentradas, segundo os casos, pela atitude consciente de "camuflagem" ou de adaptação realista ao plano de vida que segue o sujeito, de onde as interpretações de: modéstia, humildade, sensibilidade, sobriedade, atitude complacente, de renúncia, penitência, humildade religiosa, etc.

Klages mostra, em sentido positivo: a necessidade de concentrar em si mesmo, todo o interesse. Crepieux-Jamin interpreta esse grafismo como sinal de ingenuidade, calma e timidez. Pulver lhe concede característica de uma renúncia à vida ativa e sexual em proveito à vida interior, Teillard vê nela um sinal de introversão.

Segundo J.M. Castillet, a escrita rebaixada, nos homens "superiores", representaria uma "zona única" na qual o sujeito integraria todos os seus conteúdos psíquicos em virtude de um "processo de individualismo". Merece atenção o seu ponto de vista.

Em sentido negativo - Insuficiente desenvolvimento da vida espiritual. Debilidade de caráter. Submissão, passividade, acanhamento. Incapacidade de opor-se ou se rebelar contra os abusos e injustiças dos demais. Ausência de dignidade se o indivíduo se rebaixa ou se humilha para alcançar qualquer favor. Fingimento, duplicidade, falsidade, hipocrisia.

Escrita Crescente

Interpretação

Em sentido geral - Predomínio do pensamento mágico sobre o lógico. "O pensamento, como diria Pedro Caba, se alimenta mais de imagens que de conceitos"; é infantil, choca-se frequentemente com os critérios e opiniões dos demais e com a realidade, e se "projeta", movido pelo sentimento, pelo assombro, pela admiração e ingenuidade.

O indivíduo valoriza tudo com superlativos ("esplêndido", "maravilhoso", "magnífico", etc), pois julga as coisas segundo a graça, o encanto, a expressão, o efeito ou ressonância efetiva que projetam nele.

Não simplifica, descobre ou resolve; gosta de complicar, encobrir, envolver tudo em mistério ou plantar um enigma. O sujeito busca, com nostalgia, as recordações da infância (música, relatos, legendas, etc), que "atraem seu interesse existencial". Comporta-se espontaneamente sem reflexão, mostrando uma "estrutura psíquica que fica suspensa ante o inesperado e o estranho, sem possibilidade de compreendê-lo, ou penetrá-lo" (Vels).

Em sentido positivo - Calor, franqueza, confiabilidade. Sentimento alegre e expansivo, espontaneidade, liberdade de expressão (esse sinal ocorre frequentemente nos artistas, que demonstram, às vezes, um sentimento cândido e admirativo de tipo infantil).

Em sentido negativo - Falta de trato e de finura. Credulidade. Tendência a exagerar tudo (falta de sentido crítico e de lógica). Discussões estéreis. Paixão, frequentes choques afetivos, grosseria, necessidade ou tendência para mentir (mitomania).

Escrita Gladiolada ou Pontuda

Interpretação

Em sentido geral - Predomínio do pensamento lógico e reflexivo sobre o pensamento mágico. O sujeito deseja penetrar em tudo até o fundo, descobrir mistérios, clarear o escuro, resolver o inexplicável, desvendar as incógnitas. O pensamento procura, antes de tudo, o evidente, o que pode ser demonstrado, as causas que determinam os efeitos. Afina seus sentidos e sua inteligência, procede com tato, prudência, cautela, às vezes, sigilosamente ou com astúcia; utiliza a sagacidade, detesta a força e a violência. Isso explica os frequentes sinais de: experiência de vida, sutileza de espírito, perspicácia, diplomacia e *"savoir-faire"*. Pode indicar também, com outros sinais, debilidade física, velhice, fadiga, depressão moral. Inibição.

Em sentido positivo - Cultura e evolução espiritual. "Capacidade para se identificar com os demais e penetrar neles pelo sentimento. O sujeito compreende perfeitamente os outros e pode se colocar no lugar deles, mas corre o risco, tentando compreendê-los, de perder seus próprios conceitos sobre seus semelhantes" (Pulver). Juízo crítico. Cortesia, delicadeza. Curiosidade. Habilidade para desmascarar os manejos e as intrigas alheias. Aptidão para convencer e persuadir (tato). Discrição.

Em sentido negativo - Habilidade para dissimular, fingir, para se evadir dos compromissos e das responsabilidades. Timidez, insegurança, depressão. Debilidade moral, fingimento, hipocrisia, simulação.

Escrita Uniforme ou de Altura Igual

Interpretação

Em sentido positivo - Equilíbrio e ponderação (domínio da conduta). Afetividade estável, adaptação ao meio. Ordem, reflexão, constância, atividade perseverante. Sentimento desapaixonado. Fidelidade ao dever, à amizade e obrigações. Boa memória e capacidade de atenção (tipo perceptivo de Jung). Serenidade de juízo e estabilidade nas idéias. Maturidade mental.

Em sentido negativo - Viscosidade mental, lentidão de idéias e de compreensão (especialmente com escrita gorda, pastosa e lenta). Essa limitação intelectual incapacita o indivíduo para apreciar, à primeira vista, as vantagens do novo (rotina, convencionalismo, tipo "persona" de Jung). Temperamento linfático. Defesa obstinada de tudo o que se opõe à experiência, rotina ou ao hábito (o sujeito vê em toda novidade ou iniciativa inovadora a insegurança e desventura). Emotividade e sensibilidade débeis. Indolência, preguiça.

Escrita Filiforme

Interpretação

Em sentido geral - Boa disposição para se adaptar e se acomodar ao que convém. Atitude evasiva e facilidade para se ocultar das responsabilidades. Aptidão para se comportar de acordo com as circunstâncias e situações do momento e tirar partido das oportunidades (aptidão para variar). Em casos esporádicos: precipitação, necessidade de anotar algo rapidamente. Atividade.

Em sentido positivo - Imaginação relâmpago. Criatividade. Capacidade para improvisar soluções e para ver as oportunidades. Atividade mental. (Nesses casos, a escrita é rápida, combinada e original). Habilidade para desorganizar a trama do pensamento alheio (sutileza e astúcia de pensamento).

Em sentido negativo - Falta de clareza, ambiguidade, (entendem-se aqui todas as interpretações de: dissimulação, farsa, intriga e mentira do sujeito débil e do histérico). Impressionabilidade. "Sugestionabilidade, influenciabilidade patogênica, natureza reflexiva" (Klages). "Predisposição neurótica" (Teillard). É um sinal de debilidade física, fadiga ou de enfermidade. Se o traçado é frouxo, empastado e descendente, mostra a necessidade de economizar esforço motriz.

Escrita Movimentada

Interpretação

Em sentido positivo - Dinamismo radiante e expansivo. Vivacidade imaginativa e de caráter (o sujeito vive a vida nos sentidos e no coração, capta os ritmos, as cores, a graça e a atração voluptuosa da natureza, das formas e dos conteúdos exuberantes). Força de imaginação (Klages). Esta força é a que dá ao sujeito uma personalidade atraente, otimista, ativa e inovadora. As palavras têm calor e expressividade porque as animam o sentimento e a imaginação. O sujeito capta o mundo nas suas diversas fases evolutivas, ou seja, em pleno movimento. Necessidade da presença de outros (especialmente com escrita inclinada). Necessidade de mudança de ambiente (claustrofobia). O indivíduo está quase sempre na primeira fila, representando seu papel social, dando satisfação ao seu desejo e necessidade de "fazer-se notar", de estar "em evidência". Sociabilidade, extroversão. Vaidade.

Em sentido negativo - Predomínio do impulso instintivo em sua forma primária. Nervosismo. Reações emotivas e exageros de origem subconsciente. Falta de ponderação, de medida e domínio das idéias e da conduta (o sujeito está a serviço de suas forças inconscientes, de suas tendências, impulsos e necessidades instintivas). Imaginação fantástica, turbulenta e impetuosa (tudo o transforma, tudo muda, tudo se modifica e se desproporciona de acordo com sua situação emocional: pensamento mágico).

Escassa maturidade mental e de caráter (desordem e falta de objetividade nos juízos).

Exibicionismo, extravagância, desejo de complicar tudo e de se singularizar (com escrita bizarra). Com escrita lenta, indica vaidade pueril, orgulho, auto-erotismo e pedantismo. Mitomania. Explosividade.

Escrita Dinâmica

Interpretação

Em sentido positivo - "Impulso vital potente, energia realizadora, ardor, euforia, amor à vida e boa saúde" (Beauchataud, apud Vels 1992). Capacidade para sentir os problemas em pleno movimento e evolução, segundo sua marcha (pensamento rápido, capaz de associar e relacionar uma coisa com outras e combiná-las com originalidade: faculdades criativas). Entusiasmo comunicativo e faculdades persuasivas (se o grafismo tiver relevo).

Em sentido negativo - O indivíduo vive a serviço dos seus impulsos e tendências inconscientes, da imaginação, da extravasão. Hiperatividade motriz e sensorial. Necessidade de espaço, de ar livre, de ação. Incapacidade para executar trabalhos que requeiram paciência, perseverança e calma (indisciplina, insubmissão, necessidade de liberdade ou incapacidade para realizar o desejo do outro).

A escrita dinâmica é um sinal de superioridade geral quando os movimentos têm "ritmo" e "harmonia".

(Ver escrita rítmica e harmônica). É raro este grafismo em pessoas sem cultura.

Escrita Lançada ou Impelida

Interpretação

Em sentido geral - Dinamismo impulsivo e combativo. Atividade audaz, empreendedora rapidez de reação, defesa e resposta. Predomínio das tendências instintivas sobre as racionais (o sujeito se "dispara" sobre os objetivos sem mais reflexão que seus pressentimentos momentâneos. Impaciência, irritabilidade, agressividade (impossibilidade de transpor, com calma, um obstáculo, suportar uma oposição ou uma resistência, sem agressividade). Paixão.

Em sentido positivo - Sentimento, imaginação, instinto e intuição sempre em atividade (a atividade, nesse caso, é extrovertida). Capacidade para apreciar as coisas e atuar sobre elas em pleno movimento, sem detê-las nem se deter. Boa disposição para agir ao menor estímulo. "O impulso até o fim e o desejo desse fim se impõem sem nenhuma restrição" (Pulver).

Em sentido negativo - Inadaptação social. Prontidão para se enraivecer (explosividade e agressividade). Tendências à polêmica, à discussão apaixonada e a valorizar mais o amor próprio e o orgulho que a razão (natureza muito susceptível). Volubilidade, que põe muitas vezes, a ação acima das coisas e das pessoas (tendência a destruir o que incomoda ou a cometer injustiças pela falta de respeito e consideração aos seus semelhantes e às vezes, à propriedade alheia). Atos anti-sociais. Ciúme inflamado que se extingue rápido. Tendência a adaptar a realidade às necessidades momentâneas ou para justificar a si mesmo sua ação combativa.

Quando o grafismo é firme, anguloso, acerado (com pontas agudas), pode indicar o desenvolvimento de tendências sádicas (desejo de fazer sofrer, de causar dor, de ferir... de matar, tal a violência do grafismo).

Esse instinto de "destruição" pode ter como objetivo o próprio Ego, se os traços lançados atravessam violentamente as letras do nome, na assinatura ou nas maiúsculas, que representam simbolicamente o Ego.

Escrita Sóbria

Interpretação

Em sentido positivo - Clareza intelectual, moderação, objetividade. O indivíduo se decide sempre pela idéia melhor, mesmo que aos olhos do sentimento não pareça a mais justa. A imparcialidade, a integridade e a probidade, a prudência e a discreção parecem ser as características psicológicas desse tipo de grafismo. A sobriedade é uma atitude de introversão do indivíduo habituado a refletir, meditar sobre os prós e os contras das coisas. Daí o significado de "sagacidade e capacidade crítica, teórica e força de entendimento", que Klages dá à escrita sóbria.

Em sentido negativo - Falta de fantasia, de imaginação e de intuição (Klages). Timidez, limitação, abatimento (dificuldade de expansão). Com uma escrita angulosa, seca, regular e rígida indica o fanatismo, a austeridade severa e fria, a intransigência e a rigidez mental. Em casos extremos, reflete a incapacidade do sujeito de se comover ante a dor alheia e as injustiças que comete: secura de sentimentos.

Escrita Contida

Interpretação

Em sentido positivo - Prudência, reflexão e timidez. Senso elevado de responsabilidade pessoal que reprime profissional e socialmente o indivíduo. Necessidade de segurança, de busca da essência, da razão de ser das coisas, para não se expor ante a vida ou aos demais. Inibição de impulsos e tendências inconscientes.

Predomínio da atitude vital introvertida. Capacidade de economizar e poupar. Espírito vigilante e perspicaz, sempre disposto a só valorizar as coisas, quando tiver segurança de que percebeu seu lado essencial, constante e invariável; nesse caso, suas opiniões se convertem em dogmas (maturidade mental, ainda que limitada ao conhecimento objetivo e lógico da realidade observada e meditada). Contenção imaginativa. Firmeza e energia nas atitudes.

Em sentido negativo - Todas as consequências da inibição excessiva das próprias tendências (opressão de desejos, de necessidades naturais devido à atuação sobre a esfera consciente de um superego severo e exigente). Tendência a se alarmar facilmente. Escrúpulo moral ou profissional exagerados que faz o indivíduo vacilante, angustiado, avarento, parcimonioso e covarde. Temor, depressão. Dissimulação. Ocultação.

Repressão da libido (egoísmo, narcisismo, egocentrismo). Todos esses sinais se acentuam, quando se observam, no grafismo, traços que se inibem exageradamente, seja ao avançar para a direita (zona de atuação dos instintos e da ação) ou ao descer verticalmente até a base da linha na zona média (esfera do sentimento, no contato com a realidade tangível e material).

Escrita Compensada

Interpretação

Em sentido positivo - Deslocamento ou canalização da energia psíquica (projeção, sublimação, etc), para interesses do tipo intelectual, estético, religioso, espiritual, etc. Esse deslocamento supõe a transformação das energias primárias (instintos), que conseguem, dessa forma, ter um objetivo de acordo com a consciência moral do sujeito. Compensação objetiva ou subjetiva dos problemas vitais (entendam-se problemas vitais, no sentido adleriano, os problemas de relação social, da profissão e do amor (matrimônio).

Em sentido negativo - Tendência para compensar, mediante a ficção (a auto ilusão, as aparências de heroísmo, a autoadivinhação, etc) os problemas vitais.

A neurose, as psicoses, a toxicomania, as perversões sexuais, a delinquência e criminalidade, inclusive o suicídio, são formas anômalas (socialmente inúteis) de compensar as tendências, instintos e necessidades vitais.

Uma forma de compensação fictícia dos problemas vitais adlerianos se pode ver na ampliação das hastes dos "d" e nos finais de palavras, que coincidem com um estreitamento anormal das pernas das letras da zona média. A falta de um objetivo amoroso é compensada com a mentira, zona média, a intriga e as alucinações da imaginação.

A amplificação exagerada do traço final do "M" maiúsculo, a extensão das barras do "t" e da letra final, relacionada com uma "redução" das pernas, indicam uma compensação fictícia, absurda e vulgar de um complexo de menor valia sexual, o sentimento excessivo de si mesmo (susceptibilidade violenta e agressiva) e atitude anti-social.

Escrita irregular – (Xandró: 1991. pág. 83)

Interpretação - A regularidade na altura das letras indica o grau de realização e a satisfação efetiva com as atividades cotidianas.

Em sentido geral - a irregularidade moderada indica compreensão e tato, sendo característica das pessoas flexíveis e emotivas, sensíveis.

Em sentido negativo - impressionabilidade nervosa, dificilmente controlada, produzindo agitação, insegurança emotiva, inadaptação sentimental, inconstância, oscilação no auto conceito. É um sinal reforçante da mentira.

Segundo Klages, observando-se o nível de forma no aspecto dimensão, quando há exageros evidentes de proporções na relação altura x largura, ou indicação de influência intensa da vontade, etc, pode-se inferir as seguintes características:

ESCRITA AMPLA		ESCRITA ESTREITA	
+	-	+	-
		Auto domínio	Falta de espontaneidade
Entusiasmo	Falta de limites		
		Moderação	Angústia
Assiduidade	Superficialidade	Ponderação	Precaução egoísta
Franqueza	Impaciência	Discreção	Desconfiança
Desenvoltura	Falta de profundidade	"Boa conduta"	Timidez
Vigor	Imprecisão		
Comprometimento	Negligência		Premeditação
	Falta de autodomínio		Falta de objetividade
	Falta de concentração		Ambição, inveja

Escrita desproporcionada (mal proporcionada) –

Emotividade, desproporção entre causa e efeito, entre emoções e causas. Compensação fictícia de deficiências pessoais ou sentimentais de "menos-valia".

Para a interpretação, devem ser consideradas as desigualdades segundo os aspectos em que ocorrem - dimensões, largura, altura, forma, a zonas e a orientação.

Sugestão de Roteiro para o Estudo da Dimensão

1- Estude a página, observando as minúcias em cada linha, em cada palavra.

2 - Se necessário, com uma ponta fina, e uso de lupa, procure imitar o gesto feito pelo autor para imprimir as letras. É importante que você identifique a origem, no espaço do papel, a direção e se há superposição de movimentos no percurso feito.

3 - Com uma grafite fina, trace, de leve, uma linha, passando pelo vértice das letras, e outra pela sua base. Meça a distância da linha de cima até a de baixo. Isto lhe mostrará qual é a altura média das letras. Deve-se repetir esse processo por umas 10 linhas, sendo três ou quatro no alto da página, três ou quatro no meio, e outras no fim da página. Tire a média das medidas feitas. Calcule 80% desse resultado, e terá a largura "do módulo" da escrita examinada. Conte quantos ovais "cabem" na palavra:

• Multiplique o número de ovais pela medida da largura; some ao resultado o número de ovais multiplicado por 0,5 (para fazer valer a distância que deve haver entre as letras). O resultado será a medida "teórica" do comprimento da palavra em milímetros. Lembre-se: as letras "t" e "i" têm somente a metade da largura das letras que normalmente são escritas com laçadas abertas.
Assim, você terá o comprimento "de módulo" da palavra examinada.
Com uma régua transparente, meça a palavra, da zona inicial da primeira letra, até a zona final da última, em milímetros.
Compare as duas medidas: se o comprimento da palavra for maior que a medida "do módulo", a escrita será extensa, caso seja menor, a escrita será estreita.
Isso identificará a característica "extensão" (espaço ocupado pelo autor ao escrever): escrita alta, baixa, grande, pequena, estreita, ampla.

4 - Ocupação do espaço

Todas as letras têm a mesma altura?
Qual é a medida da altura das letras?
Qual é a proporção entre as hastes, as pernas e a altura da zona média?

Consideradas as proporções das dimensões entre as zonas superior, inferior e média, qual é a mais ocupada (ou mais importante)?

Essa observação lhe dará informações sobre a estrutura emocional.

A teoria de Pulver sobre a ocupação do espaço lhe dará elementos para suas conclusões sobre o principal estímulo do autor.

5 - Observação do movimento:

Qual é a direção dominante? para a direita ou para a esquerda?

Há falta ou excesso de ocupação das zonas finais de cada letra ou palavra?

As dimensões das letras são proporcionais, ou uma delas é mais comprida que as outras (compensada)?

As letras têm seus movimentos de extensão completos (zonas finais) ou são contidas?

Como o autor imprime as barras dos "tt"? Qual é a sua posição em relação à haste?

6 - Grafonomia

Estude a denominação e definições dos sinais, no "Dicionário de Grafologia e Termos Psicológicos afins".

7 - Grafotecnia

Procure as definições dos paralelismos psicológicos, e faça sua redação, segundo os agrupamentos que sugeri no roteiro inicial.

Orientação para o estudo

ASPECTOS (GRUPOS GENÉRICOS)	SUB-ASPECTOS (SUB-GRUPOS RESTRITOS)	TIPOS		
		BÁSICO	VARIAÇÕES	OPOSTO
P R E S S Ã O	TENSÃO	Tensa ou firme Suave	Branda Mediana Alternada	Frouxa Dura
	PROFUNDIDADE	Profunda	Média Desigual	Superficial
	PESO	Robusta (Profunda + Tensa + Rápida + Apoiada) Nutrida Apoiada Pesada Gorda Maça (Clava)	Normal Desigual Fusiforme Pontas normais	Leve Sem pressão Desnutrida Aparente Acerada (Pontuda)
	RELEVO	Em relevo	Desigual	Baixo relevo
	ANOMALIAS	Quebradiça - Tremida Fusiforme - Congestionada - Pastosa		

ASPECTO: PRESSÃO*

Já vimos que a escolha do instrumento, quando de livre vontade do autor, é indicativa de sua predisposição anímica, isto é, de sua alma. A pressão representa a terceira dimensão da escrita. Pulver estabeleceu que a força, algo invisível e não testemunhado pelo observador, manifesta-se no fato observável da lentidão do traço: "É necessário um impulso que se manifesta nas variações da direção".

Para que um movimento fique impresso registrado, é preciso que o autor faça força com a ponta impressora contra o papel e que essa força possa ser avaliada. Ela é o resultado da energia aplicada ao ato de escrever, e que se manifesta na tensão que dobra e enrijece os dedos e punho, eventualmente, o braço.

Segundo Pulver, a pressão gráfica se compõe de dois elementos:

1 - a força que segura o instrumento - tensão muscular existente nos dedos e na mão;

2 - o esforço sobre o papel - de natureza diferente da anterior, presente no punho.

O primeiro grupo de tensões retarda o movimento e o enrijece, expressa a tensão interior, que se torna visível no traço. É a verdadeira tensão gráfica, que provoca a lentidão e as deformações na letra.

O segundo agride o papel, forma sulcos bem definidos, causados pela força exercida para baixo, pelo punho e braço movimentando-se. São esforços simultâneos. O grafólogo deve identificá-los e distinguir um e outro sinal.

O traço pleno, de cor firme e cheia, revela uma pressão real da força gráfica. O traço fusiforme, com pontas finas e recheios, mostra a lentidão do peso. Pulver indica a pressão gráfica como um fenômeno dinâmico, e a lentidão do traço largo e grosso como um resultado mecânico.

No conjunto, a pressão revela o nível de:

• afirmação pessoal;

• energia latente;

• profundidade das tendências, das idéias e da vontade.

* Ver Glossário, página 327.

Mostra aptidão para:

- mando;
- decisão;
- criação.

Identificar a quantidade de energia de que dispõe o autor, que chamamos de energia latente, para as suas manifestações, significa conhecer o que Max Pulver denominou " índice de atividade criadora". A pressão é avaliada pela observação simultânea da:

- espessura do traço;
- cor - quantidade de tinta gasta no traço, e sua uniformidade ao longo da trajetória impressa;
- profundidade, reconhecida pela linearidade e definição firme das bordas da impressão.

Características a serem observadas - (sempre com o uso de uma lupa)

Normalidade da escrita, ou seja, ausência de variações marcantes, bruscas: de espessura, cor ou trajetória da impressão;

- existência de tremores, vacilações, borrões, torções, quebras ou interrupções.
- Com uma lupa, identificar a forma das bordas dos traços - observar se há sinal de que a ponta impressora "mergulhou" no papel, caso em que as bordas impressas serão uniformes e paralelas. Essa observação deve ser feita, com preferência, sobre os traços plenos e perfis.
- Frequência de formas curvas, nós, espirais, curvas em excesso.

Sub aspectos para exame:

tensão - verificada na forma e na aparência do traço. *(com o auxílio da lupa)*

Modalidades:

- **tensa** - traços retos, seguros, sem variação da direção, durante o trajeto da ponta impressora;
- **frouxa** - ocorrem falhas de impressão, pequenas variações, na direção do trajeto da ponta impressora - sinuosidades, tremores, torções, oscilações transversais;
- **branda** - exagero de curvas e movimentos redondos;
- **mediana** - traços com aparência uniforme e bases das letras suavizadas com espessura menor que a do corpo da letra;

- **suave** - base das letras em curva;
- **dura** - base das letras em ângulos;
- **mista** - sinais misturados.

calibre - espessura do traço (é necessário que a ponta impressora não seja do tipo "escrita fina", ponta porosa, ponta de cerâmica, grafite - lapiseira ou lápis). Se for, a informação ficará prejudicada. Neste caso, observar outros sinais - côr, relêvo, etc. A média é de traços com espessura menor que 0,5 mm.

Modalidades: tênue, grosso, variável (maça, pontudo, fusiforme).

profundidade - força sobre o papel.

Modalidades: forte, superficial, normal, desigual;

cor - dada pela quantidade de tinta aplicada na impressão;

Modalidades: uniforme, borrada, leve, desnutrida, desigual.

peso aparente - dado pela observação de espessura sem peso e profundidade.

Modalidades: pesada ou gorda, espessura média, leve, tênue ou desnutrida; nesses casos, a grafia é constante nos sinais de lentidão, pastosidade, falta de tensão e de profundidade.

peso real - dado pela observação da espessura com peso e profundidade.

Modalidades: robusta, nutrida, apoiada, normal, leve e desigual.

Nesses casos, a grafia é constante nos sinais de tensão, rapidez e profundidade,ou seja, há uma coerência, observável, entre a maneira de escrever e a energia liberada pelo autor.

A pressão deve ser analisada a partir da identificação, no grafismo, dos sinais de:

- tensão gráfica;
- força aplicada sobre o papel.

Na escrita profunda, a passagem da pena é registrada com um sulco profundo que limita o traço com bordas retas e bem delimitadas. Em quase todos os casos, a lupa permite ver as trilhas formadas pelas pontas da pena (Obs.: com o uso da pena flexível, tradicional, bipartida ou, sob pressão, produz dois traços). A profundidade é a terceira dimensão **gráfica.**

Trillat ensina que a pressão indica o grau de vitalidade do autor, seu estado de saúde, permitindo apreciar:

- sensualidade (escritas grossas ou espessas);
- brutalidade (escritas reinfladas ou fusiformes);
- vontade e autodomínio (escritas fortes e firmes);
- fraqueza e moleza (escritas frágeis e sem apoio);

- instabilidade emocional ou alterações patológicas (apoio desigual).

Simón Javier ensina que é necessário observar qual foi o instrumento utilizado pelo autor em sua redação:
- esferográfica;
- ponta de feltro (ponta de fibra ou tecido);
- pontas cerâmicas (geralmente produzem traços finos e uniformes - 0,5mm);
- tipo de papel - comum, acetinado, cartão, etc;

Em tais situações, deve-se utilizar uma lupa de mais de cinco aumentos, com vagar e atenção, para se enxergar bem o sulco com o instrumento e as variações da espessura do traçado (plenos e perfis).

W. Hegar, "Grafologia pelo Traço", citado por Vels (1995), aconselha que se deve observar e diferenciar as características:

1 - **apoio** - pressão - no sentido estrito da palavra - força aplicada no ato; (apoiada ou leve);

2 - **relevo** - a diferença de cor ou intensidade de tinta, observada ao se compararem os traços de perfil e os traços plenos. O relevo existirá quando os "plenos" forem mais espessos e firmes que os traços "perfil", quando forem diferentes e puderem ser notados.
   A observação deve ser feita devagar!

3 - **deslocamento da pressão** - verificar se foi feito o esforço nos lugares adequados, mais forte nos traços plenos, ou se os sinais de pressão estão deslocados (perfil mais forte que o pleno - sentido vertical -, ou as aduções mais fortes que as abduções - sentido horizontal):
   - observar as pontas (pontudas, finas ou redondas), espessura igual, cor forte (maciça);
   - ou se são mais fortes no meio da extensão do traço, afinando-se em ambas as pontas (fusiforme);
   - e ainda, se há um sulco visível e perceptível no traçado (pode ser verificado com o tato da ponta dos dedos).

Recomendo que a observação seja feita em duas ou três sessões, em momentos diferentes, sob iluminação adequada, com direção principal não frontal (para que os raios refletidos não incidam nos olhos, causando cansaço visual) - **O procedimento é de cautela e minucioso!**

Avaliação gráfica e psicológica da intensidade da energia psíquica:

Latente - energia disponível, não utilizada.

Potente - energia demonstrada na ação.

Identificar a energia latente em cada traço ou conjunto de traços (grafismo) é avaliar a força das tendências do instinto, do sentimento e da vontade.

Em geral, a tensão, a profundidade, o peso e a intensidade da cor (relevo) de cada traço são mostras da firmeza, peso, profundidade e relevo da personalidade em seus distintos planos.

Módulo – É difícil estabelecer um módulo nesse importante Aspecto Gráfico. Entretanto, uma escrita é considerada normal quando não apresenta oscilações bruscas de tensão ou de relevo, a espessura dos traços é superior a um terço de milímetro e os traços estão livres de toda congestão, torção, sinuosidades, tremor, interrupções ou borrões.

A tensão nos movimentos gráficos

Os movimentos gráficos, segundo seu aspecto tencional, podem ser:

- Firmes, frouxos e brandos;
- Duros, suaves;
- Mistos.

Escrita tensa - É tensa ou firme quando os movimentos gráficos são tensos, retos, firmes e seguros e não apresentam flexões ou ondulações em qualquer de suas direções, ou zonas gráficas.

Na escrita tensa, os contornos ou bordas dos traços estão geralmente bem delimitados, são limpos, as linhas são retas (DIREÇÃO), e o conjunto do grafismo é dinâmico e desenvolto.

Obs.: O traço reto não implica em que a base das letras não seja curva ou angulosa. Em alguns casos, o nível de tensão é mais acentuado em um sentido (vertical ou horizontal) que em outro, e por vezes, distinto segundo as zonas.

Escrita frouxa - Uma escrita é frouxa quando acusa falta de tensão nos movimentos, que são mais ou menos frouxos, fletidos, ondulantes ou torcidos em qualquer de seus sentidos direcionais. O traçado pode ser anguloso e sem tensão, ou curvilíneo e frouxo.

Escrita branda - Uma escrita é branda quando predominam os movimentos em curva, com déficit de pressão e dinamismo. As hastes, em vez de serem retas, curvam-se para a direita, tomando a forma "C" (concavidade) ou "C" invertido (convexidade). As linhas e finais de palavras descem. Podem faltar barras de "t" e pontos. Em contrapartida, podem aparecer, de vez em quando, alguns ângulos sobre a base ou acima das letras ou sobre a letra "t", ou qualquer outra letra característica.

Escrita de tensão mediana - Uma escrita é de tensão mediana, ou normal, quando os movimentos não são nem demasiado tensos nem frouxos, mantêm-se firmes, mas tendem a suavizar-se, especialmente na base das letras.

Escrita alternadamente tensa e frouxa - Uma escrita é alternadamente tensa e frouxa quando é frouxa em um sentido e descuidada em outro, ou frouxa em umas zonas e fletida (ondulante) em outras. Essas mudanças de tensão podem se manifestar também sobre as zonas gráficas; nesse caso valerá o respectivo simbolismo.

Escrita dura - A escrita é dura quando apresenta sinais de tensão com as bases das letras angulosas

É frequente na escrita **RETILÍNEA**, e nos grafismos femininos: com escrita **CALIGRÁFICA**.

Escrita suave - A escrita é suave quando, contrariamente à anterior, apresenta sinais de tensão com a base das letras curvilíneas.

Escrita alternadamente dura e suave - A escrita é dura e suave, quando os movimentos tensos são alternadamente suaves e duros, isto é, com a base da letra ora em ângulo, ora em curva.

Nota importante: A escrita pode apresentar ângulos em uma determinada zona, por exemplo, inferior, e em outra zona não os apresentar. As bases devem ser minuciosamente observadas, assim como as partes inferiores da letra "g", dos "tt", das letras "m" e "n", dos traços iniciais e finais e dos óvulos das letras "a", "o", "g", etc.

A profundidade dos movimentos gráficos
Nesse sub aspecto da pressão, distinguimos quatro modalidades do traço:
- Escrita Profunda, de pressão forte ou nítida;
- Escrita Superficial, ou de pressão aparente;
- Escrita Mediana, ou de pressão normal;
- Escrita de Profundidade Desigual.

Escrita profunda - A escrita é profunda quando, **observada com uma lupa,** e não a olho nu, percebem-se sinais de profundidade. A espessura dos traços é inferior a meio milímetro. Entretanto, deixa com clareza um profundo sulco no papel, o que quer dizer que o indivíduo usou uma ponta firme e forte.

Escrita superficial - A escrita é superficial, ou tem uma "pressão aparente", quando, apesar do possível relevo, a lupa mostra que o traço não se aprofunda no papel. As bordas dos traços plenos, nesse caso, apresentam, de vez em quando, pequenos "dentes", borrões, sinuosidades ou ondulações. A cor dos traços não se reparte igualmente, mas em um mesmo traço pleno, a intensidade da cor varia. O conjunto observado sem a lupa, quando os traços mostram uma boa espessura, *pode* dar a impressão de relevo e de profundidade.

Escrita de profundidade mediana ou normal - Quando a pena marca no papel um canal ou sulco apreciável, mas não muito profundo. As bordas dos traços não são tão nítidas como na escrita profunda, nem sinuosas, borradas e pesadas como na escrita com pressão aparente.

Escrita de profundidade desigual - A escrita é de profundidade desigual quando apresenta irregularidade na profundidade, força e relevo dos traços.
Peso dos Traços (observação simultânea de espessura, tensão e cor da impressão):
É importante distinguir, na espessura dos traços, o "peso real" (espessura + força + profundidade) do "peso aparente" (espessura – força – profundidade).
Segundo o "peso real" e a espessura dos traços plenos, distinguem-se seis escritas-tipo:
- Robusta;
- Nutrida - nítida;
- Apoiada;
- Normal;
- Leve;
- Desigual.

(**Diferença essencial**: Em todos os casos, o grafismo é constante nos sinais de tensão, rapidez e profundidade, observa-se o sulco ou incisão do traço no papel. O traço profundo se deve a uma forte e autêntica pressão da pena sobre o papel, pelo esforço feito pelos músculos fletores do punho e do braço).

Escrita robusta - A escrita é robusta quando apresenta os sinais característicos da escrita profunda, tensa, rápida e apoiada. Os plenos (traços de cima para baixo) das letras têm espessura que ultrapassa três quartos de milímetro. O sinal é constante em todo o grafismo.

Nota - A escrita robusta indica mais a energia nervosa e psíquica que a força física, que nem sempre estão unidas.

Escrita nutrida (nítida)- A escrita é nutrida quando os plenos e os perfis estão bem alimentados com tinta. O calibre ou espessura dos plenos é superior a meio milímetro. A escrita nutrida apresenta uma profundidade ou canal normal, quando os traços são observados com lupa. O sombreado e a delimitação das bordas não é tão nítido e destacado como na escrita robusta, mas oferece um bom nível de pressão. Identifica-se pelas características de cor uniforme, sinal de profundidade e ausência de flexões ou torções.

Escrita apoiada (ou grossa) - A escrita é apoiada quando mostra o aumento brusco da pressão, em determinados traços ou direções, em desproporção com o resto do grafismo. Esse aumento da pressão repercute, de maneira muito sensível, sobre a espessura dos traços.

Escrita leve - A escrita é leve quando o grafismo é formado por traços finos com sinais de profundidade.

A espessura dos traços é inferior a meio milímetro. Mostra, entretanto, com clareza, um profundo sulco no papel, o que quer dizer que o indivíduo usou uma ponta firme e forte.

Escrita de peso desigual - A escrita é de peso desigual, quando há mistura de traços apoiados e com pressão forte e traços leves com pressão débil. Essa irregularidade na distribuição da energia se traduz também por desigualdades em outros aspectos gráficos.

Quanto ao peso, que pode ser observado, distinguem-se o "Peso Real" e o "Peso Aparente".

O peso aparente - ("Peso sem tensão, sem dinamismo e sem profundidade") O "peso aparente" ou "impressão material" do traço, quando este não for tenso nem rápido, nem profundo, reflete, pelo contrário, os expoentes das tendências estáticas do indivíduo: passividade, lentidão, cansaço, "surmenage".

O "peso aparente" pode ser verificado na espessura dos traços plenos, nas modalidades:

- Pesada ou Gorda;
- Espessura Média;
- Leve;
- Tênue ou Magra;
- Desigual.

A caneta esferográfica é construída para mostrar um traço de espessura uniforme: deve-se, então, observar a uniformidade da cor na impressão, comprovando perfis e plenos.

(*A diferença essencial entre os tipos está na espessura e na cor*. Em todos os casos, o grafismo tem constantes sinais de lentidão, pastosidade, falta de tensão e de profundidade. Seu volume é apenas "aparente").

Escrita pesada ou gorda - Caracteriza-se pela espessura ou "obesidade" dos traços (um milímetro ou mais nos plenos), pela lentidão do movimento (viscosidade) e pela falta de tensão, de nitidez e de profundidade.

O predomínio da curva (escrita redonda ou branda) facilita a sua identificação, assim como a pastosidade do traçado e a tendência à estabilidade (pouca variação na espessura dos traços).

Escrita leve e sem pressão - Deficiência na espessura dos traços (espessura inferior a meio milímetro), em seu dimensionamento e também na sua tensão, profundidade e relevo. Às vezes, dá lugar à chamada escrita tipo branda.

Escrita desnutrida - Deficiência grave no calibre, tensão, profundidade e dinamismo dos traços, que se caracterizam por uma notável fraqueza e fragilidade. Chama-se também escrita tênue.

Traços tênues em escrita de "peso" e de "tensão" aparentemente normais: Predisposição oculta para vulnerabilidade interna, o sobressalto, para ceder à angústia, para inquietação, insegurança e ansiedade (fortes depressões nervosas).

É um sinal que revela quedas, mais ou menos frequentes e intensas, de adaptação emocional, quase sempre produto de uma impressionabilidade viva e dolorosa.

Observa-se esse sinal, frequentes vezes, em indivíduos que apresentam anomalias cardíacas e respiratórias ("um coração frágil está ameaçado, constantemente, por emoções fortes que ele não pode suportar facilmente").

Escrita de pressão desigual - Consideramos assim as escritas de traço fusiforme, Maciça e "em ponta", que merecem, por sua importância, estudo separado.

- *Escrita fusiforme* - A escrita é fusiforme ou espasmódica quando apresenta certas irregularidades de espessura nos plenos ou traços descendentes das letras. O movimento muda de suave para brusco e violento; a pressão decresce, em seguida, ou se renova ao longo do traço pleno, envolvendo de novo o traço suave e delicado. É semelhante a alguns desses apoios súbitos da pressão como um fuso, o que motivou a denominação "fusiforme" (fuso = instrumento de ponta fina que aumenta de espessura bruscamente, usado por artesãos, para o tear etc. Na grafia, apresenta-se como uma "barriga" que engrossa os traços plenos e perfis.).
- *Escrita maciça* - A escrita é maciça quando seus traços verticais ou horizontais apresentam um aumento mais ou menos exagerado e brusco que se acentua no término, contrastando com o resto do traçado. A maça termina sempre com a ponta quadrada, reta, como se fora cortada bruscamente.
- *Escrita "em ponta"* *(acerada ou pontuda)* - Seus últimos traços e excepcionalmente, os traços iniciais terminam em forma de furador de ponta aguda ou de punhal. Salvo nos casos de escrita artificial, o grafismo "acerado" é rápido e impulsionado.

Observação: A maça é um movimento de retenção (acumulação de força, de tensão). O traço "em ponta" (acerado) é um movimento de "disparo", de "desafogo". A escrita acerada, complicada e filiforme é um sinal negativo.

O Relevo da Escrita

Uma única ponta impressora, uma única tinta e um mesmo papel podem dar à escrita diferentes relevos segundo o indivíduo que se serve desses instrumentos.

O relevo ou força de contraste entre o escuro dos traços e o branco do papel se deve a um fenômeno especial que pode não ter relação com a maior ou menor espessura e profundidade dos traços, ainda que seja inegável a influência desses sinais.

Portanto, o relevo é algo pessoal, alheio à intenção de se obter esse efeito. Para comprovar isso, faça-se a prova com indivíduos diferentes, utilizando os mesmos materiais.

Escrita em relevo - Os traços "para baixo" (plenos) são mais evidentes e notáveis que os traços "para cima" (perfil). Os traços estão bem alimentados de tinta, os contornos são nítidos, sem excesso de tinta nem manchas (traçado profundo e tenso). Esse sinal adquire maior valor quando se une à escrita do tipo clara, nítida, ordenada e simplificada em um ambiente gráfico superior.

Traçado de baixo relevo - Esse traçado, que pode ter uma espessura superior à normal, não se destaca de modo suficiente do papel, sem contraste de luz-e-sombra sobre ele (escrita neutra, sem luz, pálida).

Escrita de relevo desigual - Mudanças de relevo frequentes. Essas mudanças não devem ser confundidas com perdas graduais de cor, quando a caneta vai perdendo sua tinta. Estamos nos referindo a grupos de letras da mesma palavra, ou a palavras da mesma linha que apresentam mudanças de cor evidentes.

As anomalias da pressão: (Esfera Patológica)

Traçado torcido ou contorcido - Os traços que deveriam ser retos, principalmente as hastes e as pernas aparecem deformados por uma torção ou inflexão que produz desvio no sentido inverso da curvatura normal. As alterações em curva deformada ou torções, repetidas de forma constante no grafismo são, em geral, um "gesto de sofrimento", quando ocorrem, por exemplo, nas hastes; aí refletem uma anomalia no sistema respiratório ou circulatório, em consequência de um estado de debilidade vital de ordem geral, passageira ou definitiva.
E, no aspecto psicológico, esse sinal denuncia a emotividade, angústia, timidez, inquietude, ansiedade e todos os estados psicológicos decorrentes das afecções respiratórias e cardíacas. Ana Teillard observou torções das pernas em grafismos femininos após operações cirúrgicas.

Traçado quebrado - Caracteriza-se por uma ruptura, corte repentino do traço, que se deve a uma pequena (falha) do fluido nervoso e que se produz sem que o autor tenha consciência disso. Somente "a posteriori", a tensão pode voltar-se sobre a interrupção, corrigindo-a com um pequeno retoque.

Traçado tremido - Os traços, preferivelmente no sentido vertical, apresentam uma série de pequenos ângulos, dando a impressão de que a ponta impressora não pode formar os movimentos em um só impulso (a interferência da energia vacilante faz oscilar o pulso: síndrome extrapiramidal).

As causas exógenas acidentais que produzem esse tipo de traçado são: frio, fadiga, sustos e sobressaltos, ameaça de morte, etc.

Traçado "cego" ou "congestionado" - Os anéis das letras, volutas e, às vezes, letras inteiras da zona média aparecem cheias de tinta, que preenche a forma curva que deveria ser "vazada".

Caso as congestões dos anéis das letras coincidam com traçado leve, vacilante e torcido, podem revelar estafa, debilidade física, às vezes, tuberculose, anemia perniciosa e, em geral, todas as anomalias que produzem diminuição grave das forças vitais.

Traçado pastoso - Lentidão, pastosidade, "obesidade" e materialismo dos movimentos gráficos. Os plenos e os perfis dos traços, os pontos e acentos são excessivamente tingidos (cheios de tinta) como se a mão avançasse de maneira lenta e cansada (ausência total de vitalidade e dinamismo no impulso gráfico).

Nota - É muito difícil mostrar, em reproduções gráficas, as modalidades e matrizes da pressão, especialmente as que se referem ao relevo e à profundidade dos traços. A própria espessura dos plenos e perfis sofre alterações notáveis nas impressões mecânicas, assim como a cor e o preenchimento de "vazios".

Aspecto Pressão - Paralelismo Psicológico

Em geral truduz o nível de afirmação, de energia, profundidade e relevo das tendências , das idéias e da vontade. Aptidões do mando e da decisão

Característica	Avaliação do Sinal
1 - Firme Frouxa Branda Média	Energia e afirmação das tendências e da própria personalidade.
2 - Dura Suave	Resistência às influências externas.
3 - Profunda Superficial Desigual	Profundidade e autenticidade das tendências.
4 - Nutrida Leve	Equilíbrio entre tendências espirituais e materiais.
5 - Robusta Tênue (Desnutrida)	Vitalidade e força disponível
6 - Maça (em clava) Pontuada (acerada)	Acumulação de cargas emocionais. Comportamento emocional.
7 - Limpa Pastosa	Predomínio da razão sobre os instintos e tendências materiais.
8 - Com relevo Sem relevo	Nivel das faculdades de tipo criador e o relevo das tendências

Fonte: "La selección de personal y el problema humano en las empresas"

A Pressão - Paralelismos Psicológicos

Escrita tensa - Movimentos gráficos tensos, retos, firmes e seguros. Não apresentam ondulações ou flexões em nenhuma direção. As linhas em geral são retas.

Interpretação

O nível de tensão dos movimentos gráficos é tanto mais elevado quanto maior é o dinamismo psicofísico e a capacidade do autor.

Tensão gráfica é predisposição à ação, decisão, vitalidade e firmeza nos desejos, afetos, opiniões, etc. Se o dinamismo gráfico é potente, forte o nível da irradiação, o indivíduo se impõe a quem o rodeia, impõe sua própria personalidade.

Com sinais de introversão, vale dizer, com pouca irradiação e dinamismo, o indivíduo apresenta um bom nível de resistência às influências exteriores, não tenta dominar seu ambiente, tampouco se deixa dominar por ele, mantém sua atitude até estar ou não de acordo com quem o rodeia. A tensão nos traços, quando é constante, revela uma boa capacidade de trabalho e uma grande firmeza e segurança no modo de pensar e agir.

Em sentido negativo – Traduz acumulação de tensões emotivas que provoca reações bruscas, desproporcionadas e violentas: paixão, brutalidade, agressividade.

Escrita frouxa - Déficit de tensão nos movimentos, que são mais ou menos frouxos, ondulantes ou torcidos em qualquer de seus sentidos .

Interpretação

Déficit do tônus vital do indivíduo. Incapacidade para vencer obstáculo, débil disposição para a ação, a luta e para a defesa, vacilação frequente, instabilidade, sentimento de impotência, insegurança e falta de firmeza moral, neurastenia.

Escrita branda – Predominam os movimentos em curva, com déficit de pressão e dinamismo. As hastes curvam-se para a direita. Podem faltar as barras dos "tt" e os pontos dos "ii".

Interpretação

Adaptação sem resistência. Insuficiente estímulo interno para superar as dificuldades, passividade, abandono de toda atividade que requer esforço constante, ingenuidade, brandura, afeminamento. Hipostenia, indulgência e condescendência excessivas. Temperamento linfático.

Crepieux-Jamin observava que todas as pessoas brandas são teimosas. A mesma debilidade de sua energia as impulsiona a dizer "não" a tudo o que lhes é proposto, por medo de aceitar um papel ativo. (Isto justifica os ângulos que aparecem em certas letras ou partes de letra nas escritas Brandas). A obstinação desses indivíduos aumenta quando seu nível intelectual é mais baixo.

Escrita de tensão mediana - Os movimentos não são muito tensos nem frouxos. Mantêm-se firmes, mas tendem a se suavizar, especialmente na base das letras.

Interpretação

Mostra um certo equilíbrio entre as tendências individuais e a necessidade de adaptação. Estabelece-se um certo ajuste entre a retidão e a flexibilidade, a razão e o sentimento; entre o dever, no seu sentido formal e a tolerância ou aceitação das opiniões ou vontades alheias.

O indivíduo não foge do esforço, mas, dotado de um certo senso de perfeição, aceita e se adapta às situações com a necessária resistência, capacidade de luta ou se opondo ao injusto ou imoral.

Escrita alternativamente tensa e frouxa - Uma escrita é alternadamente Tensa e Frouxa, quando é firme em um sentido e descuidada em outro (ondulante).

Interpretação

A tensão e frouxidão dos traços em sentido vertical (de cima para baixo) revelam consciência da própria individualidade, das próprias tendências, a atitude vacilante ou segura do Ego. Um Ego que se afirma, se o movimento é tenso. O Ego vacila e cede sem resistência se o movimento dos traços de cima para baixo é frouxo ou há falta de tensão.

A tensão (frouxa ou firme) dos movimentos da esquerda para a direita marca a força expansiva das tendências realizadoras. Portanto, se os movimentos horizontais (barras dos "tt", finais, etc.) são tensos, refletem a firme expansão e imposição dos desejos, afetos ou opiniões, a potência expansiva e realizadora da vontade, do sentimento ou das ideias.

A falta de firmeza ou debilidade dessa direção mostra a insegurança e a debilidade das próprias tendências, a dificuldade de se impor aos demais, ou de traduzir em atos os pensamentos, desejos ou vontades.

O indivíduo pode sofrer um desequilíbrio afirmativo-expansivo que se mostra, então, na escrita, pela forma de movimentos alternativamente tensos e frouxos nas duas direções (vertical e horizontal).

Essas mudanças de tensão podem existir também nas zonas gráficas; nesse caso é importante estudar seu simbolismo.

Escrita Dura - Sinais de tensão com a base das letras angulosa. Apresenta-se com frequência na escrita retilínea ou escrita caligráfica feminina.

Interpretação

Forte nível de resistência e de oposição. Tendência esquizóide. Nos grafismos femininos: força moral, força de resistência (veja-se escrita caligráfica).

Predomínio das ideias e desejos próprios sem se preocupar com as necessidades, desejos ou apuros dos demais (falhas de adaptação por egoísmo, rigorismo ou rigidez nas atitudes do Ego). Sensibilidade e emotividade fracas. O indivíduo valoriza e coloca as regras, os princípios, o dever e a honra acima das necessidades afetivas ou da vida.

Tendência para rechaçar, sem exame, as ideias alheias. Autoritarismo, orgulho, altivez. Falta de respeito à liberdade e à vontade alheias. As tendências naturais são reprimidas ou substituídas por atitudes "formais", contrárias, às vezes, à natureza dos desejos (o superego do indivíduo subjuga e oprime seus instintos, impulsos e necessidades, por incapacidade de adaptação aos sentimentos coletivos).

Essas falhas de adaptação ou dificuldade para socializar as tendências devem ser vigiadas com cuidado. A escrita dura, seca, pontuda, apoiada e inarmônica foi observada em certos delinquentes sádicos.

A incapacidade de adaptação afetiva torna inútil a intenção de buscar o lado sentimental desses indivíduos, porque eles vivem postergados e rechaçados, pela atitude intransigente e rígida da sua consciência desiderativa. Dureza, obstinação, amores violentos (Marchesan), quando os traços são muito apoiados (pernas).

Escrita Suave - Apresenta sinais de tensão na base curvilínea das letras.

Interpretação

O nível de energia e de resistência não compromete a adaptação (energia que se suaviza ao entrar em contato com a realidade, com os outros). Socialização das reações individuais, que não arriscam nem evitam o choque brusco com as ideias e tendências coletivas. Justo nível de compreensão (firmeza sem dureza). Retidão moral.

Escrita Alternativamente Dura e Suave - Apresenta as bases das letras uma vez em ângulo, outras vezes em curva. As bases devem ser minuciosamente observadas, assim como as partes inferiores das letras "g", dos "tt", das letras "m" e "n", dos traços iniciais e finais e dos óvulos.

Interpretação

Conflitos entre as tendências naturais e a atitude do Ego, ou entre as tendências individuais e as do ambiente. Intenção de socializar ou sublimar os próprios problemas internos.

Mudanças de atitude. Reações opostas, segundo o momento, às mesmas coisas ou problemas plantados pelos demais.

Sub-aspecto - A Profundidade dos Movimentos Gráficos

Escrita Profunda – A escrita é profunda quando, observada com uma lupa, apresenta o sulco ou incisão do traço no papel.

Interpretação

Mostra a profundidade das tendências, a autenticidade dos valores e atitudes do indivíduo (se o sinal é constante).

Segundo Pulver e sua escola, revela um índice importante de atividade criadora, mas não permite, por si só, fazer conjecturas acerca da qualidade e altura de uma obra feita. Não há dúvida de que uma pressão profunda – quase sempre acompanhada de um bom relevo – é um sinal indiscutível de força realizadora, de poder sugestivo, de profundidade e dinamismo na ação e no pensamento.

Pode ser também um bom índice de precisão e de firmeza, de segurança em si mesmo e nos próprios atos, e sobretudo, um fator importante de decisão e resolução.

Escrita Superficial - Observada com uma lupa, percebe-se que o traço não se aprofunda no papel.

Interpretação

Falta de autenticidade e profundidade nas demonstrações ou manifestações exteriores da personalidade. O indivíduo tenta sugestionar-se a si mesmo sobre sua importância, deseja enganar os demais e adota uma "pose" por puro sibaritismo narcisista. Afeição ao "blefe".

A antinomia entre o traço profundo e o traço superficial mostra a personalidade verdadeira e a personalidade inautêntica e aparente.

Para Pulver e seus seguidores, a PRESSÃO APARENTE expressa o desejo de uma conduta produtiva (o indivíduo aparenta uma força criadora que não possui realmente). Muita gente que se ilude quanto à própria produtividade, ou que deseja persuadir os demais de sua capacidade produtiva, possui esse tipo de grafismo.

Escrita de Profundidade Média ou Normal - Quando a ponta impressora marca no papel um sulco apreciável, mas não muito profundo. As bordas dos traços não são tão nítidas como as da escrita Profunda, nem sinuosas ou borradas como as da escrita Superficial.

Interpretação

Profundidade normal, vale dizer, sem grande força nem relevo. Capacidade mediana ou normal de criação ou realização. Facilidade para compreender e empreender ideias e ações de alcance normal. Personalidade com mediana capacidade persuasiva.

Escrita de Profundidade Desigual - É irregular na sua profundidade, força e relevo dos traços.

Interpretação

Instabilidade quanto aos dotes criadores e produtivos do indivíduo; incapacidade para prosseguir tarefas que requerem profundidade de esforço contínuo; as causas dessa irregularidade devem ser procuradas no conjunto dos aspectos gráficos.

Sub aspecto: A Força e a Pressão dos Traços

Escrita Robusta - Apresenta sinais característicos da escrita profunda, tensa, rápida e apoiada.

Os plenos das letras têm espessura maior que três quartos de milímetro.

Interpretação

Potente dinamismo psicofísico. Capacidade produtiva e realizadora de primeira ordem. Necessidade de atividade em qualquer sentido. Segurança, firmeza, confiança plena em si mesmo.

Em sentido positivo - Energia para se impor (o significado é mais real na escrita tipo Dura). Personalidade robusta e sugestiva. O indivíduo não passa despercebido no ambiente em que se move.

Inteligência capaz de tarefas criativas de grande profundidade (especialmente se a escrita tem muito relevo e apresenta um ambiente gráfico de nível superior).

Em sentido negativo - Ostentação de energia, despotismo. Predomínio das tendências instintivas sobre as racionais, brutalidade, violência. Apaixonamento (ausência de serenidade e de domínio de si mesmo para julgar), falta de consideração no modo de tratar os inferiores. As tendências buscam sua satisfação no lado material da vida.

Nota: A escrita Robusta revela mais a energia nervosa e psíquica que a força física, que nem sempre vêm unidas.

Escrita Nutrida - Os traços plenos e perfis estão bem alimentados com a tinta. A espessura dos plenos é superior a meio milímetro.

Interpretação

Dinamismo psicofísico normal que permite um bom nível de rendimento e produtividade. Imaginação criadora.

Se for habitual, com o emprego da mesma caneta, reflete o deslocamento da energia para os interesses do espírito. É frequente em religiosos e em místicos, em pessoas com bom nível de energia espiritual. Capacidade para aumentar, caso necessário, o próprio rendimento. O indivíduo recupera suas energias sem dificuldade.

Em sentido negativo - Gosto pelo ornamental, pomposo, faustoso.

Escrita Desnutrida - Os traços plenos e perfis são fracos, impressos com pouca tinta. Há uma falta evidente de pressão no traço, e a espessura dos plenos é inferior a meio milímetro. Denota falta de vitalidade.

Interpretação

Segundo Vels, supõe uma sensibilização maior, conservadora dos instintos do Ego, fragilidade psíquica, propensão aos sobressaltos, angústia e segurança. O indivíduo é uma eterna vítima dos acontecimentos e se refugia nos prazeres do espírito, talvez, menos perigosos que os prazeres materiais e físicos.

Escrita Apoiada - Há um aumento brusco da pressão em determinados traços ou direções, em desproporção com o resto do grafismo. A espessura dos traços em abdução (horizontais, por exemplo) é diferente da dos traços de flexão ou de perfil. O fenômeno deve ser observado com vagar e atenção: a identificação pode ser dificultada quando a escrita for feita com ponta esferográfica fina!

Interpretação

Tendência a acumulação e descarga de emoções violentas. Deslocamento irregular da energia. Violência, explosividade. Masculinidade, virilidade. (Klages); a escrita apoiada pode revelar, também, uma atitude de defesa e ocultação do medo, como ocorre nos indivíduos violentos: "ocultação do medo e da insegurança interior". Veja escritas tipo Maciça, Fusiforme, Reinflada, Exagerada.

Escrita Ligeira ou Leve - O grafismo é formado por traços finos com sinais de profundidade. A espessura do traço é inferior a meio milímetro.

Escrita de Peso Desigual - Mistura de traços apoiados e com pressão forte com traços leves com pressão débil.

Interpretação

Enfraquecimento das tendências fortes e aumento das fracas. As frequentes mudanças de onda mostram também a tendência do indivíduo para alternar as massas violentas com os traços, em ponta de gancho, nos movimentos de surpresa e acumulação de cargas emocionais violentas. O indivíduo se comporta, ora com uma doçura pegajosa e extremamente amável, ora reagindo com inesperada violência ou irritabilidade.

Vejam-se também as interpretações dadas aos casos de tensão e profundidade desigual.

Sub aspecto - O Peso Aparente
(Peso sem tensão, sem dinamismo e sem profundidade)

Escrita Pesada ou Gorda - Caracteriza-se por traços espessos ou gordos (mais de um milímetro nos plenos), lentidão de movimento, falta de tensão e nitidez, pastosidade do traçado (curvas).

Interpretação

Natureza dominada pelos interesses materiais (sensualidade, epicurismo). Escassa tendência à atividade (poltronaria, lentidão física e mental, preguiça para o trabalho criativo). Predomínio das funções sensoperceptivas (Jung).

Falta de delicadeza e refinamento (grosserias, palavras de mau gosto). Preguiça, indolência.

Boa memória e retentiva visual se o grafismo se destaca pelo seu relevo. Nos casos em que o indivíduo emprega uma caneta com ponta grossa para escrever grosso, pode indicar uma necessidade de parecer mais forte e estável perante si mesmo e ou os demais, ou uma intenção de se rebelar contra a própria delicadeza ou timidez.

Como diria Pulver, a exibição de força e de produtividade não é um bom recurso para se alcançar o êxito, porque essa força e produtividade são somente aparentes. Nesse último caso, o grafismo mostra mais rapidez (os movimentos, ainda que tenham muita tensão e profundidade, têm mais ritmo).

Escrita Ligeira (Leve) e sem Pressão - Espessura inferior a meio milímetro e deficiência na tensão, profundidade e relevo.

Interpretação

Em sentido positivo – Pode indicar sutileza perceptiva, fineza de sentimento, delicadeza, espiritualidade. É próprio das naturezas muito impressionáveis, mas passivas: intuições estranhas.

Traduz, no aspecto biológico, uma escassa energia vital (instintos débeis), que resulta em repugnância pelas violências físicas e morais (defensividade do indivíduo ante sua "vulnerabilidade interna": medo, inquietude, angústia frente a qualquer problema novo, etc.). Irritabilidade nervosa.

Pudor moral, aspirações, ideais ou místicas, tendência à vida contemplativa. Estados de vidência (santos, místicos).

Em sentido negativo - Pode indicar medo da realidade, debilidade de vontade, timidez, impotência moral ou física, facilidade para se deixar sugestionar, leveza de caráter, volubilidade, etc. Fáceis crispações nervosas.

Sub-aspecto - Escritas de Pressão Desigual

Escrita Fusiforme - O movimento muda: de leve e suave para um movimento brusco e violento da pressão. Assemelha-se a um fuso (ponta fina que aumenta a espessura).

Interpretação

Sensualidade, gula, erotismo, necessidade de "sensações" físicas agradáveis. Tendências à exaltação, crispações nervosas. Possibilidade de violências inesperadas ou de reações grosseiras em pessoas que são aparentemente finas e delicadas. Tendência para surpreender com cenas, provocações ou insinuações atrevidas. Com adornos e outros sinais indica coqueteria e atitudes estudadas, combinação frívola dos encantos e das formas (na mulher).

Segundo Leibl e Teillard, esse tipo de grafismo reflete uma personalidade histérica, com sua falta de pudor, recato, e necessidade de se exibir.

Um discípulo de Michon disse a propósito desse sinal: A escrita fusiforme pertence a pessoas que são mais voluptuosas que realmente sensuais. Agrada-lhes chamar a atenção, são coquetes, amam os cumprimentos, as cerimônias, os pequenos favores, as felicitações e todas as frivolidades e superficialidades que tanto encantam algumas mulheres. (Vels)

Por isso, quando a escrita Fusiforme é de homem, revela uma certa voluptuosidade e gostos femininos. Temperamento Linfático-nervoso ou Nervoso-linfático (segundo os casos).

É preciso observar que, em alguns casos, esses espessamentos fusiformes se apresentam na zona superior (hastes) unidos a um grafismo claro, aéreo, de traço geral tênue ou leve e com zona inferior, pernas, rejuntadas, estreitadas ou simplificadas. Nesse caso, pode indicar uma certa tendência aos êxtases místicos, sublimação das apetências e necessidades (inconscientes), sinal que se encontra comumente em algumas escritas de religiosos.

No terreno patológico, esse sinal foi observado, ainda que com pouca frequência, em grafias de autores com transtornos glandulares e espasmos viscerais (coração, fígado, intestinos, etc.) e em indivíduos alcoólatras. Pode indicar também as irregularidades endócrinas próprias da puberdade, da menopausa, da velhice.

Escrita Maciça - Os traços verticais ou horizontais apresentam um aumento mais ou menos exagerado e brusco no final. Terminam sempre com ponta quadrada.

Interpretação

O traço "maciço" reflete uma predisposição natural à acumulação violenta de tensões emocionais.

A descarga dessas tensões pode ser de duas maneiras:

a) de forma primária - tendência à explosão, à cólera, à raiva, à indignação violenta, etc;

b) de forma secundária ou conscientemente dirigida – nesse caso, a energia acumulada adquire uma superestrutura psicodinâmica, transformando-se em atividade, decisão, valor moral, energia impositiva, profundidade e persistência nas tarefas, etc.

A escrita maciça é, pois, um sinal de "carga emocional", de acumulação de energia, disposta, em uns casos, ao "disparo explosivo" e em outros a ser utilizada como "força dirigida".

A maça, na escrita de homens "superiores", reflete o potencial dinâmico da vontade, a força de suas ideias, de seus desejos, de sua ação.

Nas mulheres, traduz, correntemente, a força com que querem impor (ou com que impõem) seus sentimentos, seus caprichos ou seus desejos aos demais. É frequente em grafismos femininos angulosos.

Segundo a zona ou zonas em que o traço maciço aparece com preferência e segundo a direção, ele adquire diferentes significados:

a) Maças na direção vertical - Afirmação passional do próprio Ego. Intransigência, rigorismo, inflexibilidade nas atitudes tomadas (veja-se tensão dos movimentos).

b) Maças verticais em zona inferior - Predomínio violento dos instintos (materialismo). Brutalidade, grosseria, instintos bestiais. Em alguns casos, tendências criminais latentes que se manifestam.

c) Maças em direção horizontal - (Traço presente na grafia de Napoleão Bonaparte): Rico potencial de ação e decisão (valor, coragem, audácia para levar a cabo ou impor as próprias ideias ou critérios). O mesmo ocorre com os desejos, sentimentos e caprichos, se as maças estão em zona média (finais).

Escrita Tipo Pontuda - Os traços finais ou iniciais terminam em ponta aguda ou forma de punhal.

Interpretação

O traçado pontudo, em geral, reflete um déficit no domínio de si mesmo, de freio, de inibição das tendências, instintos, desejos e necessidades do indivíduo: demonstra a impulsividade, a vivacidade nas reações.

É o símbolo do impulso agressivo e combativo próprio do homem (sadismo masculino) que mostra tendência, mais ou menos consciente e voluntária, de produzir dor, ferir, castigar, mediante a ação direta (agressão) ou atos indiretos (escritos, palavras, críticas, murmurações, etc). Com sinais de inibição, descida e regressão (escritas contida, apertada, suspensa, descendente, regressiva e leve ou frouxa) revela as tendências sadomasoquistas (direção da agressão sobre o próprio indivíduo). O indivíduo produz dor em si mesmo, que pode ir da autocensura à autodestruição, ao suicídio.

Quando essa tendência se sublima ou escolhe os caminhos do espírito para se manifestar, nós nos deparamos com as definições clássicas de: agudeza de inteligência, penetração, vivacidade de espírito, habilidade para desenredar as coisas, descobrir e investigar em qualquer sentido.

A curiosidade, a ironia, o espírito pujante e festivo, a prontidão nas respostas, o ataque rápido à essência das questões, ou mesmo o espírito crítico são qualidades próprias de pessoas com esse tipo de impulso gráfico.

O traço pontudo é freqüente em algumas pessoas que exercem profissões como as de cirurgião, escultor, gravador, etc. (que manejam instrumentos pontudos), ou de investigador, crítico, psicólogo, etc. (que necessitam penetrar, com o pensamento, em algo). Nesse caso, há uma sublimação de tendências sádicas inconscientes.

Em sentido negativo - Esse grafismo revela baixo nível moral e espiritual ou ambiente gráfico inferior; mostra também, segundo a espessura e o afilamento das pontas, a tendência à cólera, à irritabilidade, à ânsia de dominar, de suprimir, agressivamente, toda resistência ou oposição aos próprios desejos.

A violência do sinal da escrita tipo dura, angulosa e seca pode indicar a maldade, a ferocidade, os instintos sanguinários e cruéis.

Algumas escritas, como as de Carriére, Marat, Robespierre, Periot e outros, são um exemplo arrepiante da veracidade do sinal. Também algumas escritas de carniceiros, açougueiros, toureiros (picadores), etc. são características nesse sentido. (Vels)

Os traços pontudos em um grafismo de pressão gráfica débil ou leve indicam uma sensibilidade susceptível e rabugenta, uma nervosidade irritável, impaciente, ansiosa e angustiada (tendência a criar dificuldades, a criticar, murmurar e ofender, até a se sentir um indivíduo contrariado, por inveja, ciúmes ou ressentimento). Certas pessoas afetadas por sentimentos de impotência ou de inferioridade encontram uma compensação fictícia para sua menos-valia, destruindo as alegrias e as ilusões dos demais.

A escrita pontuda nos grafismos femininos é sempre um sinal desagradável que mostra, às vezes, um instinto felino na mulher, uma certa tendência às insinuações maliciosas em situações comprometidas, ou um afã de criticar, que ultrapassa toda medida de boa fé e prudência. O ressentimento e o rancor na mulher podem produzir, se houver falta de princípios, uma "língua de víbora" (fofoqueira).

A escrita pontuda, complicada e filiforme é um mau sinal de tipo moral.

Sub aspecto - O Relevo na Escrita

Escrita em Relevo - Forte contraste entre o escuro do grafismo e o branco do papel, com espessuras diferentes entre traços "plenos" e de "perfil" principalmente nas letras de laçadas nas zonas superiores.

Interpretação

Para Pulver, Oscar del Torre e outros grafólogos modernos é um sinal de superioridade, de profundidade e relevo pessoal, de capacidade sugestiva e criadora e de "necessidade de chegar até o fundo das coisas". (VELS)

O relevo é corrente nos grafismos de engenheiros, médicos, pintores, arquitetos, escultores, grafólogos e pessoas dedicadas a atividades que requerem grande capacidade de observação e imaginação, boa memória e atenção visual.

O relevo foi estudado profundamente por Max Pulver em sua obra "Symbolik des Handschrift". Estabelece esse autor uma antinomia entre o traço "com relevo" e o "pálido" (sem relevo), que seriam comparáveis à oposição entre as cores fortes e as opacas. Para compreender mais a importância do sinal, diz Pulver; ele é o contraste entre uma árvore cheia de seiva, de verde e de frondosidade e outra seca, sem seiva e sem folhagem.

O traçado em relevo é, pois, um bom sinal de vitalidade, de equilíbrio psíquico, nervoso e de capacidade de trabalho (a pessoa irradia um poder sugestivo e persuasivo sobre quem quer que a rodeie, destaca-se de alguma forma, seja por sua capacidade criadora, realizadora ou por seu atrativo pessoal).

Quando coincide com um traçado movimentado, reflete vigor, ardor, intrepidez, bom aparato neuromotor. Temperamento sanguíneo.

Em sentido negativo – Indica paixão, sentimentalismo ardente e fogoso, intrepidez, sensualidade, predomínio dos apetites materiais, epicurismo, hedonismo.

Traçado de Baixo Relevo - Não se destaca de modo suficiente do papel nem oferece contraste de luz e sombra sobre ele.

Interpretação

Da mesma maneira que em pintura, as cores quentes irradiam luz e as opacas a atraem, a absorvem, a escrita sem relevo expressa falta de vitalidade, ausência de poder sugestivo e criador, pobreza de imaginação e escassez de expressão pessoal. A escrita sem relevo indica, em geral, uma sensibilidade aguda para as coisas que se referem ao próprio Ego, e falta de sensibilidade para as que se referem aos demais (atitude absorvente: necessidade de "projetar-se" no mundo exterior, de colocar pessoas e coisas ao serviço exclusivo do próprio Ego (Fator *k* de Szondi). Frequentemente indica esterilidade mental, e, como consequência dessa improdutividade de espírito, pode esse tipo de grafismo mostrar a passividade, a indolência, a abulia e o abandono da atividade ou iniciativa que requer esforço pessoal. A amargura e a melancolia podem ser também reveladas se o grafismo é descendente, quando, inclusive, há perda gradual da força do Ego.

Escrita de Relevo Desigual - Mudanças de cores (evidentes) nos grupos de letras da mesma palavra ou palavras da mesma linha.

Interpretação

As partes de coloração pálida (perda de relevo) devem ser interpretadas como indício de perda de vitalidade, aumento da impressionabilidade e da sensibilidade do Ego, seja por efeito de uma debilidade de saúde, que excita a vida interior, separando-a da dos instintos e intensidades vitais, ou como consequência de um narcisismo não superado que acentua a susceptibilidade. (Pulver).

Nas partes de coloração saturada, o indivíduo expressa dinamismo fecundo, suas possibilidades criadoras e seu poder de irradiação vital.

Esse grafismo é frequente em pessoas de temperamento excitável que passam facilmente de um gesto impetuoso e cheio de energia nervosa e psíquica a um estado de esgotamento e passividade, de indolência e de ausência de vontade (alternativas entre um comportamento oblativo e captativo).

O sistema nervoso dessas pessoas é sensível e irritável, porque sempre que a energia nervosa e a psíquica são desiguais aumentam a emotividade e a impressionabilidade e se acentuam as desigualdades de comportamento e de caráter.

No terreno patológico pode indicar transtornos no sistema endócrino ou alterações ou lesões pulmonares.

Sub aspecto: Anomalias da pressão
(Esfera Patológica)

Traçado Torcido ou Contorcido - Os traços que deveriam ser retos (hastes e pernas) aparecem deformados por uma torção.

Interpretação

As deformações em curva desviada ou torção, quando repetidas de maneira constante, no grafismo, são, em sentido geral, um "gesto de sofrimento" que, quando se apresentam, nas hastes, refletem a existência de alguma anomalia no aparelho respiratório ou circulatório, consequência de um estado de debilidade vital de ordem geral, passageiro ou definitivo (Crepieux-Jamin, Duparchy-Jeannez, Resten, segundo Vels).

No aspecto psicológico, esse sinal denuncia emotividade, angústia, timidez, inquietude, ansiedade e todos os estados psicológicos derivados das afecções respiratórias ou cardíacas. Segundo o Dr. Ghislain Houzel, essa escrita pode provir também de um desequilíbrio das glândulas endócrinas provocado pela evolução ou involução das glândulas genitais. A época da puberdade e a menopausa favoreceriam o aparecimento dessas anomalias gráficas. (Vels)

As insuficiências supra-renais, paratireóides, testiculares ou ovarianas, as afecções hepáticas, o desequilíbrio vago simpático e o hipertireoidismo, assim como a fadiga e a debilidade podem produzir a escrita torcida. Ania Teillard observou as torções nas pernas em grafismos femininos depois de cirurgias.

Traçado Cego ou Congestionado - Os anéis das letras e às vezes, letras inteiras da zona média aparecem cheios de tinta.

Interpretação

É muito importante comprovar esse sinal nos documentos. A influência da tinta e da caneta devem ser considerados. Em geral, essa classe de grafismo é reveladora de diversos estados congestivos, da neurastenia, da depressão, do esgotamento e da velhice. Pode ser também sinal de intoxicações, arteriosclerose e alcoolismo. Se as congestões dos anéis das letras coincidirem com um traçado leve, vacilante e torcido, podem revelar um estado de cansaço excessivo, de debilidade física, às vezes, a tuberculose, a anemia perniciosa e, em geral, todas as anomalias que produzem uma diminuição grave das forças vitais.

Traçado Pastoso - Lentidão, pastosidade. Os plenos e os perfis dos traços, os pontos e acentos apresentam-se cheios de tinta.

Interpretação

Atitude passiva e de abandono (inércia, incapacidade de luta e rebeldia). O indivíduo "prende o objeto em lugar de se voltar contra ele" (Hegar). Estado de sonolência mental, lentidão de pensamento e de ação (Zanetti e Rollandini). Preguiça, luxúria, abandono passivo às tendências materiais (sensualidade e vício: depravação moral), especialmente se o traço é pesado ou gordo, fusiforme e descendente e num ambiente gráfico inferior. Cansaço nervoso e psíquico. Observa-se em alguns casos de cardiopatia, de alcoolismo, e de alienação mental.

É recomendável que o grafólogo, se não for médico, se abstenha de citar a possibilidade de qualquer transtorno ou anomalia, já que o paciente pode se impressionar com qualquer sintoma falso, o que é necessário evitar.

Obs.: *O estudante de Grafologia deve investigar esse aspecto da escrita (Pressão) em modelos e amostras originais e não em reproduções.*

Sugestão de roteiro para o trabalho Pressão

1 - Observe o conjunto impresso no papel, dando atenção aos plenos e perfis, procurando identificar modificações no trajeto percorrido pela ponta impressora, em relação a um movimento reto e firme;

2 - Com o auxílio de uma lupa, examine detalhadamente as bordas dos traços plenos e perfis, procurando identificar se elas são paralelas ou tremidas e desalinhadas;

3 - Com o auxílio da lupa, examine a cor dos traços - sua uniformidade ou as zonas de maior e menor intensidade;

4 - Procure imaginar se, para traçar as letras, o autor fez suficiente força com a ponta impressora para marcar uma "trilha" ou sulco; o uso da lupa, aqui, é imprescindível;

5 - Anote suas observações e depois procure identificar as definições completas da grafonomia.

6 - Faça uma revisão do trabalho, sem ansiedade de "erro ou acerto"; em caso de dúvida, releia as definições e investigue, na amostra- tipo no livro, os sinais nos quais tem dúvida e os compare com os de sua amostra.

7 - Leia atentamente com "imaginação" o significado geral do sinal;

8 - Identifique os níveis "positivo" e "negativo", a saber, os sinais de excessos de força aplicada na grafia;

9 - Selecione uma das características psicológicas, em sequência;

10 - Classifique e reúna as frases, segundo os temas indicados.

Conclusões a que se pode chegar:

*   Estado geral da energia , saúde e força ;
*   Agressividade intelectual - grau de resistência à influência alheia;
*   Autenticidade das ideias e tendências;

* Acumulação e descarga das emoções;
* Relacionamento entre os instintos e a razão;
* Criatividade;
* Convicção e capacidade de auto-afirmação;
* Direção e forma do relacionamento com o ambiente;
* Potência da libido e sua direção.

Orientação para o estudo

ASPECTOS (GRUPOS GENÉRI-COS)	SUB-ASPECTOS (SUB-GRUPOS RESTRITOS)	TIPOS		
		BÁSICO	VARIAÇÕES	OPOSTO
F O R M A	EXECUÇÃO	Caligrafia pessoal	Tipográfica Caligráfica	Letra de Forma (Imprensa)
		Natural	Complicada	Disfarçada Ornada
		Simples	Simplificada	Com enfeites
		Angulosa	Mista (Ângulos e arcos)	Bizarra Extravagante Arredondada Redonda Ovalizada
		Plena (Hastes com volutas)		Seca (Hastes sem volutas)
	LIGAÇÃO ENTRE AS LETRAS	Ângulo	Quadrada Alternada Imprecisa (Mista) Filiforme (Bucle)	Guirlanda Arco
		Caligráfica (Escolar)	Jointoyée (Anilha ou rejuntada)	Justaposta (Encostada)
	ESTÉTICA	Harmoniosa		Vulgar Desarmoniosa

ASPECTO: FORMA

"Esse importante aspecto corresponde à forma de expressão do caráter, isto é, traduz a conduta externa das pessoas. Na forma ou estrutura da letra, o sujeito se apresenta ao mundo como gostaria de ser visto; manifesta-se com a cultura natural e espontânea, ou elabora e cultiva uma fachada, uma personalidade condizente com o significado dessa palavra.

A forma é a expressão do próprio estilo, revela as características da própria individualidade, a capacidade criativa e o grau de convencionalismo ou de adaptação às normas que regulam a relação do indivíduo com a sociedade.

Em associação com a ordem, e com outros aspectos menores, a forma mostra a capacidade de organização e de adaptação do sujeito no trabalho e em seus relacionamentos, isto é, revela o estilo de vida e a conduta em geral." (Vels)

Na forma, podemos também identificar o modelo de caligrafia escolar do qual deriva a grafia do autor.

Frequentemente, deparamo-nos com modelos muito alterados, em que a preocupação com a "forma" prevalece sobre a liberdade dos movimentos.

O predomínio da Forma sobre a liberdade dos movimentos significa:
- o predomínio de normas, regras e padrões, inibindo a espontaneidade, a liberdade de ação, a franqueza e a leveza de espírito.

Nesse contexto, o sujeito exige de si:
- comportamentos definidos;
- submissão às regras;
- convencionalismo;
- manutenção da "máscara formal" (tipo Persona, de Jung).

(Leitura auxiliar: Tipos Psicológicos, de C. G. Jung)

A forma reflete as flutuações de:
- cultura;
- comportamento intelectual;
- aparência.

Põe em relevo informações sobre:

- o nível de cultura;
- a originalidade ou automatismo;
- as faculdades construtivas e de execução;
- a capacidade de liderança;
- a regularidade da conduta;
- o culto da aparência;
- a disposição e a adaptabilidade social.

Este aspecto é observado segundo:

a) Execução: estrutura global da escrita;
b) Ligamento: maneira pela qual as letras de uma palavra se enlaçam;
c) Estética do conjunto escrito.

A "Forma" mostra, no conjunto, a conduta do sujeito, segundo seu nível de adaptação;

- de convencionalismo;
- de originalidade.

As aptidões:

- científicas;
- artísticas.
- comerciais;
- burocráticas.

É necessário lembrar que há uma evolução da maneira de escrever ao longo da vida do autor, segundo a sua adaptação ao seu modo de vida.

A observação da amostra deve considerar o momento e as circunstâncias em que ela foi redigida, procurando-se imaginar qual foi o estímulo para o autor redigi-la:

- amostra para seleção de candidatos;
- amostra preparada especialmente para análise grafológica, com o conhecimento do autor desse objetivo;
- a amostra retirada de documentos íntimos, cartas, etc. Essas contêm alterações segundo o momento emocional do autor e as circunstâncias que intervêm no instante da redação (pressa, ansiedade por ser bem sucedido na comunicação, etc).

A Grafologia identifica algo e se altera segundo as características emocionais, circunstanciais e permanentes do autor - e é isso o que devemos procurar separar e considerar ao fazer a nossa análise.

Para o trabalho de grafonomia, consulte a sua primeira observação sobre o nível da forma, quando você definiu a escrita como "pessoal", "impessoal", etc.

Execução - Aspecto formal do traçado - procurar perceber se há predomínio da forma (caligrafia constante, uniforme, evidente) ou do movimento (caligrafia irregular, com deformações, aceleração do movimento).

Ligações - se o traço que liga uma letra à seguinte é feito sem que o autor levante a ponta impressora, é feito com retoques, cruzamentos, superposições, ou as letras são simplesmente "encostadas" umas nas outras.

Qual é o formato do traço contínuo de uma letra até a outra: anguloso ou curvo?

Estética - Perceber qual é o rítmo de formação: intervalos entre letras, entre palavras, entre linhas.

Execução (modelos)

• *Caligráfica* - segue, em geral, a orientação escolar; pode conter variações pessoais.
• *Caligrafada* - escrita monótona, desenhada, usada para sobrescritar envelopes, etc.
• *Tipografada* - escrita monótona, que imita tipos de imprensa (maiúsculos ou minúsculos).
• *Tipográfica* - escrita de modelo caligráfico, que contém letras tipográficas eventuais e aleatórias.

Execução (traços)

- curva;
- angulosa;
- tipografada (ou de forma - imprensa);
- arredondada;
- redonda;
- ovalizada (óvulos "a" e "o" com formato de uma uva ou ovo deitado, elipse horizontal).

Aparência
- simples;
- simplificada;
- complicada;
- bizarra;
- extravagante.

Estrutura*:*
* plena;
* seca.

Definições

Escrita Caligráfica - A escrita é caligráfica quando o indivíduo reproduz o módulo caligráfico escolar. Na escrita de autor que evolui, ela assume modificações que são estritamente pessoais.

Existem vários modelos de caligrafia, porém os mais conhecidos e empregados são:
* a escrita chamada "inglesa", a escrita reta, a comercial, a "simple script" de importação inglesa; a vulgarmente chamada de "escrita de piques" ou "aristocrática" que, até pouco tempo, era adotada, em determinadas ordens religiosas, para educandos de família abastada. Na atualidade, também é ensinada aos jovens de todas as classes sociais.

A *Caligrafia Pessoal* é a que se distancia da escolar. É reconhecida nos traços elementares, mas o autor lhe dá sua contribuição, o resultado de suas próprias experiências.

Aqui no Brasil, vai sendo substituída pelas modificações oriundas da "liberdade" dada às crianças, para traçar letras sem uma orientação quanto à forma, (os chamados cadernos de caligrafia) nas escolas públicas em geral. No meu entender, esse hábito pode ser danoso e causar prejuízos aos processos de disciplina interna, o que traria muitas consequências, mais tarde, em relação aos hábitos intelectuais e à organização íntima necessária para um aprendizado adequado.

Escrita Caligrafada - ornamental, usada para endereçamento de convites, etc, na qual se observa uma forma de projeção social; pode ser usada como escrita artificial. Algumas pessoas podem usá-la para se mostrar "mais" que as demais. É modalidade de grafia adquirida, interpretada como sinal de insinceridade, em determinadas circunstâncias.

Escrita com letras de imprensa (forma) Tipografada - Imitação monótona e quase total de letras de imprensa. Seu aspecto é monótono e pouco variado. Seu ritmo é moderado ou lento e, em casos excepcionais, pode se mostrar rápido: em tal caso, as deformações são inevitáveis. É geralmente empregada em sobrecartas ou para destacar palavras, em um texto, que sejam importantes para o autor. Apresenta duas variações: letras sempre imitando as maiúsculas e letras imitando as minúsculas.

Escrita Tipográfica - As letras, especialmente as maiúsculas e algumas minúsculas, reproduzem ou imitam caracteres de imprensa. Às vezes, esse grafismo aparece conjuntamente com a escrita simplificada, sóbria, simples, clara e ordenada. As palavras que contêm letras tipográficas, em geral, têm sentido especial ou emocional para o autor, dentro da frase em que estão presentes.

Escritura Curva, Arredondada ou Curvilínea - A escrita é arredondada ou curvilínea quando, na estrutura das letras (maiúsculas e minúsculas), predomina o elemento curva. Os ângulos naturais da caligrafia se suavizam tomando a forma de guirlanda, arcos, laços ou volutas. Não se deve confundir esse traçado com a escrita de movimento redondo (escrita redonda).
"Guirlanda" é a forma curva simétrica do arco. O arco tem a concavidade voltada para baixo e a "guirlanda" a tem para cima.

Escrita Redonda - A escrita é redonda quando as letras, especialmente "a", "o", "g", têm forma circular (ovais redondos). Essa forma circular afeta as letras "m", "n", que são feitas, em geral, com formas de arco ou guirlanda. A escrita redonda está quase sempre unida ao traçado monótono, lento, "jointoyé" (rejuntada) e infantil.
Não se deve confundir a escrita "redonda" com a "arredondada", na qual os ovais têm essa definição por serem "ocos" ou elipses vasadas.

Escrita Ovalizada - As formas curvas, principalmente as letras "a" e "o", têm o formato de um ovo deitado (uma elipse com o eixo maior na direção horizontal). Lembra, também, uma uva (fruta) deitada.

Escrita Angulosa - A escrita é angulosa quando as letras são formadas por movimentos que produzem traços angulosos ou triangulares. Para mudar a direção dos movimentos, o escritor refreia repentinamente seu impulso e lhe imprime um desvio brusco. Os ângulos naturais da caligrafia se acentuam nesse grafismo e se suprimem ou se externam nos movimentos em curva. A escrita totalmente angulosa se dá muito em grafismos femininos.

Escrita Simples - É a destituída de enfeites de qualquer natureza. Estão presentes somente as formas essenciais da sua estrutura. São simples as partes não essenciais, como se indica na "Nomenclatura Básica".

Alguns autores preferem a denominação "sóbria", referindo-se à escrita traçada com moderação dos movimentos. Segundo Matilde Rás, "há uma certa naturalidade e dignidade nesse gênero de escrita. Sem essa condição, ela não revela qualquer superioridade intelectual". (1961. pág 167)

Escrita Simplificada - A escrita é simplificada quando as letras são reduzidas livremente à sua estrutura essencial mínima, limitando-se as formas ao seu esqueleto básico. São frequentes nesse traçado as maiúsculas tipográficas e algumas minúsculas (a, e, x, y, etc.). Matilde Rás ensina que essa escrita ocorre em função da rapidez intelectual (1931).

Escrita Bizarra - É a que tenta imitar traços e gestos não usuais da cultura a que o autor pertence: brasileiro que imita escrita feita com estiletes (modelo japonês) ou imita letras gregas com frequência, etc.

Escrita Extravagante - Escrita desenhada de tal forma que não se enquadra nos modelos conhecidos e usuais. Exemplo dado pelos "grafiteiros" quando deixam suas respectivas identificações em caracteres que tentam disfarçar traços de letras conhecidas, com exageros e formas rebuscadas.

Escrita Plena - A escrita plena se caracteriza, à primeira vista, por seus movimentos amplos, curvos e graciosos, harmonia e plenitude na forma, pelo relevo intenso do traçado e pela riqueza e originalidade com que são combinadas as ligações das letras. A extensão das letras recobre especialmente acima da zona superior.

Escrita Seca - Os movimentos são sóbrios, contidos, estreitos, angulosos, leves e secos (pressão, relevo), regulares ou levemente desiguais, frequentemente contorcidos, nodosos e "em ponta" (acerados).

As formas redondas ou arredondadas estão ausentes, os ovais são traçados segundo a sua estrutura mais simples, com ângulos por baixo ou, também, por cima.

Escrita Ornada - A escrita é ornada quando as letras, especialmente as maiúsculas, ou suas partes acessórias, as pernas e a rubrica são recarregadas com laços, espirais (coquilhas) ou outros traços ornamentais.

Escrita Complicada - Uma escrita é complicada quando as letras, especialmente as maiúsculas e a assinatura, contêm traços desnecessários e complicados que não existem no modelo caligráfico.

A assinatura complicada, com rubricas, nos comerciantes, reflete a sua habilidade de enredar, para vender (não vendem o churrasco, vendem o seu sabor).

Os fantasiadores e os homens muito ativos no terreno prático e comercial complicam a estrutura de suas letras na assinatura.

A assinatura e a rubrica complicadas de indivíduos que não são comerciantes refletem confusão interior, desconfiança, falta de segurança em si mesmos, e nos próprios métodos ou meios (atitude de encobrimento, de defesa). Coloca-se uma proteção contra o possível inimigo. Os homens simples, leais, seguros de si mesmos e equilibrados têm assinatura e rubrica abertas e simples.

Disfarçada ou Mascarada - As formas habituais da escrita são intencionalmente alteradas para dificultar a identificação do autor. Em quase todo disfarce ou camuflagem são empregadas escritas tipo contrárias à habitual. Por exemplo, se a escrita própria for inclinada, o disfarce a torna vertical ou mesmo invertida; se for pequena, torna-se grande, etc. Essa classe de grafismo interessa particularmente ao perito calígrafo.

Sub aspecto: Ligações

Neste sub aspecto, estuda-se a forma do traço que une uma letra à seguinte, dentro de cada palavra.

Características a serem observadas

- as ligações entre as letras podem ser:

forma da base:	variedade:
angulosas	ângulos; quadros.
curvas	guirlandas; arcos.
indefinidas	filiformes; bucles (nós); serpentinas.
justapostas	não há ligação entre as letras, que podem estar simplesmente "encostadas" umas nas outras ou claramente desligadas

A Ligação

A ligação revela o tipo de atitude do indivíduo quanto à sua adaptabilidade e se esta corresponde ou não a seu modo íntimo de ser.

Pulver e Delamain admitem quatro tipos de adaptação:

a) Adaptação fácil e espontânea às condições do meio – coligação em guirlanda;
b) Adaptação combativa – coligação em ângulo;
c) Adaptação em forma evasiva ou problemática – coligação filiforme;
d) Adaptação com base no domínio concordado ou construído – coligação em arco.

Esses tipos foram estudados por A. Vels e por outros autores estrangeiros (Brach, Le Noble, Phophal).

Eis as conclusões:

Ligação em Ângulo - As letras ou partes delas se enlaçam com movimentos angulosos. É o contrário da ligação em gruirlanda e filiforme. Relaciona-se, às vezes, com a ligação em arco.

Ligação em Guirlanda - Uma ligação é em guirlanda quando os movimentos se únem pela base das letras, tomando a forma de um "u", ou de curva aberta para cima.

Ligação em Arco - As letras e partes delas são enlaçadas umas com as outras por movimentos em arco. O arco é exatamente o inverso da gruirlanda. Os arcos podem ocorrer na zona superior e na zona inicial superior; são identificados nas ligações cujos movimentos se registram acima de uma linha (imaginária) situada acima da metade da altura das letras.

Ligação Filiforme - As letras e partes delas são enlaçadas por um movimento impreciso que as deforma e que se parece com um fio que se desenrola. As letras "m" e "n", especialmente, são formadas por uma linha simplesmente ondulada. É necessário ter em conta que a ligação filiforme pode ser puramente circunstancial, por necessidade de anotar rapidamente alguma palavra ou ideia.

Ligação em Serpentina - As letras ou parte delas se ligam em forma de linha ondulada; a serpentina é menos deformada que o traço filiforme. Esses traços ondulados podem ocorrer em qualquer zona.

Ligação em Quadros - As letras e partes delas se únem pela base com traços retos, dando a impressão de quadrados com abertura virada para cima, sobretudo nas letras "m" e "n".

Ligação Justaposta - Segundo Vels, é a ligação em que as letras estão desunidas, desligadas; algumas até encostadas nas anteriores.

Como a escrita com ligações justapostas ("ligação encostada"), há a escrita em que as letras são desenhadas de modo a permanecerem juntas, sem, entretanto, estar ligadas por um traço contínuo: o autor encosta uma letra na anterior. O traçado é percebido quando se tenta seguir o movimento da ponta impressora e se percebe que não há continuidade no movimento. O fenômeno foi estudado por Vels. Ele observou que as letras "montam umas nas outras, sem que necessariamente se trate de escrita apertada ou estreita".

Ligação Imprecisa ou Mista - Variedade na formação de enlaces, nos quais intervêm caprichosamente e sem ordem, o arco, a guirlanda, o ângulo, a voluta, etc.

Variedades concorrentes

- ligação em que se alternam ângulos com guirlandas;
- ligação com mistura de arcos e guirlandas;
- ligação angulosa, com filiforme;
- ligação em arco e filiforme;
- ligação caligráfica ou escolar

Sub aspecto - Estética

Identifica-se a estética de uma escrita pela observação do conjunto, quando ele se mostra uniforme, natural, indicando que o autor não se preocupa com a aparência. Expõe sua grafia com a maneira sincera de quem não tem necessidade de ocultar suas características, fantasiar sua aparência, com uso de enfeites, floreios, adereços, formas rígidas ou que impõem um aspecto pouco natural, com excessos de qualquer natureza.

Características a serem observadas:

- ritmo
- harmonia

O ritmo é observado na repetição natural dos intervalos entre as palavras e as linhas, aspecto de conjunto, sem distribuição métrica dimensional.

A dimensão, na qual se observam pequenas e naturais variações dos intervalos horizontais e verticais, nos indica o "ritmo interior" do autor; a variação natural e franca é positiva.

A observação do ritmo deve ser cuidadosa, verificando-se se há naturalidade na repetição do intervalo ou se há rigidez.

Tipos
- com ritmo - intervalo entre palavras e linhas sem grandes variações.
- sem ritmo

A harmonia existe na reprodução natural e não forçada das características da grafia ao longo do conjunto, que apresenta uma formação agradável, não estereotipada, suave e coerente.

A rigidez é sinal de que não há harmonia, mas disciplina rígida.

Tipos
- harmônica
- inarmônica

A noção de Estética é, evidentemente, subjetiva. Depende, diretamente, da capacidade do grafólogo de imaginar o movimento constante descrito pela ponta impressora sobre a superfície. Talvez seja a identificação mais difícil para um iniciante, pois também o é para um mais experiente que não tenha o domínio pleno da observação.

Escritas com letras de Forma (ou letras de imprensa)

Em geral, as pessoas que estão começando a prática da Grafologia ficam tolhidas quando lhes é submetida uma amostra ou documento para exame, redigidos em "letras de forma" ou letras que imitam as letras de imprensa, maiúsculas ou minúsculas.

É uma situação frequente quando se trata de seleção de candidatos, não tanto, quando o autor não quer se apresentar melhor do que é ou se sente.

Dobrar-se à barreira, aparente, da "letra de forma" é admitir que a Grafologia não teria aplicabilidade nessa fronteira. Isso é desconhecer as leis propostas por Crépieux-Jamin que foram ampliadas por L. Klages e por M. Pulver.

A escrita com "letras de forma", antes de qualquer outra consideração, leva-nos a um autor que tem dificuldade para se mostrar, ou se deixar revelar, porque não sabe como fazê-lo, ou porque se coloca sob os limites de uma orientação profissional que lhe tolhe os movimentos e prende o traçado. Sua manifestação não é espontânea, autêntica. Ele tenta esconder sua falta de lucidez, sob a aparência de clareza.

O fato da escrita ser em "letra de forma" não afeta, contudo, a manifestação dos impulsos inconscientes, na distribuição dos espaços e que geram movimentos mais ou menos amplos, curvos, alinhados, concentrados ou espaçados. Por isso, as dimensões escolhidas e deixadas pelo autor, em seus movimentos de escrever, a altura do corpo médio, a largura de cada letra em relação a sua altura, as distâncias entre as letras, entre palavras, entre linhas, etc. são elementos fora da padronização de imprensa, que o autor quer mostrar, mas que estão legítimamente dentro dos campos a serem examinados pelo grafólogo, e têm significados muito bem estudados e facilmente reconhecidos. Assim, por exemplo, a altura menor da última letra, ou as decrescentes continuarão com o significado da dimensão "gladiolada" ou se crescentes, terão o significado contrário.

A direção da linha base: horizontal, descendente ou ascendente, natural ou artificial, reta ou curva, regular ou irregular, sempre nos mostrará a causa do estado de ânimo e da vontade do autor, que o prende à sua representação nas "letras de forma". O aspecto da linha que passa por baixo de todas as letras, na palavra, continuará com os sinais de "sinuosa", "serpentina" e assim por diante.

Com essas observações, poderemos sempre examinar os sinais, considerando:

1 - Ordem, distribuição, margens, espaços entre letras, espaços entre palavras e espaços entre linhas;

2 - Dimensão, altura, largura, proporção entre largura e altura, e relação das alturas das letras em uma palavra - crescente, decrescente e uniforme;

3 - Direção, aspecto da linha base e orientação horizontal, ascendente ou descendente;

4 - Pressão, peso aparente ou real, relevo, espessura dos traços plenos e perfís;

5 - Sinais característicos de deformação provocados pela velocidade do movimento, e outros que possam ser interpretados como gestos-tipo.

Assim, pois, o campo de estudo de aspectos jaminianos poderá ser reduzido, mas não se anula, sendo, ainda, fonte de informação até sobre a razão que leva o autor a tentar se esconder atrás das letras de forma.

Para ilustração, cito outros autores que, em suas obras, estudam a questão da escrita impessoal, caligráfica ou com "letras de forma":

Pierre Faideau, *"Dictionaire Pratique de Graphologie"*. Paris: Solar, 1989. Págs. 105 e seguintes:

"As chamadas "letras de forma", em Grafologia, são uma forma de expressão que tem a mesma razão de ser que a das escritas natural e espontânea e revelam as mesmas características do autor. A escrita simples pode, também, ter sua expressão conduzida de maneira padronizada".

As "letras de forma", no entanto, não mostram francamente como são os seus autores. Falta-lhes um revestimento ou uma identidade. Elas se apresentam de duas maneiras:

- segundo um módulo escolar aprendido: nesse caso são chamadas de "caligrafia escolar".

Essa observação não se aplica às letras desenhadas com capricho em convites e envelopes sociais.

- "letras de forma" refletem a necessidade do autor de mostrar uma personalidade fruto de um modelo copiado, ou adotado por ele. Temos, assim, a substituição do modelo original pela criação, mais ou menos consciente, de um outro, em face de um "renascimento": eu mudei a forma da minha letra, portanto, eu renasci.

Outro tipo de grafia mais pessoal contém as formas individuais. Essa judiciosa distinção é devida a Maurice Delamain.

Entre elas, observamos as escritas:

- adquiridas, artificiais, estilizadas, rebuscadas, desenhadas e sistemáticas. São formas, em parte, iguais (os quatro primeiros tipos) e com excesso (os dois últimos). Cada uma ultrapassa a anterior, mas todas estas intimamente relacionadas.

A escrita "ornamentada" ou ornada com adições entra, também, nessa classificação, assim como a "disfarçada". Elas simplesmente transvertem a sua forma habitual e põem as máscaras do anonimato.

Ao contrário das escritas com "letras de forma", as espontâneas naturais fazem uma revelação necessariamente fácil, clara, descuidada, que revela uma auto aceitação. Ambas possibilitam ao autor tomar posição com relação à vida e aos seus problemas, de maneiras fundamentalmente diferentes.

As "letras de forma" têm, necessariamente, máscaras diferentes, de diversos graus de intensidade. Elas tentam esconder a falta de auto confiança, a angústia, num desejo inconsciente do autor de se confundir com uma imagem ideal, projetada pelo seu ego. Essa justificativa impõe formas que perduram enquanto e onde a vontade pode exercer sua influência. Há uma invariabilidade do seu traçado, executado, mais ou menos esteticamente, de acordo com o seu nível de vontade.

O que uma carapaça ou máscara esconde? Será uma diferenciação (no sentido do prazer de ser diferente) ou uma separação (no sentido da oposição)?

Uma ou outra variação é necessária para que a interpretação da "letra de forma" ocorra. É a motivação que vai determinar por que uma escrita é estilizada, ornamentada, desenhada, etc.

Do autor José Javier Simón, *"El Gran Libro de la Grafología"*, Barcelona: Martinez Roca, 1983, pag. 140 e seguintes:

"Por outro lado, a escrita artificial supõe uma tensão interna que pode provocar atitudes distantes ou convencionais. A lógica supera a intuição e a razão controla os sentimentos.

Quem escreve dessa maneira expressa seu medo, inconsciente, de enfrentar o ambiente que o rodeia, e para não demonstrá-lo, usa de recursos psicológicos que podem variar desde a introversão e suas consequências, até os comportamentos intransigentes e o falseamento da realidade.

Há um provável bloqueio da sensualidade, como resultado de temores ante a possibilidade de perda do controle consciente".

De Augusto Vels, *"Diccionário de Grafología y términos psicológicos afines"*, Barcelona, Herder, 1983. Verbete: "Desenhada":

"Espírito de imitação como compensação fictícia dos sentimentos de inferioridade. Dissimulação das próprias deficiências para exibir méritos que não se tem. A pessoa tem a intenção de ocultar, atrás de formas mais ou menos estéticas ou convencionais, as lacunas, as desvantagens, sentimentos de menos valia ou insegurança pessoal e produzir com sua letra uma impressão melhor.

Não quer deixar ver sua consciência de inseguro ou insuficiência social e profissional. O medo de ser julgado como se vê internamente, o obriga a cultivar uma fachada artificial. A escrita desenhada - capricho excessivo - é a expressão de um narcisismo egocêntrico mais ou menos evidente, mas que não implica em que a pessoa sinta satisfação de se ver nas formas rebuscadas e nos adornos e embelezamentos que imprime em sua letra".

De Crépieux-Jamin, *"Traité Pactique de Graphologie"*, Paris: Flamarion, 13. Milheiro, 1889:

"A clareza excessiva é apanágio das inteligências inferiores. É na clareza que os medíocres têm a defesa de seu bom senso".

Além disso, as características de clareza excessiva mostram, com evidência, a necessidade interior do autor de ser claro "para os outros", ocultando, assim, na forma externa, o seu sentimento de que não entende, ou não concorda com o que vê em si.

A prática de uma forma convencional, ou que para o autor seja boa para lhe dar ares de ser melhor, por vezes, é um exercício que se mostra monótono e repetitivo, e o leva a expor as cansativas minúcias com que ele se defende, por antecedência, de sofrer contradições e de ter que dar mais explicações a si mesmo e aos demais sobre o seu sentido.

Características das escritas comentadas

Caligrafada - Escrita do autor que se preocupa exclusivamente com a aparência, ou estética.

Desenho artificial de letras pelos calígrafos e desenhistas. Apresentação com minúsculas ou com maiúsculas - ornamental.

Caligráfica - Variação espontânea, mais ou menos intensa, pouco movimentada, mas não monótona, modelo escolar.

Tipografada - Imitação monótona dos tipos de imprensa, com pouca ou nenhuma contribuição criativa do autor. Apresentação com minúsculas ou com maiúsculas.

Tipográfica - A grafia contém, aleatoriamente, letras de imprensa eventuais maiúsculas ou minúsculas. É fruto inconsciente da ênfase que o autor quer dar à palavra em que a letra aparece. É mais frequente nas letas "R", "M", "S", "P" e "A".

Segundo Vels, para se compreender bem o sentido psicológico da escrita que imita os caracteres de imprensa, é necessário ter em conta que, na grafia cursiva, natural, os movimentos gestuais e posturais se manifestam com clareza e livremente. As pessoas que usam a escrita com letras de imprensa utilizam uma zona única, com a intenção de camuflar ou disimular estas expressões: gesto e postura.

Imitando as maiúsculas dos caracteres de imprensa, muitas pessoas acreditam que estão investidas de uma "importância pessoal" diferenciada e querem expressar, com a letra maiúscula, um gosto estético, sua cultura, sua distinção e sua familiaridade com os livros e a leitura frequente, com a arte ou com a ciência.

Em sentido positivo, Simón vê na escrita com letras de imprensa um claro predomínio da lógica, uma procura consciente da clareza das idéias e uma boa capacidade de concentração unida a uma atitude geral de orientação prática. O predomínio da razão sobre as facetas sentimentais resulta num considerável autocontrole que possibilita a elaboração do artifício. A capacidade crítica dessas pessoas basea-se em uma forte lógica o que as conduz à defesa vigorosa dos seus pontos de vista ante os demais.

Um grafólogo não deve, portanto, pedir a uma pessoa que, ao fazer uma amostra para estudo, a escreva usando uma grafia que não seja a de seu uso atual, pois assim, a estará forçando a uma posição pior, qual seja, a de obedecer uma instrução, mas ser falso a seu próprio respeito em sua manifestação mais inconsciente.

Aspecto: Forma - Paralelismo Psicológico -

Traduz, em geral, os modos de conduta, o nível da adptação de convencionalismo ou originalidade. Aptidões científicas, comerciais, burocráticas.

Características do Sinal	Avaliação da Característica
1 - Arredondada - Angulosa Imprensa ou forma - Redonda - ovalizada	Espontaneidade.
2 - Simplificada Complicada - Bizarra	Percepção, objetividade, manifestação das formas externas.
3 - Extravagante Caligráfica - Desenhada Disfarçada	Originalidade.
4 - Simples Ornada Bizarra, Ornamentada	Sobriedade nas relações sociais, na conduta, simplicidade ou extravagância
5 - Plena Seca	Recursos imaginativos Generosidade nos sentimentos
6 - Harmônica Inarmônica	Harmonia das tendências, condução social, distinção e vulgaridade -

Fonte: Vels, A. "La selección de personal y el probleme humano en las empresas"
Barcelona, Edutiral Herder, 4a. ed. 1982.

Forma - Paralelismos Psicológicos

Sub aspecto - A Execução

Escrita Arredondada ou Curvilínea

Interpretação
Sentido geral - O movimento em curva reflete uma atitude adaptativa, fácil e espontânea (sinônimo, às vezes, de docilidade) às situações sociais ou ao ambiente em geral.

Quando a escrita mostra uma certa tensão (pressão forte sobre a base das letras na zona média), a capacidade de adaptação do sujeito às situações reais da vida se realiza sem falsificar sensivelmente as condições do meio (nem suas próprias relações com este). O indivíduo não utiliza a imaginação, o sonhar desperto, a racionalização ou outras formas de auto ilusão, próprias do neurótico e do esquizotímico, para se afastar da realidade.

O predomínio da curva sobre o ângulo – disse Brach – é um indício de sociabilidade. Se as curvas se apresentam sobretudo na base da letra, pode-se suspeitar de um bom equilíbrio físico e moral. A receptividade às sensações múltiplas e simultâneas (guirlanda) aumenta, neste caso, o sentimento da realidade tangível e imediata, tornando-se difícil ao escritor abandonar a base horizontal da linha (base da escrita), já que as letras tendem a se dilatar. Os aviadores, os que não são demasiado impulsivos, agrega Brach, têm quase todos esses tipos de sinal na sua escrita.

Quando a dilatação dos movimentos curvilíneos é exagerada na base das letras (guirlandas dilatadas), o indivíduo não demonstra nenhum tipo de timidez a respeito de si mesmo, nem se mostra embaraçado pela presença de outros.

Sentido positivo – Quando as maiúsculas e o conjunto da escrita apresentam um nível de forma esteticamente agradável e harmônico, refletem altas qualidades morais (bondade e simpatia), sentimento estético e um espírito dotado de grandes qualidades "expressivas" e persuasivas (os movimentos em curva são mais próprios do sentimento, da imaginação, da intuição que da razão).

Não se pode associar o otimismo, a alegria franca e expansiva (sintonia) e os sentimentos de prazer e dor espontâneos, a movimentos angulosos.

Capacidade para unir o útil ao agradável. Benevolência.

Sentido negativo - Com pressão na base das letras, indica sensualismo (o prazer pessoal é uma norma do comportamento do indivíduo que age de forma egoísta, buscando as afeições e sensações agradáveis e evitando as desa-gradáveis: hedonismo).

Quando a escrita arredondada se une à branda (tensão e dinamismo defi-cientes), mostra que o indivíduo se adapta passivamente e sem condições ao meio que o rodeia. Os significados de indolência, debilidade e abandono (carên-cia de desejo ou interesse por qualquer esforço ativo) são, neste caso, justos. Essa deficiência de tom neuromuscular e nervoso se traduz pela dificuldade em tomar iniciativas (vacilação fácil à pressão de outros). O indivíduo necessita ser constantemente vigiado ou estar sob a influência do medo ou das necessidades prementes, para realizar suas tarefas.

A covardia moral e mesmo o relaxamento de costumes (amoralidades) podem ocorrer no indivíduo, por menos que as influências maldosas e viciosas do ambiente o influenciem.

Escrita Angulosa

Interpretação

Sentido geral - O ângulo revela uma atitude pouco adaptada a um plano social. É próprio dos indivíduos esquizóides e dos caracteres individualistas e insatisfeitos, com forte necessidade de independência e tendências reivindicadoras.

Em teoria, o ângulo revela uma inversão brusca das tendências (contra-ção). Mostra a existência de um desacordo entre o Ego e o mundo e se traduz, na atitude exterior, por uma falta de flexibilidade, uma espécie de "resistência" ou oposição interior para se submeter às normas de validade coletiva (necessidade de independência ou de reivindicação). É o caso dos indivíduos que têm uma escrita angulosa, tensa e desigual.

Marchesan interpreta esse sinal como "fuga do sacrifício" (tendência a descarregar a primeira parcela correspondente ao sacrifício e a passá-la aos de-mais). Predomínio da vontade sobre o sentimento (se a escrita é regular).

Sentido positivo - Com sinais de rapidez e tensão, indica firmeza e deci-são no modo de pensar e de atuar, brio, virilidade de impulso, tendência a impor os próprios critérios ao ambiente. É frequente esse grafismo em indivíduos do-tados de capacidade de mando, de faculdades críticas e de combatividade (escri-ta inclinada, angulosa e rápida). Esses indivíduos demonstram, às vezes, certa incapacidade para trabalhar, mas levam outros a fazê-lo (são ideais para dirigir e mandar, e pouco aptos para obedecer. Não por falta de disciplina, mas pela difi-culdade em se adaptar ao pensamento de outro). Natureza viril em detrimento do lado emotivo e sensitivo (Teillard). Adaptação combativa.

Sentido negativo – Frio domínio do lado emotivo e sentimental (impassibilidade ante os gozos ou sentimentos de desagrado e de antipatia inspirados em "ideias de prejuízo" ou em "moléstias"). Sentimentos de inferioridade traduzíveis em aspereza, intransigência, teimosia, ciúmes, ingratidão. Nesses indivíduos, o Ego se "sensibiliza" e reage agressivamente ante qualquer oposição, choque ou contrariedade vindos de fora.

Nos Grafismos Femininos - O ângulo adquire o sentido de uma "necessidade de ocultação parcial das tendências naturais, ou adaptação ao ambiente" (a mulher, em geral, não pode deixar em liberdade suas tendências, sem se expor a graves censuras da sociedade). Por outro lado, o ângulo nos grafismos femininos, principalmente quando vem acompanhado de uma boa tensão e de barras dos "tt" e pernas com movimentos triangulares, mostra a tendência ou o impulso para adaptar as coisas ou a sociedade aos próprios desejos, caprichos ou necessidades.

Escrita tipografada - letra de imprensa ou de forma

Veja exposições feitas nas páginas 176 e 182.

Escrita caligrada ou desenhada

Veja exposições feitas nas páginas 176 e 186.

Escrita Redonda

A escrita redonda quase sempre está unida ao traçado monótono, lento, "*jointoyée*" (religado) e Infantil, cujos significados devem também ser considerados na interpretação do sinal.

Interpretação

Sentido geral - Temperamento linfático. Estabilidade. Calma. Adaptação passiva. Apatia. Reprodutividade. Natureza pouco emotiva (vagotonia). Automatismo (com escrita Automática e Monótona). Incapacidade de independência e de autodomínio.

Sentido negativo - Sensualidade e instinto, moleza, preguiça, lentidão, idealização e reação (indiferença). Vacilação, falta de resistência aos desejos e oposições dos demais (o indivíduo só resiste quando lhe é pedido um esforço físico). Incapacidade para a luta e atividade que exija iniciativa.

Escrita Ovalizada

Adaptação ativa e espontânea, com emotividade controlada. Deve ser observada sua pressão. Tendência à reserva , à timidez, ao escrúpulo (Gille, apud Vels 1957).

Sentido negativo - Se a pressão for branda, indicará tendência à brandura excessiva, preguiça e influenciabilidade nocivas. É resultante de excesso de pressão do "Super Ego" que leva o indivíduo a se acomodar para não sofrer. Pode ser sinal de insinceridade, simulação de sentimentos não reais (hipocrisia) (Vels, 1957).

Escrita Simplificada

Sentido positivo - Predomínio da razão sobre a imaginação. Atitude vital introvertida. Habilidade para assimilar e expor o essencial (sentido utilitário e objetivo, simplificação, síntese, abreviação das coisas).

Segurança de juízo. Precisão, concisão (consciência com processos claros e bem delimitados). Seriedade.

Sentido de ordem, bom gosto e sentimento estético. Cultura, originalidade, distinção. Simplicidade, nobreza.

Capacidade para a teoria e a síntese. Faculdades críticas desenvolvidas, sagacidade. Atividade mental rápida. Ecletismo (aproveita o que há de melhor).

Sentido negativo - Desatenção ao externo. Utilitarismo exagerado. Puritanismo, austeridade, seriedade. Ausência de sensibilidade para o belo e as formas. Aridez interior. Rotina. (Klages).

Escrita Complicada
Escrita Bizarra

Sentido geral - Culto às formas exteriores (sensibilidade para aparências). Apreciação exagerada de si mesmo.

Tendência para complicar tudo, para dar importância extraordinária às coisas menores, às minúcias, aos próprios méritos, qualidades, atos, etc. Predomínio da imaginação sobre a razão, habilidade oral: oratória rebuscada.

Desejo de surpreender, de chamar a atenção e influir no ânimo dos demais: afetação nas formas e nos modos. Futilidade e elegância evidentes. Egoísmo: afeto histérico. Falta de franqueza e de simplicidade. Caráter fanfarrão, exibicionista e arrogante. Tendência a exigências e reparos de pouco valor: minúcia e prolixidade - escrúpulo de maníaco. Narcisismo extravagante. Neurose - mitomania. Tendência ao embuste, má fé, indução amoral.

Assinatura complicada: nos comerciantes, reflete sua arte e habilidade para enredar, para vender. Segundo Vels, *"non venden la chuleta, vendese su sabor"*. Os sonhadores e homens muito ativos, no terreno prático e comercial, complicam a estrutura das letras em suas assinaturas.

Assinatura e rubricas complicadas em indivíduos comerciantes refletem a confusão interior, desconfiança e falta de segurança em si mesmos e nos próprios meios e méritos (encobrimento para defesa).

A Escrita Caligráfica

Interpretação

Sentido geral - É própria das pessoas que não se adaptam com liberdade e espontaneidade às leis da natureza, às formas naturais (libido bloqueada). Esse constrangimento se traduz em falta de dinamismo e de originalidade. O indivíduo vive pendente dos formalismos do regulamento e dos deveres, e submete sua vida à cadência da "regularidade". Ele não quer reconhecer o que está além dos limites das "razões formais" da identidade, e da convenção que são próprias de toda regra (força de vontade, Klages).

Essa modalidade de "adaptação formal" ocorre nos indivíduos chamados por Jung "indivíduos persona". São pessoas que se identificam de tal maneira com seu trabalho, título ou profissão, que não vêm na vida nada mais que a "dignidade" que a sociedade lhes concede, em função de seu cargo. Há essa identificação tão literal com o "papel" ou dignidade profissional, os costumes, as regras tradicionais, o prestígio interno pelo exagerado compromisso que se estabelece entre o indivíduo e o que a sociedade lhe outorgou, em função de seu cargo.

A personalidade se deforma por efeito dessa forçada adaptação. Aos poucos torna-se rígida, mecaniza-se, padroniza-se. No comportamento, o indivíduo coloca uma máscara, no verdadeiro sentido da palavra, por trás da qual estrangula todo o espontâneo e natural de suas verdadeiras tendências.

A identificação com o papel de "professor", por exemplo, sempre tem algo de sedução. Mas quando essa identificação se torna hábito, torna-se inútil buscar alguém atrás dessa "máscara", pois como dizia Jung, encontraríamos somente um simples homenzinho. Essa "máscara" tão fascinante, com certeza, representa uma compreensão das insuficiências pessoais.

A escrita caligráfica pode revelar, frequentemente, por essas razões, as repressões e neuroses de todas as classes.

A caligrafia nos grafismos femininos está bem em seu papel. O instinto de imitação é natural na mulher, o cuidado com a aparência e o desejo de agradar também. Entretanto, à medida que uma mulher defina mais sua personalidade, seu modelo caligráfico vai se transformando em função de seus desejos e talento pessoal, na arte de gostar e seduzir.

Sentido negativo - Inadaptação às tarefas de invenção e de iniciativa (incapacidade para criar). Automatismo nos hábitos e na conduta social. Egoísmo, impenetrabilidade. Insignificância. Convencionalismo.

Sentido positivo - Desejo de ordem, de clareza e de precisão (sacrifica-se a velocidade pela qualidade da letra). Organização. Quando for em palavras isoladas, indica o mesmo ainda que parcialmente.

Para muitas profissões exige-se uma escrita caligrafada (contadores, professores de escolas, apontadores, copistas, etc). Por isso, em sentido negativo, ela revela o "executor", o "reprodutor", vale dizer, o que exerce profissões para as quais não faz falta o sentido criador nem a iniciativa, somente a "repetição mecânica".

A escrita "caligrafada", frequentemente, esconde repressões e neuroses de toda espécie e inteligência limitada.

Bergson, Russel, Janet, Jung e Szondi nos mostraram a psique como fonte de uma atividade sintética e anárquica de forças (tendências, instintos, necessidades, em constante movimento) que tendem a seguir um certo comportamento (Vels).

O sujeito inteligente e criativo sabe aproveitar suas forças psíquicas, as transforma, as sublima ou libera com gestos e modos, aplicando-as a um ou vários fins (sociais, científicos, artísticos, econômicos, religiosos, etc.).

Por isso não podemos ver na escrita CALIGRÁFICA o convencional, quando se trata de um homem, mas um "bloqueio" ou "camuflagem" em forma de gestos, especialmente quando a escrita é muito regular, monótona e constante.

O indivíduo vai dominando o externo e adquirindo sua própria personalidade, à medida que aprende a criar e rompe com a rotina e o convencional, pois não vê nela a "segurança" que vê o covarde, mas um obstáculo à sua liberdade. Cada etapa evolutiva é marcada com uma evolução nas formas gráficas, que seriam, nesse caso, consideradas uma imagem antecipadora do ideal do Ego. A Grafologia anota cuidadosamente essas transformações e pode, com elas, diagnosticar o caráter e o destino da pessoa.

Escrita Disfarçada (Recomendo a leitura de Leis da Grafística de Edmond Solange Pelat.)

Sentido geral - Esse tipo de escrita pode ter motivos diversos. Desde a atitude simplesmente humorística e inocente do alegre e mistificador, até a falsificação hábil com fins criminosos.

Indica encobrimento pessoal, má fé, covardia se o indivíduo se esconde no anonimato para intrigar, vingar-se ou difamar. Geralmente a escrita dos "anônimos" tem sinais de ressentimento, inveja e ciúmes, traços próprios do neurótico. O prazer secreto de preocupar e amargurar a vida do outro é a base de letras disfarçadas. Ocorre, às vezes, nos indivíduos histéricos, egocêntricos, do tipo "estrela" ou intrigantes, e nos grafônomos (pessoas que usam normógrafos - modelos - para escrever).

Escrita Simples

Sentido positivo - Inteligência objetiva acostumada a buscar a verdade com fins positivos, vale dizer, separando o essencial do acessório. Necessidade de síntese. Ponderação.

Unida à escrita retilínea, clara e espaçada, indica integridade moral, retidão, honradez. Respeito aos demais e a si mesmo (dignidade). Equilíbrio e regularidade na conduta. Apego aos princípios morais. Ausência de complicação. Domínio e fiscalização das tendências e necessidades instintivas.

Com escrita arredondada, indica sensibilidade de alma, modéstia, afabilidade. Ingenuidade e pureza, se for escrita crescente.

Sentido negativo - Mente pouco perspicaz (mediocridade e pobreza). Indiferença afetiva. Simplicidade. Incapacidade para colocar e animar o próprio pensamento, falta de imaginação.

Escrita Extravagante ou artificial

Quando as formas forem extremamente raras, o grafismo é extravagante.

Indica esnobismo, desejo de ser único, de chamar a atenção e de ocupar o pensamento dos demais. Coqueteria.

Sentido positivo - Com escrita rápida, combinada e original (formas harmônicas) indica dotes criadores, originalidade, necessidade do incomum, de fugir ao vulgar, obsessão pelo inédito: independência, orgulho.

Sentido negativo - Caráter neurótico. Havendo raridade e complicação das formas, pode indicar desde a super estimação e a inadaptação até a inclinação maníaca para não fazer as coisas como os demais - excentricidade. Reflete tendências amorais (falsidade, simulação, intriga e má fé) quando se combina com o traçado filiforme, regressivo e desproporcionado.

A extravagância na forma é, às vezes, a expressão de uma compensação fictícia de potentes sentimentos de inferioridade. Se as formas são muito extravagantes, podem indicar algum gênero de desequilíbrio mental.

Escrita Ornada (bizarra) ou Ornamentada

Em sentido geral, o fato de pessoas de um mesmo nível cultural - não dizemos intelectual - escreverem com simplificações e outras com cuidados próprios, não afeta a tese da formação de ideogramas, pois este fenômeno é devido às características tipológico-mentais das pessoas, que se agrupam em duas zonas, a saber:

- os que têm poderoso espaço mental e de atividade profunda, que escrevem com vigor mental, agitando a caneta, realizam esquemas rápidos como vigorosos ideogramas, que são sinais de suas idéias, tendem para a criação;
- os de menor espaço mental, atividade cortical, escrevem com o pensamento na caneta, atentos à superfície e desenham com primor, capricho; representam, assim, seus pensamentos e idealizações. Tendem a fazer o que os demais criam.

Sentido positivo - Sentimento da forma, capacidade para a representação - talento interpretativo. Impulso plástico, imaginativo. Talento para organizar, impulso construtivo para a beleza (Klages).

Habilidade para tirar o máximo da vida. Reflete também o temperamento sanguíneo-nervoso. Tendência a dar importância ao externo, preocupa-se mais com a aparência. Destreza manual.

Sentido negativo - Exageros inconscientes. Tendência ao comportamento formal. Vaidade, poucas idéias. Frivolidade, galanteio, desejo de agradar e produzir efeito. Pedantismo, mau gosto. Tendência para valorizar o secundário (Klages). Subjetividade egocêntrica, no caso de escrita sobrealçada.

Nos grafismos femininos - Os ornamentos são formas destinadas a agradar, a seduzir, portanto, revelam graça e feminilidade se forem harmônicos. Se o ambiente for inarmônico, a indicação será a de frivolidade e falta de pudor, exibicionismo. Os ornamentos nas pernas, na zona inferior se relacionam com o instinto sexual.

Escrita Plena

A diferença entre a escrita plena e a seca assemelha-se à oposição entre o calor e a frieza, a vida e a morte, sintonia e esquizotimia.

Sentido positivo - Força imaginativa, expressiva e sugestiva - poder de criar. Capacidade para resgatar os problemas e relacionar umas coisas com outras. Se o estilo for movimentado, com ritmo, estão presentes a exuberância de idéias, o talento oratório e descritivo. Capacidade para resolver problemas em pleno andamento, sem se deter nem deter os acontecimentos. Pensamento evolucionista. Muitos escritores e artistas possuem esse tipo de escrita.

Sentido negativo - Ritmo lento, monotonia - fraco entendimento, ofuscação espiritual, falta de crítica, imaginação sem controle - Exageros: a mente sai da órbita do real. Se os movimentos forem na zona superior, irrealidade: utopia, ilusão, engano.

Movimentos plenos nas pernas: plenitude vital, força instintiva, alegria, calor vital. Tendência aos gozos sensuais.

Movimentos plenos nas zonas iniciais, especialmente nas maiúsculas: inflação do sentimento auto estimativo, amor próprio sensível. Necessidade de aprovação e apego. Capacidade para se comover.

Escrita Seca

Os movimentos são sóbrios, contidos, estreitados, angulosos, regulares, ligeiramente desiguais, frequentemente são retorcidos e pontudos.

Sentido positivo - Esquisotimia. Capacidade teórica, academicismo no pensamento. Sagacidade e crítica. Seriedade, concisão, precaução, reserva. "Predomínio da força da razão sobre o sentimento" (Klages). Gosto pelas profissões de orientação solitária ou independente. Tristeza.

Sentido negativo - Falta de imaginação e de fantasia, aridez de pensamento. Laconismo, secura de consciência. Continente frio: reserva e cálculo. Desconfiança por falta de boa fé. Avareza, avidez, usura, intransigência e inflexibilidade. Coração de gelo.

Estética do grafismo
Escrita Harmônica (harmoniosa)

Segundo Vels, a impressão de harmonia, de beleza, de ritmo e de organização vêm da existência de uma relação suave e natural entre os diversos elementos da forma, dos espaços e movimentos. Isso depende do grau de cultura das pessoas, do sentimento estético e da sua capacidade de admirar o belo.

Esses aspectos são subjetivos, de difícil descrição e valorização, pois a harmonia tem um conceito abstrato, cuja apreciação depende do grau de sensibilidade, do sentido estético e da capacidade de ponderação de cada grafólogo.

A harmonia significa, basicamente, maturidade, formação cultural e intelectual equilibrada.

Escrita Inarmônica

Segundo Vels, dizemos que uma escrita é inarmônica se o conjunto do grafismo carece de beleza e de equilíbrio estético, por apresentar desproporções chocantes, exageros e distorções evidentes, com a distribuição defeituosa do espaço, entre linhas, palavras e letras.

A inarmonia indica vulgaridade, falta de equilíbrio entre a imaginação e a realidade. A emotividade perturba a mente por excesso de subjetivismo e não há proporção entre a auto-imagem e a realidade que cerca o indivíduo. Falta de sentido nas medidas e de capacidade para juízos ponderados.

É um sinal evidente de incapacidade para elevação do pensamento, as manifestações elevadas do espírito, e para o comportamento social, de acordo com os pressupostos da honestidade e das regras da educação.

A Ligação - Paralelismos psicológicos

A ligação nos esclarece como é a atitude externa habitual do indivíduo e se ela corresponde ou não às suas tendências impulsivas.

Os tipos de ligação foram estudados por Augusto Vels e por outros autores: Brach, Le Noble, Phophal, com as seguintes conclusões:

Ligação em Ângulo

Interpretação
É preciso compreender que a ligação em ângulo e a ligação em guirlanda mostram a oposição que existe entre a esquizotimia e a ciclotimia.

O ângulo (reflexo de uma tendência esquizotímica) é como o aço: quebra-se, se tentamos dobrá-lo. É uma força que se quebra, mas que não se dobra, não se adapta facilmente a uma "pressão" de fora, que seja contrária à sua natureza (forte individualidade). A guirlanda, ao contrário, é como uma borracha, estica-se, encolhe-se, dobra-se (segundo se atua sobre ela, ou sobre o indivíduo) sem perder sua forma habitual.

Sentido positivo – Dificuldade de se adaptar ao comum, pensar e sentir em geral, contato combativo com o meio ou ambiente que rodeia o sujeito, especialmente se a escrita é inclinada, rápida, ascendente e lançada.

Com escrita apertada, pouco inclinada e ligeiramente desigual, indica:
- Seriedade, concisão, atitude analítica;
- Energia de resistência e forte tenacidade (com tensão);
- Firmeza, retidão moral, legalidade. Sentido de honra (harmônica e clara);
- Sentido exigente do dever (a imaginação e o sentimento cedem espaço à razão objetiva, orgulho, forte auto-estima.

Sentido negativo – Todas as consequências de uma atitude fechada, oposicionista e intransigente (o indivíduo conhece o mundo, os feitos e as coisas tal como os vê em seu interior, não como se apresentam na realidade). Esse egocentrismo se traduz numa evidente inadaptação do indivíduo ao mundo que o rodeia.

Narcisismo, Isolamento

Tendência ao contrário, obstinação, espírito obstrucionista e demolidor (o sujeito sente prazer em combater e arrasar as ilusões e projetos dos demais, matar as alegrias e os entusiasmos dos que o rodeiam).

Escrúpulo exagerado ante considerações éticas de pouca monta (consciência estreita e secura de sentimentos).

- Incapacidade para sentir a dor e a desgraça alheia (escrita seca);
- Ciúmes, desconfiança, tendência para interpretar mal;
- Susceptibilidade muito viva e ressentida que produz facilmente rancor e pensamentos vingativos;
- Tendências para recriminar;
- Tem grande importância o grau agudo dos ângulos e a mescla com outros sinais, especialmente com a inclinação, a tensão, a dimensão e a continuidade.

Uma escrita de ligação angulosa, inclinada, lançada, tensa, pontuda e desproporcional não é como uma escrita angulosa, ligeiramente desigual, vertical, pontuda, clara, espaçada, contida e apertada.

No primeiro caso, o indivíduo sente necessidade da presença de outros para combatê-los, para impor-lhes sua própria vontade, seus próprios desejos (militares, por exemplo).

No segundo caso, o indivíduo não precisa tanto da presença de outros, pode descarregar sua agressividade em seu meio mais próximo (família), ou em si mesmo, e viver sob a pressão angustiosa do "escrúpulo".

Ligação em Guirlanda

Interpretação
Em sentido geral - Rápida adaptação ao meio ambiente (o indivíduo se move e vive entre os demais, maneja tudo, resolve as situações sem medo de errar, com naturalidade e confiança de que trabalha corretamente).

Essa atitude social, aberta e expansiva, é tanto mais revelada quanto mais dilatada for a guirlanda e quanto maior for a inclinação e a liberdade dos movimentos da esquerda para a direita.

A adaptação ao meio pode ser somente parcial, ou seja, composta de matizes (o indivíduo adapta-se bem somente aos ambientes e às pessoas que ele mesmo seleciona), quando a escrita for pequena, contida, pouco inclinada e pouco dilatada.

Essa adaptação, todavia, tem outro sentido, quando recorremos ao conhecimento interessante das funções psíquicas. O indivíduo adapta-se ao mundo sensorial e aventura-se nele sem escrúpulo nem temor (sensualismo, epicurismo), quando a grinalda é ampla, grande, carregada de pressão na base e com pernas largas e dilatadas (função senso-perceptiva predominante).

A adaptação se refere à vida espiritual, ao contato espiritual com pessoas e coisas, quando os movimentos se dilatam na zona superior do grafismo. É necessário procurar o tipo de atitude (introversão-extroversão) e o tipo de função psíquica preponderante (sentimento, intuição, sensação, pensamento) para dar ao sinal o seu correspondente significado.

Sentido positivo - Com escrita pequena e combinada, pensamento flexível e rápido. Encontra-se esse sinal, com frequência, na escrita de homens superiores (Teillard). Receptividade ou sensibilidade abertas a toda manifestação elevada do sentimento ou do pensamento.

Abnegação, espírito de sacrifício, gratidão e bondade (com outros sinais gráficos). Devoção respeitosa, veneração, capacidade para reconhecer o valor das obras alheias (Klages).

Sentido negativo - Com falta de tensão e de estabilidade: influenciabilidade, indecisão, vacilação, ductilidade excessiva. Incapacidade para independência. "Falta de iniciativa" (Klages).

Quando a escrita mostrar forte pressão na base da zona média, indica tendências materialistas egoístas, sensualidade, falta de pudor para as exigências da carne (adaptação a todos os vícios).

Moleza, pureza, covardia, licenciosidade moral, com escrita frouxa, descendente e inarmônica.

Para alguns caracterólogos, a guirlanda é uma característica prevalentemente feminina; em consequência, quando a ligação em guirlanda pertence a um homem, revela uma certa debilidade de caráter. Não obstante, se a guirlanda coincide com escrita firme, indica, na maioria dos casos, um indivíduo de tipo extrovertido e prático, capacitado para atividades realizadoras e pronto a se adaptar às circunstâncias e aos ambientes novos. A guirlanda ocorre frequentemente na escrita do artista, do psicólogo, do literato, do diplomata, e do pedagogo.

Ligação em Arco

O arco é exatamente a inversão do movimento em guirlanda, apresentando a abertura virada para baixo.

Interpretação

Sentido geral - Da mesma forma que a guirlanda indica uma atitude aberta e receptiva (adaptação fácil e espontânea às exigências do meio), o arco indica uma atitude fechada, ou oposta a toda a adaptação espontânea e natural. O contato com o meio se efetua com base em atitudes elaboradas pelo indivíduo, ou seja, reflexivas, calculadas e pela sua necessidade de aparentar e de demonstrar uma certa superioridade (Brach).

Segundo Klages, em sentido positivo, pode ser sinal de "maneiras escolhidas e modos distintos" e, em sentido negativo, de "falta de franqueza, falsidade, engano, desconfiança, etc".

Sentido positivo - Reserva e discrição acentuadas, prudência e reflexão nos contatos com o mundo.

O escritor sente a necessidade de se vigiar, de se comportar com distinção e cortesia, oculta as aparências com maneiras elegantes, trejeitos aristocráticos ou atitudes de orgulho ou distanciamento.

Essa atitude evidencia um desejo íntimo de ser admirado: também revela a tendência do escritor para se rodear de certo mistério ou certa auréola de cavalheirismo.

O arco se vê correntemente nos grafismos das mulheres da "alta roda" (escritas aristocráticas), revelando nesse caso uma sociabilidade bastante autoritária e, às vezes, protetora. A "pose" é cultivada pela "mulher do mundo" como um meio eficaz de ser admirada (oculta o "natural" com as aparências). Para chegar ao fundo da alma dessas pessoas, é necessário romper a "máscara", atrás da qual nem sempre se encontra uma disposição natural para abandonar a atitude "representativa", em proveito de uma convivência autenticamente sincera e amistosa.

Sentido negativo - Capacidade para fingir e dissimular com atitudes insinceras (falsidade, adulação servil, pretensões exageradas e ridículas). Dúvida dos demais, incredulidade, malícia.

Essa tendência para sufocar as atitudes espontâneas, escondendo ou dissimulando os sentimentos e inclinações naturais, pode causar qualquer tipo de neurose. Caráter complicado, frio e egoísta, se a escrita for vertical e complicada. E o arco tem sempre um sentido mais evidente se mesclado com o ângulo, com os traços filiformes, com as espirais e com os óvulos dos "a", "o", "g", etc., fechados por trás ou por baixo. Nesse caso mostra um caráter astuto, insincero e hipócrita, que leva o egoísmo do autor a qualquer extremo de comportamento.

a) Arco na Zona Superior - Imaginação e fantasia construtiva e criadora (talento inventivo). Negativamente, reflete a aptidão para assimilar e apresentar como próprias as idéias alheias (o indivíduo finge ter méritos e aparenta uma superioridade intelectual que não possui).

O arco na zona superior é observado frequentemente nos grafismos de escritores, artistas e literatos. Apresenta-se também em pessoas desejosas de notoriedade, acostumadas à homenagem, especialmente as mulheres. Mozart, Napoleão, Beethoven, Nietezche, Rainer Maria Rilke, Isabel de Rumânia, Goëthe, Miguel Angel, Goya, etc. têm, em sua escrita, essa forma de movimentos em arco na zona superior. (Vels)

b) Arcos na Zona Inicial e Superior - Fantasia para reconstruir as recordações e as cenas de tempos passados. Vaidade, narcisismo, orgulho, intenção ou desejo de se destacar, de se impor aos demais.

O arco, em geral, reflete também uma atitude vital introvertida e às vezes, a necessidade de isolamento. Isso justifica a interpretação de redução da capacidade de expressão oral que alguns autores dão à ligação em Arco.

Ligação em Laço

Forma de ligar as letras com laços ou anéis. Esse tipo de coligação ocorre nas hastes das letras "m" e "n" e nos óvulos ou aberturas das letras "a", "o", "g", etc. O laço, como arco, é um movimento regressivo.

Interpretação
Sentido positivo - Forma de contato amável e hábil com o fim de realizar os próprios desejos com o mínimo de esforço e sacrifício possível ("savoir-faire" feminino).

Atitude mimosa, conciliadora e diplomática (tato para dizer as coisas, fineza para afagar a vaidade alheia, para se fazer querer).

Esse grafismo é próprio de pessoas de infância mimada, habituadas a ter tudo sem sacrifício, nem esforço ativo.

Reflete também a discrição e reserva em razão das regressões, porém, um culto ao atrativo pessoal, às fórmulas de cortesia e ao agrado no trato.

Sentido negativo - Atitude interessada. Falsa galanteria, lisonjeio, astúcia para conquistar a atenção dos demais em próprio benefício. Coqueteria, sedução e atração perigosas, quando o grafismo for feminino (por trás da fachada não há mais que um egoísmo absorvente e amiúde, desonesto). Em geral, reflete a habilidade para tirar partido dos outros.

Ligação Filiforme

As letras e partes de letra são enlaçadas por um movimento impreciso que dissipa a forma das mesmas e que se parece a um fio que se desenrola. As letras "m" e "n", especialmente, são formadas por uma simples linha ondulada.

Interpretação

Sentido geral - Adaptação simulada ou problemática (M. Delamain). A. Teillard indica como causa geral o "desejo de simplificar", próprio das pessoas ativas: economia de tempo, de movimento, nos enfermos e economia de esforço, nas naturezas desleais e evasivas.

Sentido positivo – Adaptação hábil e diplomática (aceitação aparente dos gostos, critérios e desejos dos demais, mas cultivo da própria independência e liberdade de ação). Impressionabilidade. Emotividade. Talento político.

Sentido negativo – Astúcia, habilidade para esconder a própria imagem e para escapar das responsabilidades.

Falsidades. Hipocrisia, adulação. Atitude insinuante, maliciosa, imprecisa. Ausência de retidão, lealdade e honradez: mentira. "Mimetismo histérico". (Klages).

Possuem essa escrita aqueles indivíduos que deixam as coisas em suspenso para logo orientá-las para o lado que lhes convém.

Essa classe de ligação pode compor-se com o ângulo, a guirlanda, o arco e outras formas de ligar, resultando dessa variedade, em sentido positivo, as capacidades diversas do indivíduo, a cultura, o gênio, o talento para se desenvolver, a fineza e o tato combinados com a sensibilidade intelectual.

Essas combinações, em sentido negativo, indicam um caráter impreciso, variável, insincero, débil de vontade, caprichoso, falso, incapaz de tomar uma decisão firme e mantê-la, especialmente se ela requer vontade (ocorre em pessoas que têm sempre pretextos ou subterfúgios para escapar dos compromissos, das acusações, das responsabilidades e da palavra dada). Não se deve confiar, nesse caso, na lealdade, na moral dessas pessoas, porque tendem a enganar e fraudar, quando o grafismo é de pessoa com cultura nitidamente inferior.

Há que se levar em conta que a coligação filiforme pode ser somente circunstancial e por necessidade de se anotar rapidamente o que se pensa. (veja-se escrita filiforme em dimensão).

Ligação em Serpentina

Interpretação
Sentido positivo – Comportamento ondulante. Amabilidade, diplomacia, simpatia, cordialidade. Fantasia, bom humor, alegria graciosa. Necessidade de alívio. Quanto menos pressão tenham os traços, mais fielmente revelam a alegria, a comicidade e o bom humor.
Sentido negativo - Debilidade, frouxidão. Ausência de seriedade, "evasão", vale dizer, habilidade para dissimular a aparência, astúcia. Hipocrisia, insinceridade. Ausência de retidão. Tendência a mentir.

Ligação em Quadros

Interpretação
Revela, em sentido geral, convencionalismo, afetação nos modos. Simpatia e amabilidade distante. Artificialismo. Simulação e repressão do sentimento (insinceridade). (Ver escrita bizarra, para o sentido positivo). Desejo de agradar, produzir efeito, deslumbrar, fazer-se interessante (este grafismo é quase exclusivo na mulher). Submissão aos preceitos impostos pela educação e posição social.

Ligação Imprecisa ou Mista

Variedade na formação de enlaces, nos quais intervêm caprichosamente e sem ordem o arco, a guirlanda, o ângulo, o laço, etc.

Interpretação
As desarmonias na coligação têm suma importância precisamente por incidirem na zona de confluência dos contrários (veja-se Zona Média). O Dr. Portobello Duran dá um valor primário a essas irregularidades sob o ponto de vista neurológico. (Vels)

Eis aqui algumas variedades correntes:

a) Ligações em que se alternam ângulos com guirlandas - Refletem sempre alternativas nos modos e na conduta. Essas alternativas podem revelar atitudes reflexivas (pessoa firme em seu papel, mas de caráter adaptativo, por exemplo), ou as mudanças sem justificativa dos modos e da conduta (o indivíduo neurótico que ora adota uma atitude afetuosa ora fria, tem traços de dureza e de tolerância; assim como se torna brusco e oposicionista, torna-se amável).

Quando o ângulo se der preferentemente nas zonas finais e a guirlanda nas zonas iniciais, o caráter do indivíduo é natural, amável e conciliador, mas sua experiência ou profissão o obrigam a adotar atitudes firmes ou severas em seu papel social.

Negativamente, revela o chefe que se impõe no trabalho aos seus subordinados (ou o juiz que é inflexível em seus princípios de justiça) e que, na intimidade, é dócil e brando.

O caso inverso também é frequente. Existem indivíduos duros e inflexíveis, intransigentes, na intimidade familiar e em seus papéis sociais, são dóceis, adaptáveis e solícitos. Nesse caso os ângulos aparecem nas zonas iniciais e as guirlandas nas zonas finais.

Quando a escrita de coligação mista coincidir com sinais de desequilíbrio e desarmonia, teremos essas variações, bruscas e sem razão aparente, de afeto e frieza, de firmeza e debilidade, de adaptação e intransigência, do neurótico.

Nesse caso, se os sinais se repetem com certa intensidade, é difícil ao indivíduo conciliar seus contrastes; existe uma luta inflamada entre suas tendências inconscientes e as atitudes conscientes, produzindo-se assim o que se conhece em Psicanálise com o nome de "ambivalência" e "ambitendência".

Com escrita frouxa, desigual, instável na inclinação, sinuosa e descendente, reflete esse estado de invalidez psíquica, de dúvida, de indecisão, apreensão e angústia denominado psicastenia.

b) Ligação com mescla de arcos e guirlandas - A atitude aberta e espontânea se alterna com a necessidade de reserva ou com o sufocamento dos sentimentos íntimos em proveito das aparências ou de atitudes convencionais.

Essa mescla revela atitudes pouco sinceras e a expressão de moralidade duvidosa. Essa classe de coligação se vê em indivíduos que são capazes de mudar como os camaleões, e adotam as atitudes que estão mais de acordo com o seu interesse.

c) Ligação angulosa e filiforme – No melhor dos casos, revela a associação da firmeza com a diplomacia. O mais corrente é que reflete atitudes desarmônicas no comportamento e na postura (ressentimento fácil, ciúme e rancor, "inveja", etc). Em geral, pode mostrar uma grande rebeldia interna contra o ambiente, escondida sob as aparências de uma adaptação simulada.

A insinceridade e a falsidade moral podem ser deduzidas se o grafismo é pouco harmônico e regressivo.

d) Ligação caligráfica ou escolar – O escritor reproduz ou imita, sem variação, as formas de coligação ensinadas pela caligrafia

Para a interpretação desse traçado tipo, vejam se os significados dados, neste mesmo capítulo, à escrita caligráfica.

e) Ligação justaposta - Na escrita justaposta, Vels analisa a reação das pessoas que necessitam pensar, refletir para atuar, observar e ter segurança para escolher ou para se decidirem.

Todo corte, informa Vels, é uma detenção, uma parada, um silêncio, uma dúvida que se interpõe entre o "mim" e o "outro", o desejo e o ato a realizar, o impulso e a consciência que orientam a conduta. É uma inibição, um isolamento moral. Pode ocorer com frequência na falta de adaptação, sentido prático e no retardamento das decisões.

A variedade "ligação justaposta, com letras encostadas" indica um freio, uma necessidade de interrupção, de reserva por desconfiança (atitude defensiva ou medo) frente à força das necessidades ousadas, expansivas, que um indivíduo pode sentir e que será tanto mais forte quanto maior for a largura das letras. O traço é encontrado com maior frequência na adolescência.

Sub Aspecto: A Estética no grafismo

A impressão de beleza derivada do exame de um grafismo depende, quase totalmente, do grau de sentimento estético e da capacidade do grafólogo de apreciar o belo. Portanto, é muito difícil pretender precisar ou tornar concreta essa particularidade.

A percepção desse sub aspecto depende quase totalmente da intuição do analista (a beleza fala mais ao sentimento que à lógica).

Para evitar algumas confusões, procuraremos prescindir, aqui, das escritas-tipo detendo-nos somente na apreciação das formas segundo sua estética, segundo sua harmonia.

Na obra "Graphologic Pratique" de Raymond Trillat – um dos mais originais grafólogos de nossos dias, encontramos este belo "Complement d'observation genérale":

"A grafia – disse Trillat – é como uma partitura de música regida por três leves fundamentos: o ritmo, a melodia e a harmonia. Estes três aspectos correspondem, no grafismo, a três tendências diferentes, mas não obrigatoriamente proporcionadas".

O ritmo, já interpretado por Klages como verdadeira expressão da "intensidade de vida e da irradiação da personalidade", é a sucessão alternada do movimento da alma, ímpeto vital constantemente renovado. O ritmo é oposto à monotonia, à regularidade mecânica, ao cronômetro e à repetição graduada.

É reconhecido pela distribuição das massas gráficas sobre o espaço em branco da página, "vibração da pausa gráfica entre as silhuetas das palavras (Pulver), no equilíbrio, sem regularidade, de todos os aspectos gráficos, na "disciplina quase inconsciente, na submissão a um esforço evocador de uma cadência de marcha". (Trillat.)

"A melodia, poesia da grafia – segundo Trillat – é geradora de criação, tradutora de sensação, emoção, vibração. Aparece na forma e na personalidade das letras, na estética das maiúsculas, na forma de matizar os traços, forçando ou reproduzindo o talhe das palavras, mas as reações suscitadas são o patrimônio das naturezas receptivas".

Finalmente, a harmonia, já estudada por Crepieux-Jamin, que faz dela um indício de superioridade ou inferioridade geral, é, para Trillat, "resultante de um equilíbrio do espírito. Nada vem comprometer a noção desse equilíbrio: nem finais impulsivamente alongados, nem variações de direção, nem retoques perturbadores, nem ganchos de contrariedade, nem maiúsculas arrogantes ou atrofiadas. Emana do grafismo uma débil impressão de claridade tranquila e de lealdade imperturbável."

A estética pode ser reconhecida na estrutura e nos aspectos grafológicos da escrita, nos quais poderão ser observados indícios de apreciações positivas.

A proporção é natural. Não há movimentos exagerados, deformados pela vontade, ou sensibilidade exagerada pela excitabilidade fora de controle, ou mesmo sob controle evidente. A regularidade é natural, o equilíbrio dos traços é notável, permitindo ou facilitando a constância da altura das letras no corpo médio da escrita.

O ritmo, espaçamento das letras dentro das palavras, e o compasso, observados na ocupação regular dos espaços entre as palavras, entre as linhas e nas margens naturais, revelam naturalidade. Não indicam agitação ou preocupação para o controle não sincero das informações geradas pela onda gráfica.

Para facilitar essas observações, o grafólogo deverá colocar-se em uma posição afastada da amostra, observando com vagar a página inteira, girando-a vagarosamente para um lado e para outro, permitindo aos seus olhos a observação do movimento da massa escrita sem a preocupação de identificar detalhes.

Sugestão de roteiro para o estudo da Forma

Lembre-se do primeiro estudo feito sobre o Nível de Forma. Releia as suas conclusões.

1- Qual é a sua impressão, geral, na primeira observação? A escrita mostra preocupação com a forma ou com o movimento? (caligráfica, letra de forma, clareza muito evidente, enfeites e embelezamentos?).

2 - A escrita é o resultado da preocupação do escritor com a aparência, ou mostra espontaneidade, deixando que ocorram pequenas diferenças naturais, há retoques?

3 - Há predominância de formas arredondadas? Como é a forma das letras "m" e "n"? As letras "a" e "o" são redondas ou arredondadas?

4 - Como é a base das letras: curva, angulosa? Ou mista?

5 - As letras são reconhecidas porque seu traço é completo, ou faltam algumas minúcias, as curvaturas foram eliminadas para que fiquem pouco reconhecíveis?
Ou o seu traço é pleno, com todas as curvaturas bem feitas?

6 - Há traços inúteis, como se fossem resultados de gesticulação excessiva?

7 - As volutas são abertas, cheias, ou são bloqueadas?

8 - Há exageros, volteios que chamam a atenção de maneira especial? Em qual zona gráfica?

Grafonomia - Com as respostas acima, procure dar nomes aos sinais gráficos, consultando sempre o livro texto ou o Dicionário de Grafologia e Termos Psicológicos afins, de Augusto Vels.

Grafotécnica - Procure o paralelismo psicológico, selecione os conceitos pertinentes, faça a sua redação.

Conclusões a que se pode chegar: adaptação do autor a situações variadas, sinceridade consigo mesmo, capacidade para se revelar com autenticidade, nível de cultura, hábito de leitura.

Orientação para o estudo

ASPECTO (GRUPO GENÉRICO)	SUB-GRUPO	TIPOS		
		BÁSICO	VARIAÇÕES	OPOSTO
R A P I D E Z	VELOCIDADE	Rápido	Pausado	Lento
		Precipitado		Constrangido (Contido)
		Acelerado	Desigual	Retardado

Abril / 2001

ASPECTO: RAPIDEZ*

A rapidez, observada na grafia, indica a velocidade do autor para responder aos estímulos recebidos, ou seja, o pequeno intervalo de tempo no qual ele executa suas tarefas. Significa vivacidade, agilidade mental e capacidade de reagir, no momento adequado, frente a estímulos de qualquer natureza e intensidade.

A lentidão, representada por movimentos comedidos, controlados, mostra como o autor se contém antes de atender aos estímulos que recebe, por causas as mais variadas, que produzem:

- formas curvas;
- enfeites que revelariam: censura consciente, frente a situações que a pessoa deseja estudar e aclarar antes de se comprometer, e até sua incapacidade de entender o que está ocorrendo, por isso se defende, não reagindo.

A rapidez da resposta aos estímulos independe da qualidade da execução das atividades.

A rapidez é percebida e avaliada pela ausência dos sinais de lentidão, que são:

- formas curvas;
- enfeites;
- estereotipia - letras de imprensa (forma);
- grandes dimensões;
- retoques frequentes.

A velocidade é indicativa da quantidade da atividade, com a aplicação de:

- inteligência;
- temperamento;
- imaginação.

Características a serem observadas:

- arredondamento dos traços, frequência de traços curvos;

* Ver Glossário, página 327.

- existência de adornos ou artificialidades;
- traços que resultem de preocupação com a aparência;
- dimensões exageradas;
- traços pastosos, pesados, muito cheios de tinta, espasmódicos;
- vacilações, inibição e retoques;
- barras horizontais longas;
- inclinação invertida;
- acentos gráficos e pingos dos "ii" enfeitados;
- letras constantemente verticais.

Para a medida da velocidade, existem os testes específicos que são objeto de estudos à parte, mas que estão intimamente ligados à Grafologia:
- do Prof. Escala Milá - "palografia";
- do Prof. Malespine - teste de "grafia".

São as seguintes as modalidades a serem apreciadas, com o apoio das definições de A. Vels:

- velocidade:

lenta;	pausada;	rápida;
	retardada;	acelerada;
	contida;	precipitada.

A rapidez é o aspecto em que se estuda, na expressão gráfica, a vivacidade da Energia Psíquica.

A rapidez da escrita revela o tempo habitual da reação, vale dizer, da celeridade com que são resolvidas as tarefas (sejam elas intelectuais, ou manuais, ou de ambas as naturezas).

O modo como o escritor executa o esforço gráfico é sempre sintomático. Vemos em alguns indivíduos a tendência para dispersar todas as direções do esforço; em outros, uma penetração prudente, ordenada, minuciosa. Em alguns, o movimento é abandonado preguiçosamente; outros vacilam, inibem-se ou tropeçam, a cada passo, em supostos obstáculos que não sabem como transpor. Uns expressam sua personalidade com movimentos vivos, marcantes, secos; outros imprimem neles a graça e a soltura simples ou a marca de uma grande confiança no efeito que produzem. Cada um avança, a seu modo, sobre o espaço

---

Fonte: "La selección de personal y el problema humano en las empresas" Augusto Vels. Barcelona: Editorial Herder, 4a. ed. 1982

gráfico, imprimindo, em cada movimento, o selo particular de seu caráter, de suas tendências e impulsos.

Em todos os casos em que não predomina uma escrita artificial (destinada a esconder a expressão direta da pessoa), o grafólogo – diz Pulver – pode identificar, diretamente no grafismo, a espontaneidade e a atividade do escritor.

Segundo o grau de viscosidade ou de fluidez, de inibição motriz ou de liberalidade do impulso, o movimento gráfico pode ser:

• Lento;
• Retardado;
• Pausado ou dominado;
• Acelerado;
• Rápido;
• Lançado;
• Precipitado;
• Constrangido, ou
• Desigual.

Módulo - Em testes para a medida da velocidade, realizados com operários (não intelectuais), o módulo oscila entre 100 e 120 letras por minuto.

Nos estudantes universitários e trabalhadores intelectuais, o módulo oscila, no indivíduo normal, entre 150 e 200 letras por minuto. Estes resultados coincidem com os obtidos na França pelos doutores Malespine e Boutecoup (Vels).

Rápido

O impulso gráfico é rápido quando os movimentos são:
• Curvilíneos, simples, espontâneos e simplificados;
• Quando as letras se ligam às outras com enlaces originais (escritura combinada);
• Quando os pontos, barras dos "tt", acentos, etc., se deslocam para a direita e se apresentam após a letra correspondente ou se ligam anormalmente à letra seguinte;
• Quando os movimentos se inclinam e se dirigem para a direita (escrita inclinada, ascendente e progressiva);
• Quando as terminações dos traços são em ponta ou pontiagudas (escrita em ponta – acerada);
• Quando o corpo da escrita (zona média) não é muito grande (abaixo de 3 mm), e as letras decrescem no final das palavras.

Pausado

O impulso gráfico é pausado ou dominado quando apresenta:
- Algumas dimensões médias;
- As letras completas e bem formadas;
- Os pontos, acentos, barras dos "tt", etc., estão em seu lugar correto;
- Quando as barras dos "tt" são curtas e normalmente fixadas nas hastes;
- Quando o traço é isócrono (não apresenta grandes desigualdades nem de esforço nem de tempo – Streletski).

Lento

O impulso gráfico é lento quando os movimentos são:
- Muito redondos, angulosos e regulares;
- Monótonos ou estereotipados;
- Muito ornados ou artificiais;
- Rigorosamente caligráficos ou caligrafados;
- Muito grandes ou exagerados;
- Pesados, pastosos, frouxos ou espasmódicos (pressão);
- Inibidos (retoques, fragmentos, interrupções muito frequentes, interrupções, repasse, reparos);
- Vacilantes, inutilmente barrados ou pontuados, tremidos, ondulantes, torcidos;
- Regressivos ou desligados , e quando os pontos, acentos, barras de "tt", etc, estão colocados antes da letra correspondente (Streletski).

Precipitado

O impulso gráfico é precipitado quando os movimentos:
- Apresentam traçado pequeno e lançado;
- Apresentam numerosas irregularidades de movimentos e de esforço;

E, finalmente, quando a leitura do grafismo se complica pela dificuldade de se reconhecerem as letras.

A precipitação pode ser acidental ou apenas indicar a necessidade de anotações muito rápidas.

Nesse caso, deve ser vista como escrita "ACELERADA", em sentido positivo, sempre que apresentar uma certa harmonia de espaço, forma e movimentos.

Constrangido

O constrangimento ou escrita constrangida se caracteriza por um avanço dificultado ou não natural dos movimentos gráficos, motivado por alguma das causas seguintes:
- Imobilidade gráfica;
- Cuidado excessivo no desenho das letras;
- Desejo de esconder ou dissimular certos pormenores ou traços da personalidade;
- Causas externas (frio intenso, calor excessivo, mudança de altura, etc);
- Presença de terceiro que corta ou inibe a capacidade expressiva do indivíduo (timidez, emotividade);
- Causas de ordem mecânica: tinta, caneta ou papel inadequados, posição, etc.

O emprego de tinta ruim, caneta com pena defeituosa, ou posição incômoda ou inadequada ao escrever podem produzir o RETARDAMENTO dos movimentos gráficos.

Acelerado

O impulso gráfico é acelerado quando os movimentos, habitualmente pausados ou lentos, têm, parcial ou totalmente, na mesma escrita, a imagem de maior rapidez. Com letra minúscula apresentam todos os sinais da rapidez.

São filiformes ou inacabados;
- Apresentam traçado pequeno e lançado;
- Apresentam numerosas irregularidades de movimentos e de esforço;

E, finalmente, quando a leitura do grafismo se complica pela dificuldade de se reconhecerem as letras.

A precipitação pode ser acidental ou apenas indicar a necessidade de anotações muito rápidas.

Nesse caso, deve ser vista como escrita "ACELERADA", em sentido positivo, sempre e quando apresentar uma certa harmonia de espaço, forma e movimentos.

Retardado

O impulso gráfico é retardado quando aparecem na escrita:
- O cuidado excessivo com a forma, a ordem e os detalhes;

- Os retoques, correções ou adições;
- Os ornamentos ou desenhos de certas letras;
- Os traços fusiformes, reinflados ou maciços;
- As interrupções frequentes do movimento;
- Os empastamentos (pastosidade);
- As regressões anormais ;
- Os sinais de inibição e de espasmo (estreitamento, encolhimento, interrupção, tremores, ondulações, vacilações, contorções, truncados, pontos desnecessários, etc.).

Desigual

O impulso gráfico é desigual quando o grafismo apresenta, em locais alternados, as indicações de rapidez e lentidão, ou diversas informações de variação nos traços das letras, dentro da mesma palavra ou em linhas diferentes.

Devem ser observadas com cuidado: as distâncias das letras dentro das palavras, alturas diferentes das letras, afastamento horizontal entre palavras, a variação no cuidado aparente do traço das letras, deformações em diversos pontos etc., e se há posições alternadas em que esses fenômenos ocorrem.

Aspecto: RAPIDEZ - paralelismo psicológico
Indicador da vivacidade das reações e da prontidão da ação e da inteligência.
Aptidão para resolver os problemas.

Característica do Sinal	Avaliação da Característica
1 - Rápida Pausada Lenta	Vivacidade nas reações. Intensidade do controle consciente.
2 - Constrangida Precipitada	Autocontrole na ação, nas manifestações e na exibição pessoal.
3 - Acelerada Retardada	Capacidade de aceleração do ritmo de trabalho.

Fonte: Vels, A. " La selección de personal y el problema humano en las empresas". Barcelona, Editorial Herder. 4a. ed. 1982

Rapidez - Paralelismo Psicológico

Escrita Rápida

Interpretação

A rapidez, unida a uma boa distribuição de texto e de espaços, reflete uma inteligência ativa na qual se sucedem rapidamente as ideias (fecundidade mental) e iniciativas.

Essa vivacidade e agilidade mental produz no indivíduo a prontidão de conceito e de réplica, a facilidade para apresentar claramente os problemas, dominá-los e encontrar-lhes prontas soluções.

A escrita rápida, no grafismo de nível superior, reflete sem dúvida, cultura e superioridade intelectual, como a escrita lenta reflete a inferioridade, com um nível gráfico baixo.

A escrita rápida e firme é sempre um sinal de atividade, entendendo-se por "atividade" o reforço da ação cada vez que surge um obstáculo (a tendência para o desânimo ante os obstáculos constitui a inatividade).

A rapidez com precisão positiva (tensão, profundidade, nitidez e relevo nos traços) é o sinal mais claro de dinamismo, potência e capacidade pessoal, até para o ataque a qualquer problema, para criar ou produzir em qualquer sentido, dirigir ou eliminar obstáculos ou oposições: força persuasiva e de ataque.

Na apreciação dos sinais de rapidez é necessário distinguir entre a "velocidade suave" e a "rapidez dura". O impulso gráfico que leva a uma velocidade suave desliza agilmente sobre o papel, "corre sem destruir, causar dano, sem tocar, ou apenas, roçando-o ligeiramente.

A rapidez dura causa estragos, deforma as letras, as torna ininteligíveis, as suprime, derrubando tudo quando passa" (Marchesan).

Essa distinção permite diferenciar a fluidez e vivacidade de pensamento e de ação do indivíduo ágil, flexível e desenvolto, do impulso agressivo e combativo do homem de ação, acostumado a derrubar todos os obstáculos que encontra em seu caminho.

Sentido negativo – Com sinais de desproporção e desordem, a escrita rápida traduz a agitação, o desconcerto, a atividade excitada e impulsiva, impaciência, inquietude e instabilidade.

Pode revelar também um pensamento sugestionável, fantasia exagerada, propensão à angústia, ao desequilíbrio e à neurose.

Com traços longos e pontudos (barras dos "tt" por exemplo) traduz a irritabilidade por impaciência, as mudanças bruscas de projetos e de ideias, tendência a interromper os demais quando falam.

Sobre rapidez, veja, também, escritas Lançada, Dinamogênica, no capítulo sobre Dimensão.

Com um ambiente gráfico muito inarmônico, pode refletir todos inconvenientes da impulsividade em um ser mal dotado de valores éticos: a tendência de iniciar empresas loucas, negócios perigosos, ações temerárias.

Escrita Pausada

A escrita pausada reflete uma inteligência de ritmo mediano, observadora e reflexiva, que não se limita a recolher dados e a classificá-los, mas sente certa necessidade de intervir nas coisas ou nos feitos para adaptá-los às suas necessidades reais ou às dos demais.

Não se pode falar, no caso da escrita pausada, de uma grande inventiva e originalidade de pensamento, mas sim de certa imaginação realista, da capacidade para levar a cabo tarefas de certa profundidade, inclusive de dar novas interpretações do conhecimento e soluções de muitos problemas.

As pessoas que têm um tempo de reação mediano ou pausado podem ter boa memória e um juízo são e sensato, que não causa nem a precipitação do impulsivo, nem o peso e convencionalismo rotineiros das que têm ritmo lento.

Os indivíduos de ritmo pausado têm bastante presença de espírito e, ainda que mais impressionáveis e emotivos que os lentos, não reagem com grande inquietação e sobressalto ante o imprevisto, não se angustiam nem se emudecem. Na sua atividade e nas tarefas, movem-se com certa sobriedade e precisão, sem se agitar, adaptando seus movimentos aos objetos que manejam, sem se dar totalmente, como o indivíduo lento, ao automatismo.

Sentimentos constantes, buscando sempre uma certa coesão entre os interesses materiais e afetivas.

Sentido positivo - A inteligência não se limita a recolher dados, como ocorre nos indivíduos com escrita lenta, também intervem para julgar, modificar, aperfeiçoar e adaptar as próprias necessidades às dos demais. Dispõe de boa memória e de boa associação de ideias. O juízo é ponderado e sensato, oferecendo opiniões prudentes e discretas sobre o que o rodeia. A nota chave do pensamento é a ponderação prática, útil e veraz das coisas.

Sentido negativo - Inteligência mediana com escassa capacidade de variar de tarefa ou de tema.

Acomodação rotineira às ideias reinantes no ambiente (mente propensa a preconceitos). Incapacidade para acelerar o ritmo normal de trabalho (rendimento mediano).

Com escrita frouxa ou branda (falta de tensão) indica: vontade débil, indecisa e preguiçosa (despreocupação, falta de incentivo para melhorar). Debilidade para a luta. A timidez e a apreensão podem limitar ainda mais uma escassa iniciativa do autor e aumentar-lhe a passividade. Adapta-se às situações por tendência à passividade e ao desalento, por falta de recursos imaginativos e de vontade, frente aos obstáculos e às dificuldades.

A pessoa não tem a força necessária para a luta com ação inovadora, ou para se animar e se dispor ao mando. Dificuldade de adaptação e incapacidade para lutar. Adapta-se às situações por tendência à passividade, ao desalento, por falta de recursos imaginativos e de vontade, frente aos obstáculos.

Escrita Lenta

Interpretação

Sentido positivo - Atividade mental tranquila, reflexiva e prudente. Observação atenta. Memória perceptiva. Nas tarefas mentais, o indivíduo identifica, analisa, classifica e relaciona as coisas segundo sua forma mais concreta e física, sem transformar nem modificar nada. Só interpreta os acontecimentos e as atitudes tal como os percebe diretamente na realidade; seus juízos são sempre "cópia" do que vivem seus sentidos (sentido da medida, ideias positivas).

O raciocínio se fundamenta essencialmente no sentimento instintivo do relativo e do possível. Pode se censurar a limitação intelectual, o convencionalismo, empirismo ou a rotina do indivíduo de escrita lenta, mas não sua paixão ou sua falta de senso comum.

Emotividade débil e essencialmente instintiva. Natureza serena, passiva, contemplativa, pouco pessoal (não se sobressalta nem se inquieta ante o imprevisto) e pouco angustiável. Tendência natural ao repouso. Temperamento linfático.

Sentido negativo - Retardo mental (lentidão, torpor e peso nas ideias, na compreensão das coisas e na ação). Oligofrênicos em geral.

Falta de coragem e de ânimo na luta pela vida. Tendência natural à preguiça, ao abandono físico e moral, por debilidade na vontade (escrita branda, frouxa, descendente) ou por oposição e resistência ao esforço. Incultura e inabilidade gráfica, com escrita Inorganizada. A lentidão gráfica pode ter origem patológica quando a escrita é desorganizada).

Se a rapidez aumenta, só na colocação dos pontos e sinais gráficos e barras dos "tt", deve -se supor uma certa vivacidade de ideias, o que não impede a forma de atuar reflexiva e correta, ainda que o ritmo do pensamento seja superior ao das pernas...

Segundo Vels, o traçado anguloso e de rapidez desigual traduz frequentemente o "esquizotímico" de Kretschmer.

A escrita precipitada

Sentido positivo - Pode ser acidental ou indicar só a necessidade de anotar algo rapidamente. A precipitação, nesse caso, deve ser interpretada como escrita Acelerada em sentido positivo, sempre e quando reflete uma certa harmonia de espaço, forma e movimento.

Sentido negativo – A excessiva rapidez é um sinal de irreflexão, de efervescência imaginativa e de falta de domínio na ação, no pensamento e nas expressões.

A escrita habitualmente precipitada reflete os transportes passionais, a tendência à cólera e à irritabilidade (impaciência, atividade exaltada do pensamento e dos desejos), à instabilidade, portanto, à incapacidade de levar a término a maior parte das tarefas iniciadas.

Inconstância, inquietude, agitação. Propensão à angústia e a diversos estados de desequilíbrio nervoso. Caráter inseguro, incerto, vacilante, propenso à dúvida e às mudanças repentinas de direção. Pode refletir uma constituição emotividade (espasmofilia) e variações imprevistas de ânimo.

Aqui, como nos demais casos, interpreta-se o sinal em função do conjunto e não como valor isolado.

A escrita constrangida

Interpretação

Sentido geral - O constrangimento ou dificuldade de expressão motriz revela, quase sempre, conflito entre a intenção consciente e determinada força interior (inconsciente) ou exterior que perturba o livre curso das ideias. Essa deformação, imposta pelos atos ou pelas pessoas, provoca uma redução habitual ou ocasional da espontaneidade (Streletski) e sociabilidade.

De tal dificuldade ou repressão pode-se deduzir amiúde a dificuldade do indivíduo para elaborar ideias amplas, perceber grandes conjuntos e atender várias coisas de uma vez.

Nem sempre, porém, significa uma diminuição exagerada do campo da consciência. Pode indicar também reserva sistemática, insinceridade e falsidade, a tendência a dissimular certas ações ou a ocultar traços pessoais de moral duvidosa.

Marchesan afirma que a origem da escrita constrangida, pode também ser: "a coação, desfiguração das coisas, fantasia escassamente produtiva, fáceis esgotamentos nervosos, sentimento curto e doloroso, sentimentos de inferioridade e pouco desfrute da vida".

A escrita acelerada

Interpretação

Sentido positivo - Reflete a capacidade para acelerar o ritmo habitual de trabalho (mental ou manual). Esse aumento de produtividade implica num perfeito domínio do que o indivíduo realiza, portanto, não prejudica, nesse caso, a qualidade das tarefas realizadas. Essa capacidade de aceleração pode ter sido adquirida com treinamento e disciplina. Nesse caso, refletirá também a vontade persistente e o desejo de aperfeiçoamento.

Sentido negativo - Quando a aceleração do "tempo de reação" produz a desordem, a agitação e a perda de domínio das reações motoras, nós estamos, sem dúvida, frente a um indivíduo hiperemotivo muito inibido ou frente a um viscoso mental. Os indivíduos muito emotivos e os viscosos mentais, ao querer acelerar seu "tempo habitual de reação", em vez de aumentar, diminuem, às vezes, a quantidade e qualidade de seu rendimento.

Escrita contida (retardada)

Interpretação

Sentido positivo - Quando o retardo é produzido por um esforço da atenção e da vontade (aplicação), produz a escrita excessivamente cuidada, e é como um sinal de escrúpulos minuciosos, de exagerada prudência e "formalidade" (a pessoa coloca seu ponto de honra na ordem e no método). Reflete uma inteligência pouco adaptada e pouco espontânea, desconfiada e amiúde, rígida. Se o retardo ocorre por excesso de atenção às formas gráficas, e a ordem é habitual ao indivíduo, pode indicar tendências esquizóides, produto, muitas vezes, de um inconsciente sumamente vacilante e de um superego muito exigente. Desejo de aperfeiçoamento, de clareza e de precisão (se o retardo é devido à correção de letras ou sinais mal formados, retoques). Inibição nos estados de nervosismo, de excitação ou de temor nas pessoas muito emotivas ou angustiadas.

Sentido negativo - Vacilação e insegurança no indivíduo emotivo. Dissímulo, disfarce nas tendências (insinceridade). Tolice, afetação, futilidade (se o retardo se deve ao entretenimento na ornamentação das letras).

O retardo pode ter também causas alheias ao próprio autor: o emprego de uma caneta defeituosa ou de tinta ruim, a posição incômoda ao escrever, a ameaça de algum perigo ou simplesmente o frio ou fadiga física.

Os estados de abatimento moral, os períodos de melancolia, a perda da memória, a astenia e diversos estados de intoxicação (alcoolismo, morfinomania, etc.) produzem também retardo, enfeites e desvios excessivos.

Roteiro para o Estudo do Aspecto Rapidez

1 - Leia, com calma, as conclusões dos roteiros anteriores.

2 - Procure, no aspecto Forma, como você definiu a grafia, e veja se há prevalência de formas redondas, de floreios, de traços que não pertencem à estrutura escolar das letras, excesso de preocupação com a forma, caligrafia forçada, etc.;

3 - Veja, no aspecto Pressão, se você identificou grafia comprometida por excesso de pressão: na espessura ou na forma (maças, profundidade excessiva, sinais fusiformes, pontas agudas (aceradas), etc.);

4 - Estude o aspecto Inclinação - A escrita é inclinada ou invertida?

5 - Verifique quais são os sinais predominantes. Decida sobre a natureza dos que são frequentes;

6 - Verifique a posição predominante dos sinais acessórios: pingos dos "ii", acentos das letras, barras dos "tt";

7 - Elabore a grafonomia, dando nome aos sinais identificados;

8 - Elabore a grafotecnia, escolhendo os paralelismos psicológicos dos sinais grafonômicos, e compare-os com as decisões que você tomou em relação aos aspectos já estudados.
Em casos de discordância, reveja as decisões referentes aos desvios encontrados!

9 - Leia e releia, com cuidado, a sua redação, com as conclusões até esse ponto!

Resumo orientação para o estudo

ASPECTOS	SUB-ASPECTOS	TIPOS		
		BÁSICO	VARIAÇÕES	OPOSTO
D I R E Ç Ã O	LINHA BASE (LINHA DA CENSURA)	Natural	Embricada (ou escada) ascendente Embricada (ou escada) descendente	Rígida
		Retilínea		Côncava Convexa Sinuosa Serpentina
		Horizontal	Incoerente	Ascendente Descendente
	ZONAS FINAIS E INICIAIS	Prolongamento de finais e iniciais	Curvamento no final da linha	Encurtamento na última palavra
	ORIENTAÇÃO	Progressiva	Mista	Regressiva
	AB-REAÇÃO	Aberta	(Posição da abertura/cissura) Rejuntada (ou anilhada)	Fechada

ASPECTO: DIREÇÃO

A Direção é reconhecida no aspecto e forma da linha que passa pela base de todas as palavras de uma linha, observada quanto à horizontalidade e quanto à naturalidade.

Reflete as flutuações do ânimo, humor e da vontade.

Põe em relevo

- maturidade
- estabilidade emocional
- constância do caráter
- estabilidade das convicções, gosto e conduta

Características a serem observadas

- o repouso das letras de cada palavra sobre a mesma linha
- o repouso das palavras sobre a mesma linha
- o formato da linha de apoio
- a orientação da linha em comparação com o horizonte

Revelam

- aptidão para iniciativas
- o nível de apego às realidades cotidianas

Tipos	Orientação	Aspecto
retilínea	horizontal	rígido
sinuosa	ascendente	natural
serpentina	descendente	
embricada	mista	
côncava		
convexa		

Orientação da grafia

- progressiva
- regressiva
- mista

Fazem parte ainda desse aspecto: a forma com que são grafados os óvulos, a direção dos gestos que completam as formas redondas- chamados de abreação - que 'abrem' ou 'fecham' as letras "a" "o" e as partes redondas das letras "b" ,"d" e "g".

A maneira de escrever de uma pessoa revela como ela se contém em seu mundo interior, ou se abre para reconhecer a existência de pessoas e coisas além de sua realidade interna.

Esse fato se manifesta nas direções dos movimentos feitos pela ponta impressora, em cada letra, que deixa impressas informações que devem ser interpretadas adequadamente pelo grafólogo, ao observar a frequência e a extensão dos traços que conformam as letras.

Assim, uma letra "D" maiúscula, traçada com "bolsas" à direita ou à esquerda, dará indicações direcionais semelhantes às contidas na posição das barras dos "tt" minúsculas, nas aberturas dos arcos da letra "m" minúscula, e na escolha do lado em que fica a laçada da letra "l" minúscula, em relação ao movimento de descida da pena impressora.

Podem-se observar outros exemplos, nas letras que têm uma laçada inferior, ou perna. O traço de subida (perfil), das letras "f ", "g", "j", "q" percorre a direção à direita para formar esse laço que vai até a letra seguinte. Há, na escrita regressiva, a formação de uma figura aberta à esquerda, em que as laçadas não se completam, ficando uma letra desligada da seguinte.

A letra terá traçado "progressivo" quando esses sinais estiverem com maior frequência do lado direito do eixo da letra, e não mostrarem movimentos de retorno, a menos que eles sejam da estrutura normal da letra. No caso das letras "g" e "j", as laçadas inferiores podem ficar abertas, lembrando a forma de um "v" abaixo da linha base, mas se ligam à letra seguinte.

O caso contrário mostrará um sentido "regressivo". A frequência e a repetição de tais sinais indicarão a maior ou menor tendência para se prevenir, ou assumir atitude de reserva ou desconfiança.

O autor terá preferência pelo tradicional, procurando razões e justificativas para não alterar o que esteja acostumado a seguir ou aceitar.

Na escrita progressiva, não ocorrem os laços e nós, os traços têm o sentido de avanço em direção ao futuro e ao "outro", em oposição aos traços de orientação regressiva. Os progressivos indicam a capacidade de adaptação, sociabilidade e iniciativa, espontaneidade. Na zona superior, o progressivo indica o dinamismo da agilidade mental, que se completa com a capacidade para verbalizar seus pensamentos, desejos e objetivos.

As escritas progressivas são as que mostram francos movimentos para a direita, nos finais de palavras e letras, sinais gráficos, etc. As escritas regressivas apresentam sinais virados para a esquerda, quando eles deveriam estar normalmente voltados para a direita.

Escritas-tipo segundo a Direção - Quanto à direção das linhas, podem ocorrer as seguintes escritas-tipo: retilínea, ascendente, descendente, ondulada, sinuosa, de linhas curvas, inclinada em forma ascendente, inclinada em forma descendente, linhas côncavas, linhas convexas, linhas dobradas e de direção desigual.

Módulo - A escrita reta e horizontal, sem rigidez

Escrita-tipo Reta - As linhas, em geral, horizontais seguem uma trajetória reta.

Uma escrita pode ser reta e ascendente, em alguns casos pela má posição do papel. Pode também ser reta e descendente. Finalmente, pode apresentar uma reta moderada ou ser exagerada ou rígida.

Linhas Horizontais e Rígidas - Rigor e rigidez nas ideias, nos princípios morais e na conduta. O indivíduo não assimila harmonicamente seu mundo circundante nem deixa libertas as manifestações espontâneas do seu inconsciente (o Ego é muito severo). Vigilância da própria culpabilidade e da dos demais. (Bousquets, apud Vels).

Escrita Ascendente - Direção ascendente das linhas em seu percurso da esquerda para a direita. Deve incluir-se aqui a direção ascendente das letras da assinatura, os movimentos ascendentes da rubrica, os finais, hífens ou traços horizontais, barras dos "tt" ascendentes e a abertura dos óvulos voltada para cima.

Escrita-tipo Descendente - As linhas seguem uma direção descendente no seu percurso da esquerda para a direita. Podem incluir-se aqui a direção descendente (anormalmente descendente) dos finais, das barras dos "tt", dos pontos, dos hífens, das letras e movimentos da assinatura e da rubrica. Quando o grafismo for tenso e retilíneo deve-se suspeitar de má posição do papel.

Embricamento - A base da última letra, ou das últimas letras de uma palavra está acima (ascendente) ou abaixo (descendente) da base da primeira letra da palavra seguinte.

Descida Esporádica - Quando a escrita for harmônica e descendente acidentalmente, reflete um estado de depressão nervosa transitória (fadiga ou aflição momentânea - Desencorajamento ou desilusões passageiras, etc.).

Escrita-tipo Serpentina - As linhas – e não as palavras, como no caso da escrita sinuosa – apresentam ondulações mais ou menos intensas e acentuadas na sua direção. Pode-se associar esse sinal com os traços ondulantes, ou serpentinas e com os traços filiformes.

Escrita-tipo Sinuosa - As letras, nas palavras, não estão sobre a mesma linha base das demais palavras, de tal forma que nenhuma delas descansa sobre uma única base (irregularidade do assentamento das letras sobre a linha: esse sinal pode ser comparado com a irregularidade na colocação de pontos, acentos, barras dos "tt", etc.):

a) Palavras inclinadas ou escalonadas em forma ascendente: as letras finais das palavras sobem, formando uma escada sem que a linha suba;
b) Palavras inclinadas em forma descendente: os finais das palavras abaixam sem que a linha seja descendente;
c) Linhas côncavas: as linhas formam uma figura semelhante a uma concha ou arco aberto para cima;
d) Linhas convexas: as linhas sobem primeiro e descem a partir da metade da página;
e) Prolongamento anormal das linhas. As letras das últimas palavras se estreitam e viram-se para baixo no final de cada linha;
f) Encurtamento das linhas: linhas quebradas, interrompidas no seu avanço muito antes de alcançar a margem direita.

Escrita de Direção Incoerente ou Desigual - As linhas não têm uma direção fixa e determinada, sobem e descem, ficam retas, tornam-se onduladas ou escalonadas, etc.

Ab-reação

"Ab-reação" é a descarga das tensões emotivas internas ou de diversos estados de ânimo pela risada, choro, sorriso ou qualquer outro ato comunicativo.

A "ab-reação" que afeta a abertura dos óvulos e dos traços iniciais e finais das letras, revela-se nas seguintes escritas: aberta, fechada e alternativamente aberta e fechada.

É um gesto incontido que faz com que as letras fiquem "abertas" ou "fechadas".

São escritas abertas aquelas que contêm óvulos abertos, e as letras " m" e "n" são grafadas com "guirlandas", semelhantes ao traçado da letra "u".

As escritas fechadas são as que contêm óvulos fechados, e as letras "m" e "n" são grafadas em forma de arcos ligados. O estudo do óvulo representa capítulo muito interessante na Grafologia e, segundo Muños Espinalt, ele revela a síntese da personalidade. M. Xandró afirma que o ego tem sua mais genuína representação nessa forma gráfica. Para estudar os óvulos, devemos observar sua forma (redonda, espasmódica, oval, redonda por baixo, angular por baixo, redonda por cima, angular por cima, cego ou bloqueado, estreito, etc) e se são abertos ou fechados.

Se abertos, para onde está virada a abertura, se é grande ou pequena, se há um pequeno anel (nó) no traço inicial ou no final, que significa dissimulação, ou se a abertura é franca, evidente.

No caso de serem fechados, verificar como se dá o fechamento. Devemos sempre usar a lupa, e tentar imitar o movimento para reconhecer sua direção principal. E, como no caso da abertura, identificar a direção e a forma da "cissura", se há recobrimento, se ela é simples, se está "disfarçada" por um pequeno anel inicial ou final.

Na obra de M. Xandró (1991), "Grafologia Superior", há um estudo bastante completo sobre o assunto.

Escrita Aberta – Os óvulos das letras "a", "o", "d", "g", "q", são abertos em qualquer direção.

Os traços iniciais e finais das letras maiúsculas não formam anéis (volutas), vale dizer, são de movimento "aberto". As letras "m" e "n" são traçadas como "u".

No aspecto " ordem" , as letras, as palavras e as linhas são mais espaçadas.

A interpretação depende da direção da abertura:

a) Abertura para direita e para cima;

b) Abertura grande, para cima;
c) Abertura para esquerda (para trás);
d) Abertura para trás, formando uma pequena voluta ou anel na ponta superior do óvulo;
e) Letras com o óvulo aberto por baixo.

Escrita Fechada – Os óvulos das letras "a", "o", "d", "g" e "q" são completamente fechados. Traços iniciais e finais dobrados sobre si em forma de anéis (figs. 60 e 62). Letras "m" e "n" em arco, traçadas como uma letra "u" invertida.

A interpretação depende da direção do fechamento:
a) Óvulo fechado à direita e acima;
b) Óvulo fechado por trás (esquerda);
c) Óvulo fechado por pequenas volutas (anéis) na parte superior.

Aspecto: Direção - paralelismo psicológico

Nivel de flutuação do ânimo, do humor e da vontade.
Aptidões de iniciativa. Valor do apego à realidade cotidiana

Característica	Avaliação das Características
1 - Ascendente Descendente	Excitação do ânimo e da vontade.
2 - Horizontal Variado Desigual	Maturidade, equilíbrio e estabilidade do ânimo e da vontade.
3 - Rígida Natural, leves oscilações	Rigidez interior frente aos acontecimentos externos.
ORIENTAÇÃO 4 - Progressiva Regressiva	Sentimentos sociais e altruístas.
AB-REAÇÃO 5 - Aberta Fechada	Franqueza e espontaneidade na expressão dos sentimentos.

Fonte: "La selección de personal y el problema humano en las empresas." Augusto Vels: Barcelona, Editorial Herder, 4a. ed. 1982.

Paralelismos Psicológicos

A direção das linhas, no grafismo, é o reflexo das flutuações do ânimo, do humor e da vontade.

Ressalta o grau de maturidade, de estabilidade e constância do caráter, nos gostos, convicções, princípios morais e na conduta das pessoas.

A Escrita-Tipo, segundo a Direção, pode ser:

Escrita-Tipo Retilínea

Interpretação

Sentido positivo - (Linhas de horizontalidade normal): Harmonia e equilíbrio das funções psíquicas e orgânicas.

Vontade apoiada em princípios morais estáveis (integração social harmônica). O indivíduo já alcançou uma certa maturidade psíquica e a sublimação das suas tendências inconscientes irrealizáveis. "Não aceita as ideias irreais, antes de examinar a possibilidade de torná-las reais, melhorando-as" (Marchesan, apud Vels). Se o sinal é constante, reflete uma natureza pacífica, serena, sem excitações nem depressões notáveis (calma, domínio de si mesmo).

Sentido negativo - Reflete a conduta convencional do indivíduo medíocre ou indiferente. Ausência de fantasia e de colorido nas imagens (ver escrita monótona e caligráfica, com que se associa frequentemente, em sentido negativo). Natureza pouco emotiva, apática, aborrecida.

a) Linhas Horizontais e Rígidas

Rigor e rigidez nas ideias, nos princípios e na conduta. O indivíduo não assimila harmonicamente seu mundo ao redor nem deixa em liberdade as manifestações espontâneas de seu inconsciente (o Ego está sob o julgamento de um Superego muito severo). Vigilância da própria culpabilidade e da dos demais (Bousquets, apud Vels).

Seriedade, pontualidade fria, retidão inflexível (o sujeito se opõe obstinadamente a tudo que esteja fora dos estreitos limites de seus princípios, métodos ou opiniões). Severidade imperturbável.

Sentido negativo – Inflexibilidade, fanatismo e intransigência agressivos contra tudo o que não seja formalismo, dever, trabalho, ideias religiosas, disciplina, tradições políticas ou familiares, etc.

Com escrita Angulosa e Estreita reflete a personalidade esquizofrênica. A escrita arredondada suaviza essas tendências; a escrita Angulosa as acentua.

b) Escrita Ascendente

Direção ascendente das linhas no seu percurso da esquerda para direita.

Interpretação

Sentido geral - A escrita ascendente reflete, em geral, ambição. No entanto, essa ambição pode estar canalizada em três sentidos:

a) o das ambições de esfera ideal: ambição de superioridade, poder, domínio espiritual sobre os demais (com predomínio da zona superior: necessidade de reger e dirigir os destinos alheios);

b) o das ambições de tipo emocional: necessidade e desejo de "impor" as próprias emoções, o de dominar o sentimento dos demais (com a zona média alta ou predominante);

c) o das aptidões biológicas e materiais (necessidade e desejo de impor as próprias necessidades materiais ou prazeres materiais aos outros). Nesse caso, o predomínio da pressão e da dimensão recai sobre a zona inferior.

Sentido positivo - Ardor, atividade, "iniciativa inovadora" (Marchesan, apud Vels). Espírito empreendedor e entusiasta (otimismo, dinamismo, combatividade). Imaginação, fantasia. Orgulho de si mesmo: extroversão. Tendência a se adiantar com forte impulso. Confiança no êxito face aos obstáculos e problemas exteriores. Sensação íntima de força e de poder criador e realizador. Boa saúde.

Uma escrita ascendente e com movimentos amplos e dextrógiros, na zona superior, mostra as tendências masculinas da psique (predomínio de "anima").

Sentido negativo - Excitação, nervosismo, exaltação das propriedades vitais. Perda de relação com a realidade (se a escrita é muito ascendente). Paixão, impulso agressivo, orgulho, exaltação do Ego (com escrita sobrealçada, firme e acelerada).

"Coexistência, no caráter, de lapsos de bondade e afeto e reações ásperas com efeitos desconcertantes" (Marchesan, apud Vels), o que se deveria, segundo esse autor, a um fortalecimento das tendências fortes e ásperas e a uma debilidade ou brandura das tendências suaves". Caim luta contra Abel.

Presunção (ambição que supera os próprios meios, méritos e possibilidades). O sentido do êxito e da virilidade são revelados – disse Bousquets – na direção ascendente, enquanto o fracasso e a impotência na direção descendente.

Os psicanalistas dão o significado de "agressividade, virilidade e sadismo" à escrita ascendente.A escrita descendente revelaria "instinto para entregar-se, humilhar-se, próprios da pessoa frágil, do impotente, do fracassado e do masoquista".

c) Escrita-Tipo Descendente

Interpretação

Sentido geral - Perda da capacidade de trabalho e de rendimento. Tendência a sucumbir, a claudicar ante a realidade; energia ou valor moral insuficientes para reagir positivamente frente aos obstáculos, contrariedades ou situações anormais.

Complexo de impotência e de culpa. Abatimento, desalento moral ou espiritual por causas diversas.

Cansaço, fadiga, enfermidade. Dor ou aflição moral por qualquer causa. Indolência, preguiça, ócio.

Tristeza, pesar. Remorsos. Descontentamento de si mesmo e dos demais.

"Refúgio e tendências homossexuais, que se impõem como efeito do abandono ou perda da virilidade. O refúgio nessa classe de tendências é seguido de desânimo, de depressão e de inibição (Bousquets, apud Vels).

Na assinatura – Grave estado de fragilidade física e moral que afeta o íntimo do indivíduo. Perda de esperanças. Falta de fé em si mesmo.

Tendência inconsciente à autodestruição, ao suicídio (especialmente se há um ponto final, e se as letras são atravessadas, na sua zona média, pela rubrica ou traços que vão da direita para a esquerda). Pressentimento de um fim próximo.

Sentido negativo - Fácil sugestionabilidade (tendência a se deixar influenciar bem ou mal, pelos demais). Debilidade da vontade. Negligência pessoal, sobretudo se a escrita é frouxa ou branda, suja, regressiva, lenta e desordenada.

Nos casos mais ou menos similares ao anterior, a escrita pode também revelar tendência à corrupção moral, infidelidade, mesquinharia, egoísmo e hipocrisia.

Astenia, esgotamento, desgaste físico, neurastenia. Neurose passiva. Se a escrita desce de maneira progressiva e exagerada a cada linha (escrita caída), pode indicar depressão grave, tendência ao suicídio, ou revelar um pressentimento do declínio do bem-estar que se perde.

Em outros casos, pode ser indício de alguma enfermidade de difícil cura (câncer, lepra, sífilis, paralisia progressiva, etc.). O caimento na assinatura é um sinal de fatalismo.

Uma escrita habitualmente descendente e pastosa pode traduzir um tormento ocasionado pela sensualidade, em pessoas em que falta a inibição do prazer sexual e que facilmente cedem às suas inclinações.

Caimento esporádico – Quando a escrita é harmônica e cai só acidentalmente, reflete um estado de depressão nervosa transitória (fadiga ou aflição momentânea. Desânimo ou desilusões passageiras, etc.)

d) Embricamento (em escada): Falta de vontade como a ambição. O impulso não se sustenta. O embricamento - desnivelamento - sinaliza a luta da vontade contra o estado de ânimo.
- Ascendente - Representa ardor ou entusiasmo freado pela vontade: ambição contida;
- Descentente - Representa luta da razão contra o desânimo e a tendência para o desalento.

e) Escrita-Tipo Serpentina

As linhas – e não as palavras, como na escrita tipo sinuosa – apresentam ondulações mais ou menos intensas e apreciáveis em sua direção.
Esse sinal pode ser relacionado com os traços ondulantes ou serpentinos e com os filiformes.

Interpretação

Sentido positivo - Finura de trato, diplomacia, habilidade, flexibilidade de sentimentos e de espírito. Emotividade (ânimo propenso à influência). Sentido de humor.
Sentido negativo - Caráter ondulante, escorregadio, pouco ou nada sério (enganos, intrigas, mentiras ou adulações). Falsidade, astúcia, hipocrisia. Ausência de retidão e de palavra, inconstância. Mobilidade nos propósitos e na conduta. Variabilidade de ânimo. Influenciabilidade. Doenças da visão.

f) Escrita-Tipo Sinuosa

Interpretação

Sentido geral - Emotividade, inquietude, instabilidade. "Capacidade para modificar a própria iniciativa, segundo a oportunidade, a força ou debilidade da iniciativa alheia"(Marchesan, apud Vels). Falta de eficácia nas funções ou tarefas que exigem organização, domínio de si mesmo e firmeza de propósitos. Impressionabilidade.

Sentido positivo - Elevada capacidade para sentir e intuir as coisas (sensibilidade). Tato no trato com as pessoas (em virtude dos dolorosos choques emotivos que lhe produzem as contrariedades, o sujeito deseja evitar, ao máximo, encontros e discussões desagradáveis com os demais). Adaptação momentânea às situações. Flexibilidade, habilidade, diplomacia. Fineza (*savoir-faire*). Oportunismo.

Sentido negativo - Predisposição a uma emotividade excessiva, versátil e constante.

Capacidade para escolher e aproveitar as ocasiões propícias para torcer as coisas (insinceridade, tortuosidade, infidelidade). Maldade, habilidade para enganar. Dificuldade para escolher, embaraço, incultura gráfica (com escrita inorganizada). Mentira, falsidade e hipocrisia.

Irregularidades na Direção das Linhas

Todas as irregularidades na direção das linhas e, por extensão, nas barras dos "tt", finais de palavra e pontuação, refletem a ambitendência, vale dizer, as alternâncias de angústia e agressividade, de opressão e exaltação. Em alguns casos, podem mostrar a neurose obsessiva (Bousquets, apud Vels).

a) Palavras inclinadas ou escalonadas em forma ascendente

Interpretação

Sentido positivo - Ardor refreado pelo constante retorno sobre si mesmo. Ambição, vivacidade e otimismo contidos. Esforço constantemente renovado, mas pouco arrojado. Luta entre a atitude da consciência e os impulsos conscientes.

Sentido negativo - Contenção das tendências e necessidades inconscientes (contenção dos impulsos), que aparecem mais ou menos tarde no grafismo em forma de descargas bruscas e inesperadas. Instabilidade e emotividade mal dominadas, devido ao fato de que as cargas emotivas são mais fortes que a vontade de contenção do indivíduo. Predisposição neurótica. As crises se alternam com períodos de abatimento, se as linhas ou finais de palavras tendem também a descer. Angústia.

b) Palavras inclinadas ou escalonadas em forma descendente

Interpretação

Luta da vontade contra o desânimo, da razão contra o sentimento. Vontade tenaz apesar das contrariedades e de fracassos sofridos. Tendência para desalentar-se com frequência e cair em estados depressivos. Luta contra o cansaço e o esgotamento.

Obstinação sombria e sem esperanças do indivíduo que carece de energia ou de meios para se impor ou tomar iniciativas.

c) Linhas Côncavas

As linhas formam uma curva ou arco aberto para cima.

Interpretação

Pessimismo ou desalento inicial, que desaparece de forma eufórica (o indivíduo, após os primeiros momentos, acredita resolver mais ou menos bem os problemas que acredita serem difíceis). Estados de angústia, que se alteram para agressividade, logo que a pessoa se dá conta de que pode dominar a realidade ou superá-la.

Desencorajamento seguido de esforço para recuperar-se (se a grafia mostra tensão). Inquietude, instabilidade. Luta contra um estado físico deficiente ou contra a fadiga (se a grafia não mostra tensão).

d) Linhas Convexas

As linhas sobem primeiro até a metade da página e descem depois.

Interpretação

Atitude muito eufórica no começo (iniciativa e entusiasmo), mas tão logo o indivíduo se defronta com os obstáculos reais ou com os problemas, o ardor dos primeiros momentos perde impulso e desaparece (fogo de palha). Instabilidade. Agressividade e angústia. Falta de constância para sustentar a energia face aos obstáculos.

São próprias dos indivíduos imaginativos e de caráter impaciente (diversas variedades de tipo sanguíneo).

e) Prolongamento anormal de linhas

As letras das últimas palavras (de cada linha) se estreitam ou descem no final da linha.

Interpretação

Adaptação mundana, flexibilidade. Falta do sentido de economia e de organização. Negligência, descortesia. Afã (necessidade) de conversar. Tendência para se livrar da influência do passado.

f) Encurtamento das linhas

As linhas ficam afastadas da margem, interrompem-se, em seu avanço, muito antes de alcançar a margem direita.

Interpretação

Sentido positivo - Desejo de clareza, medida, gosto, tendência a não cortar as palavras. Gostos poéticos quando enquadra o texto como nos livros. Nesse caso, pode mostrar também originalidade, distinção ou desejo de singularizar-se.

Quando esse sinal coincide com uma escrita pequena, inibida e regressiva, pode revelar que o indivíduo tem medo do futuro, no contato com as pessoas. Pode mostrar também dupla tendência (regressão dos desejos a um estado anterior, especialmente ao período infantil). Nesses casos, o indivíduo busca, inconscientemente, certa proteção, ou apoio por perda de confiança em si mesmo. Entretanto, gasta suas energias em fantasias inspiradas em seu passado ou em suas memórias.

g) Encurvamento da linha nas últimas palavras ou letras (rabo de raposa)

Segundo André Lecerf e Gille Maisoni, representam resistência ao abandono de uma posição, retenção, instinto de conservação, tenacidade. É sinal próprio do tipo anal de Freud.

h) Escrita de Direção incoerente ou desigual

As linhas não têm uma direção fixa e determinada; sobem e descem: em retas, em serpentina ou escalonadas, etc.

Interpretação

Sentido geral - Imagem de uma luta interna quase constante. As crises de exaltação se alternam rapidamente com períodos de abatimento. Essa instabilidade coincide, quase sempre, com uma certa insegurança auto-estimativa que prejudica o equilíbrio da vontade e o domínio de si mesmo (o indivíduo não tem um bom rendimento em suas tarefas e sua conduta é marcada pela falta de domínio de si mesmo).

Essa propensão a se deixar influir, essa variabilidade de ânimo, de conduta emocional e volitiva impelem o indivíduo, em casos extremos, a caminhar pela vida como um barco sem timão em plena tormenta.

Com sinais de moralidade deficiente (escrita branda ou frouxa, inarmônica, regressiva, arqueada, etc.) pode refletir a amoralidade, insinceridade, hipocrisia e deslealdade.

Para Bousquets e alguns grafólogos psicanalistas, reflete a possibilidade de inclinações homossexuais profundas, de um complexo de culpa opressivo e de um superego implacável. Reações sádicas e masoquistas, provavelmente, muito fortes, com possível regressão e fixação no estado anal. Segundo Bousquets, pode-se também pensar em neurose obsessiva.

Sub aspecto: A Orientação

Em nossos atos, tendências, desejos, inclinações, opiniões, etc., se pode observar, com maior ou menor intensidade, uma trajetória centrífuga (interesse pelo mundo exterior, pelos outros: atitude extrovertida, egodiástole), ou uma orientação centrípeta (interesse pelo próprio Ego, narcisismo, egoísmo, etc., atitude introvertida, egosístole).

O predomínio ou equilíbrio dessas trajetórias dos "interesses" pode nos dar, segundo o gesto gráfico e a expressão motora, a chave de um comportamento.

Da orientação derivam as seguintes escritas-tipo: progressiva, regressiva e mista.

a) Escrita-Tipo progressiva

Interpretação
Sentido geral - Inclinação para buscar a companhia de outras pessoas. Necessidade de contato físico, psíquico ou espiritual com os demais (atitude altruísta). Interesse pelos problemas coletivos. Socialização das tendências, instintos e necessidades (hábitos de conduta abertos e espontâneos). Sintonia afetiva.

Sentido positivo - Coordenação do pensamento, sentimentos ou dos interesses materiais com os pensamentos, sentimentos ou os interesses dos demais (adaptação). Bondade, altruísmo, generosidade (com escrita arredondada e ligada).

Franqueza, simpatia, amizade. Impulso até a compreensão e domínio dos problemas exteriores.

Capacidade para reunir, na mesma ordem, coisas de diversas procedências e fins. Pensamento integrador. O indivíduo pode se entregar, por inteiro, a um ideal político, social, econômico, benéfico, etc., sem mais interesses que o de aparecer socialmente (vaidade).

Sentido negativo - Ausência de timidez e de recato. Propensão à influenciabilidade e à sugestão.

Necessidade de tempo livre para se dedicar às próprias distrações e prazeres. Carência de disciplina e direção (o sujeito gosta de liberdade para realizar seus próprios caprichos). Necessidade de sensações novas. Inquietação. Ostentação.

Com escrita-tipo centrífuga, lançada, angulosa, desordenada, precipitada, rígida, etc.: afetividade mal dominada (irritabilidade, violência, caráter explosivo, tendências caprichosas, desconsideração, aspereza, etc.). O caráter pode oscilar entre dois pólos: a contenção e a explosividade. Susceptibilidade agressiva. Egoísmo. Maldade, exageros excessivos de qualquer gênero se a escrita é muito inferior ou inarmônica.

b) Escrita-Tipo regressiva

Interpretação
Sentido geral - Timidez. Atenção dirigida preferencialmente para os próprios problemas, e despreocupação ou falta de interesse pelos problemas dos demais (egoísmo, egocentrismo, narcisismo). Avidez, necessidade de guardar, de conservar as coisas para si e os seus e de prever o amanhã: medo da privação. Essa necessidade de possuir impele a pessoa a aumentar o que ela tem, como prevenção contra possível perda ou contingência de ordem material, moral ou espiritual.

Desejo de posse, de lucro ou monopólio exclusivo de coisas materiais, de afetos ou ideias (segundo a zona em que as regressões se instalem com preferência).

Desejo de agradar, produzir um afeto (posse), quando as regressões são devidas a uma simples ornamentação das letras (escrita ornamentada).

Sentido positivo - Concentração em si mesmo, reserva, retraimento. Capacidade abstrativa. Predomínio das tendências individuais sobre as coletivas (individualismo). Seleção cuidadosa de objetos, ideias, pessoas, etc., prescindindo da opinião favorável ou não da média. A pessoa se rege pelas normas ou os próprios gostos. Necessidade de independência, de solidão.

Sentido negativo - Atitude refratária a toda ideia de sacrifício voluntário, de cessão de benefícios ou de divisão de obrigações em prol da coletividade. O indivíduo é o primeiro a se aproveitar de qualquer vantagem coletiva, mas é o último a cooperar com qualquer fim social que não lhe dê um benefício seguro e concreto. Mesmo seus hábitos sociais se inspiram no interesse de tirar partido: de suas amizades, conhecimentos e relações. Essa falta de consideração com os demais reflete, de certo modo, uma forma de ser infantil (os meninos, os neuróticos, os retardados mentais e os delinquentes têm esse tipo de grafismo).

Inadaptação, engano, dissimulação. Ausência de retidão e de lealdade. Covardia moral.

A escrita regressiva é incompatível com o desejo de aperfeiçoamento moral e espiritual e com as tendências altruístas. É própria de pessoas doentes, com ideias rudimentares, retrógradas, obstinadas e mesquinhas (é raro o grafismo regressivo em indivíduos com grande agilidade e flexibilidade mental).

Com escrita angulosa , pontuda e com traços lançados em qualquer zona, revela a agressividade ressentida, rancorosa, susceptibilidade irritável, colérica, instintos vingativos, e com pressão forte, tendência à crueldade.

Em compensação, em alguns grafismos de pessoas extrovertidas, se vêem, amiúde, maiúsculas regressivas ou traços regressivos (todo excesso em um sentido atrai seu oposto).

c) Escrita Mista ou de Movimentos Destrógiros e Sinistrógiros

Interpretação

Sentido geral - Ambitendência (o indivíduo oscila entre uma atitude extrovertida e a contrária: a curva para dentro, revela o cultivo da individualidade egocêntrica). Caim luta com Abel. Complexo de Édipo não superado.

Essa atitude de oscilação pode revelar a angústia ou a inadaptação neurótica, mas pode significar também a procura de equilíbrio como ocorre nas pessoas ambíguas, quando as mesmas se adaptam a um trabalho social de realização e não a um trabalho interior de realização individual.

Sentido positivo - Necessidade de reserva, discrição (atitude prudente) em pessoas ordinariamente extrovertidas. Retorno da imaginação até o passado. Intenção de socializar as tendências. Desejo de aperfeiçoamento. Necessidade de canalizar as emoções ou ideias para o lado social, o futuro, mas tendo certos laços com o passado individual.

Sentido negativo - Regressão de tendências. Conflitos do indivíduo com o ambiente (ambivalência afetiva: luta entre o afeto e o ódio, o impulso egoísta e o compassivo, a tendência ao bem, ao perfeito e ao mal, à degradação moral).

Alternância de amabilidade com a irritabilidade. O indivíduo é, algumas vezes, expansivo, comunicativo e conciliador, e outras é grosseiro, obstinado, insociável e inabordável.

Com uma escrita aparentemente positiva pode se tratar de pessoas que se escondem atrás de uma fachada doce- "carrasco com coração pequeno". Os traços pontudos combinados com escrita de traços "centrípetos" e "centrífugos" podem mostrar também que a agressividade se dirige tanto contra os outros como contra si mesmo.

Ab-reação

A "Ab- reação" que afeta a abertura dos óvulos e dos traços iniciais e finais das letras, revela-se nas seguintes escritas: aberta, fechada e alternadamente aberta e fechada.

Escritas Abertas

a) Com abertura grande e para cima - Receptividade muito propensa à influência. Necessidade irreprimível de falar, de se expandir, de contar as próprias emoções. Imprudência, indiscrição (falta de perspicácia e de sentido crítico). Vontade desprovida de freios inibitórios. Com escrita confusa ou de letras entremeadas, indica charlatanismo, tendência ao embrulho, a falar por falar.

b) Se a abertura for para a direita e para cima – Indica geralmente que o sujeito não elabora suas respostas afetivas. Suas manifestações de afeto (palavras, atos, gestos, etc.) refletem seu estado de ânimo imediato e indicam como ele reage às impressões que recebe. Em suas expansões afetivas, por exemplo (escrita aberta, inclinada, arredondada e em guirlandas), o indivíduo dá demonstrações naturais e espontâneas de sua ternura. Não há cálculo nem disfarce, não há fingimento, receio, nem freio inibitório; mostra-se tal qual é em seu interior, como se sente e vive naquele momento. É franco e aberto. Apresenta suas emoções livremente, sem reserva, sem ocultação.

Sentido negativo - Indica falta de tato e de discrição do indivíduo, na sua forma de falar e de se comunicar. Credulidade, propensão a ser influenciado. Incapacidade para guardar um segredo.

Propensão às "cenas de choradeira" (sentimentalismo demasiado terno, sensibilidade).

c) Com abertura à esquerda (atrás) – Ab- reação refreada. Sensatez, necessidade de dominar as próprias expansões. Tato, timidez, prudência. Experiência de vida, em autores normalmente expansivos. Negativamente, indica ocultação da verdadeira intenção que a pessoa tem ao falar. Tendência para silenciar o próprio e divulgar o alheio.

d) Com abertura para trás, mas formando um laço ou anel na parte superior do óvulo - Forma hábil de expansão (o indivíduo dispõe de tato e de habilidade para dizer o que pensa ou para ocultar o que não deve ou não lhe convém dizer). Tendência para subjugar os demais ou induzi-los a engano. Adorno da conversação. O sujeito fala sempre em proveito próprio, fingindo interesse pelos demais (diplomacia, hipocrisia, segundo o caso).

e) Letras e óvulos abertos por baixo - Os óvulos das letras são executados com o movimento feito ao contrário, vale dizer, no sentido dos ponteiros de um relógio (movimento regressivo). É um sinal curioso que vem sendo interpretado como reflexo de insinceridade e de hipocrisia, de baixeza ou de deslealdade. Esse sinal é observado, às vezes, em escritas aparentemente claras e harmônicas (a falsidade se veste com a capa da virtude). Por isso é necessário observar com cuidado as escritas que despertem suspeitas quanto ao cuidado e clareza dentro da ordem; elas frequentemente revelam o complexo sado-anal.

Vels lembra que, segundo as observações do professor H. Morquillas (psicólogo e pedagogo falecido em 1949), a criança tem tendência a formar os óvulos das letras ao contrário, especialmente os do "o", o que se interpreta como uma consequência de certo instinto atávico. O sentimento de desamparo ou de debilidade pode conduzir a criança, por medo ao castigo, à hipocrisia, à mentira ou à falsidade. Às vezes, esse sinal revela simplesmente sua necessidade de atrair a atenção sobre si mesma (afã de domínio). A criança, pela mentira, deseja sair de sua inferioridade e colocar sua personalidade em primeiro plano frente aos maiores.

Escrita Fechada

a) Óvulos fechados à direita e acima - Atitude introvertida. Reserva natural, sem necessidade de ocultar, dissimular problemas e conflitos internos e estados de ânimo. Prudência, reflexão, discrição (a pessoa pode guardar um segredo quando é necessário).

Atitude defensiva e fechada frente a estranhos (desconfiança, receio). Insinceridade, se o grafismo é desarmônico.

b) Óvulos fechados por trás - Atitude plenamente reflexiva (reserva resultante de um ambiente hostil).

Ocultação dos problemas interiores e dos conflitos com o exterior (orgulho, necessidade de independência e de vida interior).

Ternura não manifestada. Firmeza nas atitudes (com escrita firme). Frieza, rigidez, impassibilidade (com escrita rígida e angulosa).

c) Escrita com óvulos fechados por lacinhos ou aneizinhos na parte superior - Os franceses chamam esse sinal de *"escrita jointoyée"* ("rejuntada" ou "anilhada" formada com muitos anéis).

Prudência e tato. O autor sabe jogar com seu silêncio, sabe calar-se em tempo e insinuar sem se demonstrar abertamente.

As atitudes correspondem a tendências egocêntricas e ao narcisismo. Gosto por ordem nas coisas. Habilidade para enganar, fazer tudo atraente e tirar partido do efeito que as palavras produzem. Segunda intenção (cálculo, interesse próprio: instintos possessivos).

As escritas *"jointoyée"* se únem, às vezes, à rubrica complicada e de movimentos em laço, própria dos homens de negócios, industriais, comerciantes (habilidade para negociar, astúcia).

Esse traçado é regressivo e coincide com a escrita *invertida, serpentina, desigual, filiforme,* etc.

Sub aspecto: Direção das Linhas

Formatos: A linha que se forma e passa pela base das letras de uma palavra, e ao longo de toda a frase, revela o estado de alma do autor. Ela representa a flutuação:
- do ânimo;
- do humor;
- da vontade.

Escritas tipo:

Retilínea   mmmm mmmm mmmm

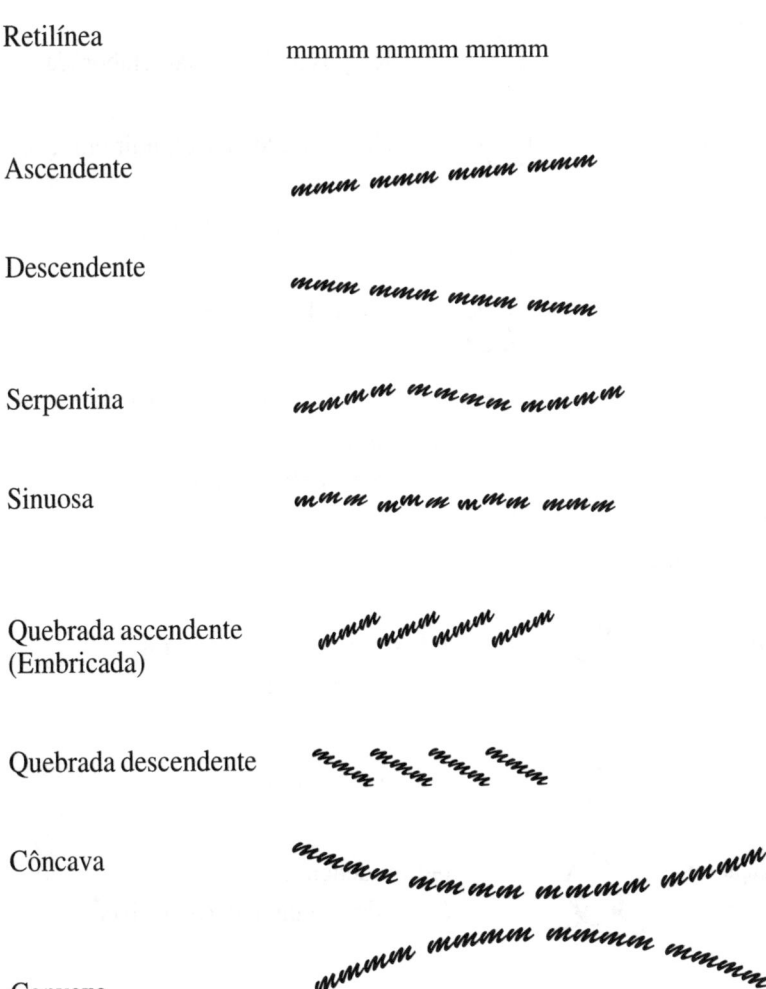

Ascendente

Descendente

Serpentina

Sinuosa

Quebrada ascendente
(Embricada)

Quebrada descendente

Côncava

Convexa

Direção irregular: (direção indefinida) apresenta, aleatoriamente, a mistura dos tipos acima.

Ab-reação

Abertura dos óvulos		Interpretação genérica
Para a direita, acima		Resposta afetiva não elaborada
Para cima grande		Necessidade de expandir emoções
Para cima, à esquerda		Comunicação refreada
Para trás com anel		Forma hábil de expansão
Para baixo		Reflexo da insinceridade, hipocrisia simulação para fugir da responsabilidade (Vels)

Óvulos fechados

À direita		Introversão, reserva natural, sem dissimulação
À esquerda		Atitude reflexiva
Terminação em "duplo anel"		(+) prudência e tato (-) tendência egoísta (narcisista)

Observar, simultaneamente, a abertura e a sua direção.

Identificar em que posição são feitos os fechamentos *e as "cissuras"*, com o auxílio de uma lupa, acompanhando a trajetória da impressão das letras com uma ponta fina, para conhecer o sentido do traçado.

244

Sugestão de roteiro para o estudo do aspecto Direção

1 - Coloque a folha de papel escrita na posição horizontal e próxima do nível de seus olhos e observe o alinhamento das linhas-base da zona média. Verifique se a linha imaginária, que passa pelas bases das palavras, nas linhas, tem aspecto rígido ou natural, se é retilínea ou tem direção variada, subindo e descendo sob as palavras escritas.

2 - Anote a sua observação usando o quadro de orientação dos sinais.

3 - Coloque sobre a folha de papel, em exame, uma transparência milimetrada (para obtê-la, consiga uma cópia feita sobre papel transparente como o usado em retro pojetores). Essa prática facilita a observação das distâncias entre as linhas base, a regularidade, o paralelismo, e a constância dos sinais que devem ser avaliados: distâncias verticais entre as palavras, orientação das linhas (ascendentes, horizontais ou descendentes).

4 - Estude com atenção as distâncias entre as letras das últimas palavras de cada linha. Se houver qualquer modificação, procure definir a sua forma: encurtamento dos comprimentos das zonas finais, encurvamento das linhas-base das palavras (para cima ou para baixo), ou mesmo a falta de alguma letra nas últimas palavras de cada linha. Isto será sinal seguro de que o autor faz um esforço inconsciente para não ter que mudar de linha.

5 - Estude os óvulos de todas as letras que os contenham: "a", "o", "g", "q", etc. Verifique se são abertos ou fechados, e qual é a posição do sinal. Considere a informação mais frequente, pois é natural que haja variações no sinal. Classifique a ab-reação, segundo a informação mais frequente!

6 - Elabore a sua grafonomia (dê nomes aos sinais).

7 - Elabore a grafotecnia, procurando verificar se os significados estão em concordância com os resumos anteriores. Reveja o seu trabalho, caso haja discordância evidente, encontre as razões dos desvios e refaça o estudo.

8 - Reveja a sua redação, simplifique as frases, não insista em usar adjetivos desnecessários (bom, mau, ruim, ótimo, etc.): isto seria uma indução subjetiva, e poderia comprometer a coerência do trabalho.

Orientação para o estudo

ASPECTOS (GRUPOS GENÉRICOS)	SUB-ASPECTOS	TIPOS		
		BÁSICO	VARIAÇÕES	OPOSTO
I N C L I N A Ç Ã O	ÂNGULO FORMADO COM A LINHA DO HORIZONTE	INCLINADA	VERTICAL MODERADA-MENTE INCLINADA MUITO INCLINADA DESIGUAL	INVERTIDA

ASPECTO: INCLINAÇÃO

A inclinação reflete o grau de necessidade de contato e da presença dos outros. Mostra o nível de adesão aos afetos do mundo circundante e o de espontaneidade no trato com pessoas e coisas do entorno do autor, seu ambiente, portanto, sua aptidão para a convivência.

As letras têm um eixo de simetria. É uma linha (imaginária), que se pode traçar dentro delas, de tal forma que o desenho à direita fique semelhante ou igual ao da esquerda da linha (dentro da letra).

Na escrita simplificada ou simples, observam-se os traços plenos nas hastes. Em outros tipos de escrita, identifica-se o eixo de simetria na zona média.

Esse eixo de simetria forma um ângulo com a linha do horizonte, que, em um documento escrito, geralmente, tem uma direção paralela às bordas superior e inferior do papel.

Esse ângulo deve ser medido a partir da linha horizontal, no sentido contrário ao dos ponteiros de um relógio, com o auxílio de um transferidor escolar graduado (de grau em grau).

Para medir a inclinação das letras, deve-se preferir as que têm haste bem definida, como: "b", "d", "h", "l", "t".

Características a serem observadas

Quanto à medida do ângulo, a inclinação pode ser, segundo a maior frequência na observação dos estudiosos, conforme a escala abaixo, que pode não coincidir exatamente com a que vai ser utilizada na amostra.

A observação da medida deve ser feita com a ajuda de um transferidor graduado em graus sexagesimais, (a circunferência tem 360 graus, e cada grau é dividido em sessenta minutos, etc) para ser compatível com a nossa indicação de escalas de inclinação do eixo de simetria.

Deve ser avaliada a tendência para mais ou para menos da inclinação, por faixas de variação; os valores indicados representam a "média":

- vertical - ângulo reto ou de 90 graus (variação de mais ou menos 5 graus);
- moderadamente ou pouco inclinada - de 85 graus a 60 graus;
- inclinada - de 60 a 45 graus de inclinação;
- muito inclinada - abaixo de 45 graus;
- invertida, quando o ângulo se forma à esquerda da vertical; (valores superiores a 95 graus); a letra fica inclinada para a esquerda, podendo ser classificada como: invertida, muito invertida, segundo o grau de inversão, medido com a mesma orientação que a da leitura com o transferidor de ângulos.

Pode ocorrer, ainda, a oscilação de posições: de "invertida" para "moderadamente inclinada"- dita "desigual" - Este fenômeno deve ser observado atentamente, pois revela uma capacidade grande de "empatia" do autor, ou seja, capacidade de "sentir e acompanhar" os sentimentos dos outros.

É uma característica de talento, compatível com as profissões que exigem a presença e o contato das pessoas como: as de ação clínica, medicina, odontologia, psicologia, etc.

A inclinação reflete em que medida o indivíduo sente a necessidade de contato com os demais, da presença de terceiros. Segundo os diversos graus de inclinação, teremos essa necessidade: contida, dominada, moderada, rechaçada ou em luta (ambivalência).

Escritas-tipo segundo a Inclinação

A medida é feita mantendo-se a linha base do transferidor paralela à linha do horizonte, que geralmente coincide com a borda inferior do papel. Para a leitura direta do valor do ângulo, use o transferidor de ângulos em posição invertida ou seja, com o "zero" à direita.

Da inclinação derivam as escritas-tipo seguintes:
- muito inclinada,
- inclinada,
- moderadamente inclinada,
- vertical,
- invertida,
- desigualmente inclinada,
- palavras e letras de inclinação desigual.

Módulo - Oscila entre 60 (sessenta) e 85 (oitenta e cinco) graus de inclinação.

A inclinação é avaliada segundo o seu afastamento da horizontal, assim, dá-se um maior valor ao ângulo mais próximo da vertical (90 graus). Os valores menores indicam a escrita com inclinação mais "deitada".

Escrita Muito Inclinada - A inclinação é lida nas hastes. A escrita muito inclinada oscila abaixo de 45 (quarenta e cinco) graus, medidos a partir da horizontal.

Escrita Inclinada - Com relação ao eixo horizontal, a inclinação dos traços principais das hastes e pernas oscila entre um máximo de 60 (sessenta) graus e um mínimo de 45 (quarenta e cinco).

Escrita Moderadamente Inclinada - Oscila entre 60 (sessenta) e 85 (oitenta e cinco) graus de inclinação.

Escrita Vertical - As hastes e pernas formam, com a linha base, um ângulo de 85 a 95 graus na horizontal.

Escrita Invertida – Na escrita invertida, as letras se inclinam para a esquerda (para trás), oscilando entre 95 (noventa e cinco) e 160 (cento e sessenta) graus, inclinações máxima e mínima.

Escrita de Inclinação Desigual - As letras têm uma inclinação oscilante, vale dizer, alternam-se as letras inclinadas, retas e invertidas. Esse sinal pode ser mais ou menos constante e intenso.

Palavras de Inclinação Desigual - Nos endereços escritos sobre envelopes (sobrecartas), na assinatura ou em um texto qualquer, uma ou várias palavras têm inclinação diferente da inclinação do texto.

A escala de inclinações está conforme as indicações do autor J. Simón Javier, sendo compatível com as teorias do prof. Dr. Vels e de M. Xandró.

Inclinação

Inclinada

Vertical (95° - 85°)

Moderada (85° - 60°)

Muito Inclinada
(abaixo de 45°)

Inclinada
(de 45° a 60°)

Invertida (acima de 95°)

Desigual

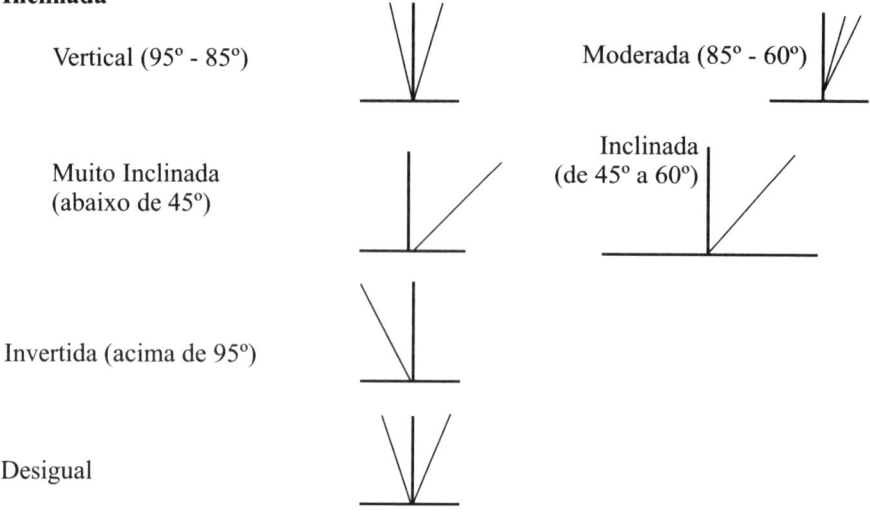

Aspecto: Inclinação - paralelismo psicológico

*Nivel de adesão dos afetos ao mundo circundante, do vínculo espontâneo a
pessoas e coisas. Aptidão para o contato humano*

Características do Sinal	Avaliação da Característica
1.1 Inclinada	Intensidade dos sentimentos vinculados à simpatia
1.2 Invertida	Necessidade de companhia de pessoas ou objetos Coerência na manifestação da personalidade
2.1 Vertical	Domínio de si mesmo e das emoções
2.2 Desigual	(auto controle interior)

Fonte: "La selección de personal y el problema humano en las empresas".
Augusto Vels, Barcelona: Editorial Herder, 4a. ed. 1982.

Paralelismos Psicológicos

Escrita Inclinada

Interpretação

Sentido geral - Deve-se a recentes estudos estatísticos de Jacques Brach a exatidão do tão discutido sentido psicológico da escrita inclinada.

"O significado da escrita inclinada – diz Brach – não é nem a sensibilidade, nem a ternura, nem a necessidade de encontrar apoio, nem a sociabilidade, nem a sugestionabilidade, nem a paixão, ainda que essas modalidades do caráter levem o escritor a ter uma escrita inclinada.

A escrita inclinada – continua Brach – corresponde à necessidade, quase permanente, da presença ou de atos dos demais para a vida do indivíduo: daí a sua tendência para ir em busca dos outros. Corresponde, também, a uma certa propensão para se deixar influenciar, mas tendo em conta que a pessoa pode reagir, segundo sua forma própria de ser, quando se encontra na presença de outros.

Assim, em geral, em presença do inimigo, não aceita nem as suas ideias, nem as suas pretensões, nem seus atos: ao contrário, sua reação consiste em combatê-lo. Se for influenciada, o será negativamente.

Ao contrário, essa propensão para se deixar influenciar será positiva quando o indivíduo ceder às ideias e sugestões dos outros com facilidade. A propensão para se deixar influenciar NEGATIVAMENTE (escrita inclinada a angulosa) dará lugar à combatividade, à oposição ou à resistência (instinto de defesa ou de luta).

Uma "influenciabilidade" positiva (escrita inclinada e curva) revelaria uma atitude de simpatia pelos demais, de colaboração e bom trato social (sociabilidade).

Com óvulos abertos indica ternura.

Com pernas grandes e formato em "oito", pode refletir tendências homossexuais profundas, especialmente na grafia muito inclinada e descendente."

"Perigo de histerismo na mulher, quando essa pensar demasiadamente em sua afetuosidade insatisfeita. Privação do domínio dos nervos". (Marchesan, apud Vels).

Escrita muito Inclinada

Interpretação

Sentido geral - Perda frequente do domínio dos nervos e dos impulsos "afetivo-instintivos".

A inclinação exagerada revelaria tendências à valorização das pessoas, das coisas, segundo inspiram ao indivíduo simpatia ou repulsão (subjetivismo exagerado).

Sobreexcitação sexual ou sensual que leva o autor, frequentemente, à ostentação e ao exibicionismo, ao desejo de chamar atenção, de despertar o interesse ou de se fazer amado (quando a zona inferior é predominante).

Tendências homossexuais latentes se as formas gráficas forem viris, a escrita for regressiva, descendente e com pernas formando "oitos".

O indivíduo é constante em seus desejos e apetites sexuais e sensuais, mas inconstante na escolha dos meios para eleger o objeto amoroso.

Com sinais regressivos, especialmente nos traços finais das maiúsculas, indica a necessidade de reservar para si a maior parte do carinho, das atenções, mimos ou carícias do maior número possível de pessoas pelas quais sente atração (egoísmo afetivo e instintivo: zelos e escrúpulos).

Paixão desenfreada se não houver sinais de inibição.

Ressentimento irritável e agressivo, que se revela a cada contrariedade (com escrita lançada, rápida, pontuda e angulosa).

Escrita Moderadamente Inclinada

Interpretação

Sentido geral - Necessidade mediana de contato (não ocorre uma necessidade de presença ou de atos dos demais na vida afetiva do indivíduo). Escassa propensão a influências.

Sentido positivo - Harmonia das tendências e das funções. Ardor e afetividade moderados (as inclinações, os desejos e as tendências naturais são mais reflexivos, e, ainda que levem à determinação, a pessoa atua moderadamente e com maior domínio de si mesma). Ternura e afetuosidade sem exageros.

Amabilidade, simpatia, atenção e respeito pelos demais, cortesia, cordialidade (com escrita arredondada e progressiva). Revela também, o equilíbrio entre a sensibilidade e a razão, o sentimento e a lógica.

Sentido negativo - Convencionalismo. Adaptação rotineira e por hábitos aos costumes sociais, a disciplinas impostas, à educação adquirida, etc. Cortesia cerimoniosa e aduladora. Amabilidade "oficial".

Escrita Vertical

Interpretação

Sentido positivo - Predomínio da atitude vigilante da personalidade, do consciente. Firmeza, estabilidade. Critério firme. Constância no caráter e no pensamento. Maturidade nos critérios e na conduta (principalmente se as linhas forem retas e horizontais).

Domínio dos desejos, tendências, sentimentos e inclinações (a razão não se deixa influenciar pela pressão do sentimento).

Equanimidade, serenidade de espírito, energia psíquica, reflexão, necessidade de reserva. Essa atitude de reserva ou de escassa necessidade de presença de outros não quer dizer que o autor não tenha sensibilidade ou emotividade, mas que, em sua vida afetiva e emotiva, não há abertura para expansão a não ser pela via espiritual.

Sentido negativo - Frieza, indiferença, incapacidade para sentir o fogo animador da alegria, do entusiasmo e da admiração. Receptividade retardada. Orgulho, impassibilidade, egoísmo. Desconfiança. Ausência de calor e simpatia. Benevolência escassa.

Secura, dureza, intransigência, obstinação e inflexibibilidade (principalmente com escrita angulosa, sobrelevada e linhas rígidas).

Com sinais anormais, pode indicar anomalias patológicas, como: deficiência glandular, afecções genitais, diabetes, psiconeurose, etc.

Escrita Invertida

Interpretação

Sentido geral - Interpretada como uma atitude de derrota frente à realidade que obriga a pessoa à repressão e à aversão, mais ou menos violenta, angustiada ou artificial das suas necessidades de contacto (erótico, afetivo social ou espiritual) com os demais: refúgio no narcisismo.

Seja qual for a razão, o indivíduo adota, com respeito aos outros, uma atitude defensiva, de retirada, de expectativa frente aos contatos amorosos, eróticos sexuais, ou ante as demonstrações de afeto dos demais. O autor desconfia, teme ou tem receio (suspeita) das intenções das pessoas com quem possa ter contato. Há algo que impede a liberdade de suas tendências, seus impulsos e necessidades espontâneas de afeto, ternura ou sensualidade.

Essa atitude repressora do superego, "consciência moral", obriga tais tipos a se rodear de certo mistério ou reserva. Existe, sem dúvida, uma barreira, um muro entre sua parte consciente, sua personalidade profunda e a exteriorizada.

Na mulher, revela frequentemente um sentimento de inferioridade (sensação de ser feia, de não ter "*sex-appeal*", de não poder ser amada, etc), graças a uma experiência desagradável ou a maus tratos recebidos no ambiente (convivência desagradável com parentes ou pessoas mais próximas).

Sentido positivo - Vergonha do próprio sentimentalismo (preocupação de esconder o excesso de sensibilidade, recorrendo a uma busca ansiosa do domínio de si mesmo: o indivíduo não quer ser influenciável ou terno). Capacidade para abstração. Abnegação. Renúncia (essa grafia é encontrada, com frequência, em muitas religiosas enclausuradas).

Sentido negativo - Tendência para negar as causas interiores de certos atos ou atitudes individuais.

Repressão de tendências homossexuais latentes, reconhecidas pela consciência como tais, se as linhas são descendentes. Dissimulação e insinceridade. Descontentamento das coisas e dos demais, expressão em forma de resistência, desobediência ou rebelião (conforme a pressão e energia dos traços). Klages chega a dizer que revela instintos de apropriação ilegítima (furto), por impulso ou egoísmo.

Essa escrita se apresenta normalmente unida a outros sinais (ângulos, pontas agudas, barras dos "tt" e finais ascendentes, etc), que revelam os instintos de oposição e de agressividade. Toda a cadeia de desejos, inclinações, aspirações e tendências reprimidas se descarregam, nesse caso, sob a forma de incredulidade, desdém, orgulho, suspeita, acusações infundadas, críticas, mordacidade e toda uma série de ressentimentos que assinalam o caráter difícil, refratário e desagradável.

Revela, frequentemente, uma tendência para mentir, falsear e enganar os demais ou de se defender sem prévia acusação. Pode-se observar, também, em pessoas inclinadas a tomar posições negativas ou negar o evidente por princípio, inconformidade, instinto de contradição ou simples maldade.

Essa escrita-tipo é uma das mais difíceis para interpretação isolada. Requer muita precaução. A posição da caneta, a imobilização do braço direito, o capricho, a imitação e outras causas variadas podem ser o motivo isolado da escrita invertida.

Já foi observada em pessoas que, por uma causa ou outra, não esperam nada de bom dos contatos com os demais.

Frequentemente, são órfãos entregues a tutores pouco atenciosos e duros, jovens que sofreram fracassos amorosos e amistosos e pessoas que se desenvolveram em um ambiente íntimo que lhes foi molesto e que não permitiu a livre expansão dos seus desejos, inclinações e gostos pessoais.

É natural que tais pessoas vejam as demonstrações de afeto alheio com desconfiança, que não acreditem como sinceras nem as palavras, nem os sentimentos dos demais, e que sejam frias. É natural também que não abram espontaneamente o próprio coração, até terem a certeza da verdade dos sentimentos daqueles com quem convivem. Entretanto, apesar da reserva voluntária sobre seu íntimo, sempre têm amigos nos quais confiam plenamente.

A atitude de frieza aparente de tais indivíduos, que não passa, às vezes, de uma repressão angustiosa do sentimento, desmancha-se, de vez em quando, mostrando uma torrente de sensibilidade interior, de afeto e de emotividade reprimidos.

Essa escrita é encontrada, com frequência, nos adolescentes de ambos os sexos, especialmente na mulher, coincidindo com o despertar da sexualidade e dos impulsos eróticos. Nessa época é comum uma contenção da pessoa, dissimulação ou repressão do impulso instintivo.

Quando, em consequência de acidente com a mão direita, ou por sua inutilização, é necessário escrever com a esquerda, a escrita normal se torna invertida.

Escrita de Inclinação Desigual

Interpretação

Sentido geral - A possibilidade de se inclinar para a compreensão, tanto dos que são escravos dos sentidos (inclinada) como dos que se elevam espiritualmente (vertical) – diz Marchesan (Vels) – pode se manifestar num movimento oscilatório devido a um impulso tanto para o sensual quanto para o frio ou gélido.

Essa tendência para variar a atitude e o estado de ânimo com respeito às necessidades fisiológicas, éticas e espirituais pode ser positiva ou negativa.

Sentido positivo - Adaptação, isto é, possibilidade de sintonizar as próprias necessidades com as dos demais, sem perder a individualidade nem o domínio de si mesmo.

Essa capacidade para contemporizar (adaptação, compreensão) é fruto, às vezes, de uma fina penetração psicológica (o sinal é frequente na escrita de psicólogos e psiquiatras).

Essa capacidade de variar pode também ser sinal de ambivalência psíquica do indivíduo, isto é, "de uma contradição interior quanto a determinados valores" (Pulver).

O combate não se dá entre o EGO e o Ambiente, o Ego e o tu, mas ocorre no interior do indivíduo. Ele vive um duelo entre querer e não querer, desejo e temor, "sim" e "não", às vezes sob forma de angústia.

Sentido negativo - Ambitendência. Existência simultânea, no sujeito, de duas tendências ou inclinações contraditórias, isto é, que apontam em direções opostas, tais como introversão-extroversão, egoísmo-altruísmo, inclinação ao bem – inclinação ao mal, fidelidade-infidelidade, etc.

Supõe sempre um conflito entre dois objetivos, entre duas atitudes. Esse conflito deve-se a forças que empurram em um sentido e detêm em outro; são tão iguais, que se anulam mutuamente, produzindo-se a indeterminação, isto é, o "não sei pelo que decidir".

Luta do indivíduo com o ambiente, ao qual não se adapta. Sentimento indeciso e titubeante próprio de um temperamento que não reage (insegurança, volubilidade, caráter inconsciente e caprichoso). Anemia. Debilidade. Amoralidade (com escrita descendente e desordenada).

São pessoas que trocam constantemente de ocupação, projetos, decisões e demonstram susceptibilidade.

Esse tipo de escrita pode refletir também o mitômano, o histérico, cuja tendência inata, quase impulsiva, é deformar os fatos, inventar raras fábulas, mitos, etc.

Palavras de Inclinação Desigual

No preenchimento de envelopes, na assinatura e em um texto qualquer ocorrem uma ou várias palavras com inclinação desigual à do texto.

Interpretação

Sentido positivo - Ênfase no desejo de destacar uma frase, palavra ou expressão. Desejo de clareza e precisão.

Sentido negativo - Inconstância, desordem, indecisão. Tendência a ser sugestionado. Emotividade. Necessidade imprecisa, que pode se manifestar num sentimento de angústia por questão não muito clara.

Roteiro para o estudo da inclinação

1 - Lembre-se das suas conclusões sobre os aspectos anteriores e de quais foram suas decisões sobre os paralelismos psicológicos.

2 - Use um transferidor transparente para medir os ângulos formados pelos eixos verticais das letras com a horizontal; considere o "zero" à sua direita, ou seja, a leitura deve ser feita observando-se a inversão do sentido normal, contrário ao do movimento dos ponteiros de um relógio.

3 - Usando uma ponta de grafite fina, com o auxílio de uma régua transparente, procure traçar eixos de simetria sobre as laçadas *superiores* das letras "b", "d", "f", "h", "l", "t".

4 - Faça tantas medidas quantas forem necessárias para obter valores médios confiáveis. Normalmente, deve-se fazer pelo menos duas, em letras escolhidas em cada linha.

5 - Anote os resultados e, se não ocorrer qualquer discrepância forte, calcule a média para obter o valor da inclinação. Se ocorrer uma discrepância, estude e chegue a uma conclusão sobre o motivo da distorção. Verifique se há sinal causado por algum "acidente", ou se ele ocorre mais vezes sobre a mesma letra. Caso isto aconteça, procure as razões prováveis do fato.

6 - A constância muito evidente da inclinação deve ser avaliada como rigidez: no "Dicionário de Grafologia e termos psicológicos afins" do Prof. Vels, há uma explicação e a indicação do paralelismo psicológico para esse sinal.

6 - Faça a grafonomia, que deve ser única para a página.

7 - Elabore a grafotecnia, o paralelismo psicológico e verifique sua compatibilidade com as decisões tomadas sobre os aspectos anteriores.

8 - Faça uma revisão completa de seu texto. Exija qualidade de si mesmo!

Orientação para o estudo

ASPECTOS	SUB ASPECTOS	TIPOS		
		BÁSICO	**VARIAÇÕES**	**OPOSTO**
C O N T I N U I D A D E	COESÃO	Ligada (entre linhas)	Agrupada Lapso de coesão	Desligada
		Corpo da letra sem interrupções	Combinada	Truncada Desarticulada
	VARIABILIDADE (VÁRIOS DOCU-MENTOS) REGULARIDADE (UM DOCUMEN-TO)	Constante	Evoluída Desigual	Discordante
		Igual ou Regular	Ver: Desigualdades nas zonas da letra Esteriotipada Variada	Desigual ou irregular
		Firme	Retocada	Vacilante

Janeiro / 96

ASPECTO: CONTINUIDADE

A continuidade é estudada sob três aspectos que se complementam:

a) o modo de ligação de letra com letra, dentro de uma palavra
b) a variabilidade das características presentes em um único documento
c) a evolução da grafia do autor em vários documentos

A continuidade nos informa sobre:

- o encadeamento das ideias com os atos decorrentes
- a necessidade de contatos com as ideias
- a presença da vontade
- a evolução, em várias etapas, da vida do autor, contidas nos documentos observados, nos níveis de:
  - preservação de valores;
  - constância nas atividades;
  - regularidade nas necessidades;
  - regularidade na conduta.

Características a serem apreciadas nas grafias de palavras, quanto ao modo de ligação das letras:

- afastamento - distância entre as letras
- agrupamento das ligações entre as letras
- afastamentos excessivos entre as letras (lapsos de coesão)

No conjunto do documento

- regularidade das características da grafia observada, no início, meio e fim.

Em vários documentos

- variabilidade ou evolução gráfica de um documento em relação a outro.

Características a serem observadas

- **Quanto à coesão - ligação entre as letras**

ligada - todas as letras se conectam por um traço contínuo:
agrupada: silábica;
                                 politômica;
                                 oligotômica.

desligada - todas as letras são grafadas separadamente.

falsa ligação - as letras ficam apenas encostadas umas nas outras, dando a impressão de terem sido traçadas de maneira contínua.

fragmentada - as letras são escritas com interrupção do traço.

ligações anormais - "jointoyée" (rejuntada), com anéis, cruzamento entre os traços finais e os iniciais das letras seguintes, etc.

- **Quanto à regularidade (em um documento)**

- regularidade, aparência e sinais iguais ou semelhantes ao longo do documento;
- desigualdade entre as zonas da grafia - nesse caso, devemos observar quais são as zonas predominantes e estabelecer uma hierarquia da predominância encontrada;
- desigualdade dos aspectos anteriores, ao longo do documento - nesse caso, observar em que zonas ocorrem tais desigualdades e em quais manifestações;
- ritmo, automatismo, vacilações, retoques, diferenças relevantes no aspecto geral de algumas palavras, o que significa que, no contexto do documento, tais palavras têm um conteúdo emocional especial para o autor, naquele momento (Trillat).

- **Quanto à variabilidade**
  (em vários documentos escritos em épocas diferentes)

No exame de vários documentos, observar:
- a constância dos aspectos;
- as inconstâncias;
- as discordâncias;
- a evolução em cada aspecto.

Assim, ao estudar a continuidade, devemos rever cuidadosamente as análises dos aspectos anteriores.

Três sub aspectos da continuidade:

- A Coesão (continuidade nas linhas);
- A Regularidade;
- A Variabilidade (modificação ou transformações do grafismo no curso da vida)

Módulos

- Na Coesão - Escrita Agrupada;
- Na Regularidade – Escrita Rítmica;
- Na Variabilidade – Escrita evoluindo para seu sentido positivo.

A Coesão

A coesão, que não se deve confundir com "ligação" (sub-aspecto da forma), estuda a continuidade dos enlaces nas letras que integram cada uma das palavras (a ligação estuda somente a forma – sub aspecto dos movimentos do enlace).

Na coesão podem ser observadas as seguintes escritas-tipo, segundo a intensidade dos enlaces ou das interrupções: ligada, desligada, agrupada, fragmentada, combinada ou de ligaduras anormais e lapsos de coesão.

Escrita Ligada - As letras e partes de letras se enlaçam mutualmente sem produzirem cortes na zona média. Os movimentos são coesivos, espontâneos, constantes e não interrompidos. Eventualmente, podem ocorrer interrupções dos traços para a colocação de um pingo, acento, barra de "t", mas as letras estão todas ligadas. Esse traçado é frequentemente "progressivo".

Escrita Desligada - Palavras formadas por letras desunidas. As letras não têm contato umas com as outras, são independentes. As "cissuras" ou cortes na coesão foram estudadas por Trillat, que distingue quatro tipos:

a) A cissura inicial – tendência a cortar a coesão na primeira palavra; umas palavras têm as letras ligadas e outras não: descontinuidade;

b) A cissura central – corte da coesão após uma certa quantidade de letras unidas;

c) A cissura fonética – cortes nas sílabas;

d) As cissuras em todas as letras, sem exceção – palavras com letras dissociadas.

As cissuras podem também ocorrer devido a causas de ordem patológica (transtornos circulatórios), por exemplo. A angústia, a ansiedade, a fobia e a dúvida (derivadas da emotividade) podem ser indicadas por esse sinal.

Escrita Agrupada - As palavras estão constituídas por grupos de duas, três, quatro ou mais letras, segundo o comprimento de cada palavra.

Streletski chama o traçado de "isótomo" quando os cortes coincidem com o número de sílabas das palavras; "oligótomo" quando o número de cortes na coesão vai diminuindo progressivamente; "politomia", quando for aumentando progressivamente o número de letras desligadas. Distinguem-se, neste último caso, duas modalidades:

a) **Politomia compensada** – quando, como nas ligaduras anormais e traçados lançados, for motivada por transformação do movimento ou sua mudança de direção. Exemplo de separação das letras: poli-tom-i-a

b) **Politomia não compensada** - é devida a inibições do impulso gráfico.

c) **Oligotomia** - Reações de orientação inversa, em relação à politomia. Exemplo de separação das letras: o-li-got-omia

Lapsos na coesão – Este lapso consiste em uma exagerada distância que ocorre entre o ponto final de uma interrupção e o ponto inicial do novo movimento. Dessa forma, o espaço branco existente entre uma letra e outra, no interior da palavra, será igual e às vezes superior ao intervalo de separação das mesmas palavras.

Escrita-tipo combinada - É o grau mais elevado da evolução da escrita organizada. Os elementos gráficos distintos se ligam segundo combinações engenhosas e originais. O escritor simplifica e encadeia uns movimentos com outros com desenvolvimento e habilidade inteligentes. Muitos dos enlaces se realizam a partir de pontos unidos à letra seguinte. Essa escrita é sempre rápida e de nível superior.

Escrita desarticulada ou fragmentada - É a escrita que apresenta letras formadas por dois ou mais traços independentes (fragmentos) que dão, às vezes, especialmente às minúsculas e à letra "m" a aparência de movimentos desarticulados. Deve ser considerada como exagero do traçado desligado ou justaposto.

Escrita de coesão desigual –As letras nas palavras se ligam ou se desligam caprichosamente. Umas palavras têm as letras desligadas, outras não.

A Regularidade

A regularidade foi estudada profundamente por Klages e Pulver. Este último diz, em sua obra "Simbolismo de la escritura":

"A regularidade absoluta não existe na escrita. Ela não pode ser obtida senão pela reprodução mecânica e nunca pelo ato criador – que é a essência do grafismo. Os modelos escolares admitem o fato. Mas – diz em algumas linhas adiante – o modelo escolar deve ser meio e nunca ser considerado como objetivo ideal. Os sinais fonéticos convencionais e suas combinações devem ser executados de modo a se respeitar o objetivo primário da escrita: fixar graficamente uma comunicação de maneira legível, clara e facilmente compreensível. Todo esquematismo e todo regulamento que, ultrapassando tal objetivo, seja exigido do aluno será unicamente um despotismo do professor, que pode ser, muitas vezes, um escravo do inventor do modelo "caligráfico".

A regularidade põe em relevo o grau de predomínio do superego e da vontade reguladora e diretora que regem o destino e as tendências. Uma escrita de movimentos regulares ou iguais (comprimento, largura, inclinação, etc) revela constrangimento, a vigilância severa e reitora da vontade sobre as tendências e impulsos naturais do indivíduo.

Ao contrário, tudo quanto seja irregularidade ou desigualdade (comprimento, largura, inclinação, etc.), traduzirá o transbordamento das tendências, instintos e necessidades sobre a consciência moral, no aspecto restritivo e regulador da vontade.

A regularidade normal na onda gráfica

Vels, em sua obra "Grafologia Estrural e Dinâmica", afirma "Uma onda gráfica que apresente movimentos regulares normais na zona média é sempre testemunho de uma boa regulagem da energia psíquica e nervosa; como consequência, reflete uma vontade ativa, ordenada, disciplinada e capaz de perseverar para alcançar os objetivos desejados." (1975, pág. 79)

No sub aspecto regularidade, há as seguintes escritas-tipo: igual, desigual, monótona, rítmica, segura, vacilante, retocada.

Escrita igual ou regular - Os movimentos, voluntariamente disciplinados, apresentam uma certa uniformidade ou regularidade, principalmente na altura, na largura e na inclinação das letras. Todas as letras estão colocadas e formadas respondendo a um esforço de ordem e de organização.

Segundo Pulver, tanto pode ser expressão de uma vida interior genial, como pode expressar a debilidade interior e a inconsistência da pessoa que se recolhe na rotina como único meio de alcançar a segurança. O ambiente gráfico é que esclarece essa diferença. Pode-se tratar, entretanto, de preservação, ou seja, da tendência para manter uma atividade ou um propósito.

Escrita Desigual ou Irregular - A irregularidade supõe mudanças mais ou menos bruscas ou chocantes dos movimentos em sua estrutura dimensional, na distribuição espacial, na direção, rapidez, pressão, etc.

Em geral, a irregularidade gráfica revela pessoas com vida afetiva mais ou menos desajustada a partir de problemas de adaptação e de frustrações sentimentais.

Os anseios por ternura não foram satisfeitos de acordo com as necessidades do autor. Segundo Vels (1975), esse sinal é observado em indivíduos separados ou com vida matrimonial cheia de desajustes, ou seja, reflete fracassos sentimentais de todo tipo, não somente amorosos, como também nos estudos, na vida social e profissional do autor.

Quando a irregularidade afeta também a inclinação, indica uma pessoa propensa a atitudes ambivalentes, com mudanças bruscas de atitude afetiva (amor-ódio, simpatia-antipatia, aceitação-recusa, etc.).

A irregularidade na forma da ligação é reveladora frequente de neurose e angústia

A escrita apresenta irregularidades e desproporções na altura, na largura das letras e na inclinação, na direção, na continuidade, etc. As desigualdades (irregularidades) podem aparecer em alguns ou em todos os aspectos gráficos. A altura das letras e a extensão são os aspectos gráficos mais afetados pelos sinais de irregularidade, embora ela possa alcançar todos eles. As desigualdades observadas nas letras podem ser:

- Desigualdade na altura das maiúsculas
- Desigualdade na extensão das letras
- Desigualdade na forma
- Desigualdade na pressão
- Desigualdade na distribuição
- Desigualdade na extensão das linhas

As desigualdades nas zonas da grafia

Toda desigualdade é sinal de emotividade, impressionabilidade (receptividade e sensibilidade mais ou menos exageradas). Cada uma das zonas recebe em sua própria esfera a influência das desigualdades.

- Desigualdades na zona superior – hastes, pernas, barras dos "tt";
- Desigualdades preponderantes na zona média;
- Desigualdades preponderantes na zona inferior;
- Escrita estereotipada ou automática.

Entende-se por "estereotipia" a repetição mecânica, automática, dos movimentos que formam as letras. Cada letra é igual a qualquer outra do mesmo grafismo. Esta escrita está sempre alinhada.

A estereotipia gráfica é o exagero dos sinais de monotonia e regularidade.

Escrita variada ou rítmica - Essa escrita se apoia no conceito de ritmo. Caracteriza-se, segundo Klages, por uma sucessão de movimentos que, guardando uma relação harmônica mútua e, sem se repetir da mesma forma, avançam, conservando uma certa ordem inconsciente e um equilíbrio natural.

Ocupa o equilíbrio justo entre a escrita "desigual" e a "monótona".

A expressão ritmo se opõe à de movimento monótono, automático, cronometrado, ao mecaniscismo do hábito e à repetição voluntária e disciplinada. Opõe-se a todo entrave às correntes naturais da vida. Pode-se dizer que uma escrita é rítmica quando expressa, em seus movimentos, de maneira livre e espontânea, sem qualquer sinal de bloqueio ou contenção, todo o jogo das tendências conscientes e inconscientes.

Escrita Firme - Os movimentos são bem firmes e seguros, constantes e preciosos, em todos os aspectos. O traçado pode estar associado ao tipo anterior, se as variações pequenas ou desigualdades não repercutirem diretamente sobre os aspectos direção, pressão, inclinação e ordem, pelo menos de maneira muito pronunciada (a firmeza não admite variações).

Escrita-tipo Vacilante - Escrita de movimentos inseguros, brandos ou insuficientemente firmes. Nela se produzem com frequência as mudanças de velocidade, inclinação, direção e forma, interrupções na coesão, etc. Essas variações ocorrem por efeito das inibições (a mão vacila quando as ideias vacilam). Os principais sinais do traçado vacilante são:

a) A posição das pernas ou hastes em curva branda, torcida e geralmente no sentido sinistrógiro;

b) As torções e mudanças na inclinação das hastes;

c) As letras finais inacabadas (traços filiformes) ou letras inacabadas no meio das palavras;

d) Os cortes e interrupções (lapsos de coesão) produzidos com frequência;

e) Mudanças de velocidade que ocorrem, às vezes, na mesma palavra;

f) Letras suspensas, retoques, correções;

g) Repetição de palavras e pontos desnecessários;

h) Barras dos "tt" débeis, colocadas antes das hastes, curtas; pontos e acentos colocados à esquerda da letra;

i) Ruptura dos traços, truncamentos, tremores, desvios, etc;

j) Interrupções dos traços em zonas impróprias (movimentos cortados na zona inferior, pernas), etc.

Escrita - tipo retocada - Caracteriza-se por uma correção posterior de certas letras ou partes de letra, que ficaram mal traçadas, esquecidas, deformadas, inacabadas ou ilegíveis.

Essa escrita-tipo é complementada, ordinariamente, com um traçado vacilante. As letras nas quais com maior frequência, se observam retoques são: as letras "r", "a", "e", os anéis superiores e inferiores, os traços de união, pontos e acentos.

O retoque na assinatura tem importância "capitalíssima".

A sobreexcitação, a ira, o furor, a irritação e a raiva podem produzir os retoques na escrita, assim como a fadiga e os estados de ansiedade e desequilíbrio psíquico.

O Retoque, do ponto de vista psicanalítico

Se considerarmos o retoque como a correção de um "ato falho" – no sentido freudiano –, devemos admitir a existência de um conflito entre a intenção consciente e o desejo inconsciente (o impulso subconsciente quer substituir ou quer se manifestar no lugar da intenção consciente).

Os atos falhos, seja na linguagem oral ou na escrita, resultam, segundo Freud, da anulação mútua ou interferência de duas intenções ou impulsos de conteúdos emotivos diferentes.

Uma dessas intenções pode ser qualificada de "perturbada" e a outra de "perturbadora". A intenção perturbada é a de natureza consciente, e a intenção ou impulso perturbador é sempre de origem inconsciente.

A Variabilidade

O fator "evolução" tem certa importância no estudo do caráter, principalmente em conexão com o nível de superação ou retrocesso dos diferentes valores da personalidade.

Exatamente o mesmo ocorre com a revisão dessas modalidades de caráter ou hábitos que permanecem invariáveis no indivíduo apesar da influência do tempo, do ambiente exterior ou da influência social e cultural.

O sub aspecto variabilidade exige, sem dúvida, um estudo duplo. Primeiramente, trata-se de descobrir a parte do caráter mais evoluída, e, em seguida, descobrir a outra parte da pessoa que permanece atada à misteriosa influência do tempo.

O sub aspecto variabilidade estabelece três escritas-tipo:
* A escrita constante;
* A escrita evoluída;
* A escrita inconstante.

Escrita constante - Persiste a estrutura geral do grafismo nos diferentes documentos. As escritas, em épocas distintas da vida, aparecem com pouca variação. Não há contraste entre a escrita de anos anteriores e a atual.

Escrita evoluída - O grafismo se transforma e evolui, em todos os aspectos, mas especialmente na forma, dimensão e direção.

Escrita-tipo variável ou inconstante - Cada escrita do mesmo indivíduo tem uma fisionomia distinta, oferece numerosas mudanças. Não há semelhanças entre os grafismos de épocas diferentes. Em alguns casos pode variar até a escrita entre uma linha e outra do mesmo grafismo (escrita tipo desigual).

Sentido positivo - É um sinal evidente de superioridade intelectual, de lucidez de espírito e de assimilação profunda. Reflete também a atividade criadora e a facilidade para levantar hipóteses, a iniciativa de pensamento, a vivacidade na associação de ideias (ágil memória de dedução).

O pensamento interpreta e analisa rapidamente os acontecimentos que observa (fluidez de ideias, raciocínio rápido, pensamento iluminado por intuições originais).

Em razão da vivacidade e originalidade das simplificações se supõe que o escritor está acostumado a resumir, a abreviar, a captar ou expor o essencial a cada questão ou d*e cada coisa.*

Sentido negativo - Preguiça, fadiga intelectual, que não impede a continuação do esforço. Imprecisão, excesso de vivacidade, precipitação nas deduções.

Escrita desarticulada ou fragmentada - Letras formadas por dois ou mais traços independentes.

Interpretação
Sentido positivo - Predomínio da função intuitiva, vale dizer, "visão rápida", que compreende o conjunto de uma questão sem se perder em minúcias e que raciocina sem analisar suas razões. Pressentimentos frequentes. Inspiração e iluminação interior.

Aspecto: Continuidade - paralelismo psicológico -

Nivel de preservação , de constância e regularidade das tendências, nas necessidades e na conduta. Aptidões da vontade.

Características do Sinal	Avaliação da Característica
1 - Ligada Desligada	Tendência a se unir, a se ligar ao trabalho, às pessoas e às coisas.
2 - Agrupada Coesão desigual	Equilíbrio nas relações com o próximo e consigo mesmo. Integração ao mundo circundante ou assimilação e compreensão dos problemas humanos.
3 - Regular Desigual	Vontade que rege a ação
4 - Constante Inconstante	Variabilidade e permeabilidade segundo as influências exteriores
5 - Rítmica Estereotipada Monótona	Capacidade criadora e artística.
6 - Cadenciada - Firme Irregular - Oscilante	Serenidade e equilíbrio emotivo e regularidade de conduta

Fonte: "La selección de personal y el problema humano en las empresas".

A Continuidade - Paralelismos Psicológicos

Sub aspecto: A Coesão

Escrita Ligada

As letras e partes delas se enlaçam mutuamente sem produzir cortes na zona média. Frequentemente ocorrem interrupções para pingos do "i" e cortes do "t".

Interpretação
Sentido positivo - Tendência ao contato, à união. A libido busca espontaneamente seu fim fora de si mesma e na união social ou espiritual, na amizade, no amor, na união sexual (segundo as zonas e o "ambiente gráfico"). Coordenação lógica de ideias, vale dizer, bons dotes para raciocínio dedutivo (função intelectiva de Jung). Cultura, memória, espírito ativo, bem dotado para as matemáticas. Boa faculdade de assimilação e interligação. Rapidez para perceber as consequências dos acontecimentos, desejo de atingir o objetivo.

Manutenção de uma diretriz espiritual ampla e constante (Pulver) que, como nos indivíduos de "mente superior", reflete uma orientação consciente ou intencional dirigida a fins nobres. Pode também refletir uma grande falta de capacidade para apreciar o novo e saborear os vários matizes da vida. Qualidade para a investigação, para a classificação e análise; senso de medida.

Caráter espontâneo e natural. A escrita ligada se presta à expansão livre e espontânea dos impulsos sensíveis e realizadores (ligada – progressiva). Revela, em conjunto com outros sinais, a sociabilidade, o altruísmo, a necessidade de vida exterior e de expansão (dilatados e extrovertidos). Tenacidade e constância na ação (com escrita pequena, regular e ordenada).

Sentido negativo - Convencionalismo social. Absolutismo e obstinação nas ideias como consequência de uma capacidade de dedução levada aos extremos. Inteligência medíocre, cheia de sutilezas e, às vezes, de conceitos falsos e absurdos. Unilateralidade de pensamento, estreiteza de ideias, falta de perspicácia. Rotina, trivialidade, convencionalismo (tipo "persona" de Jung).

Com escrita rápida e inarmônica - Impulsividade, falta de ponderação, de medida e de discernimento. Natureza enredadora, embrulhada e fogosa, excessivamente precipitada ou desequilibrada, segundo os casos.

Com escrita caligráfica - Reflete os indivíduos servis, sem originalidade, cheios de preconceitos e convencionalismos egoístas. Essa classe de grafismo pode esconder neurose de todo o gênero. (Veja-se escrita Caligráfica.)

Escrita desligada

As letras não têm contato umas com as outras, são independentes.

Interpretação

A escrita ligada obedece a uma necessidade inconsciente de "enlaçar", de entrar em contato com os objetos de fora e de fundi-los (concatenação de ideias, sentido lógico, etc.). Na escrita Desligada, a razão obedece à necessidade de entrar em contato consigo mesmo, com o próprio inconsciente, origem dos juízos espontâneos, automáticos, sem elaboração crítica.

Sentido positivo - A escrita desligada traduz a tendência do indivíduo ao descobrimento, à invenção, ao encontro espontâneo de acontecimentos ou leis desconhecidas (o que se deve não somente à sua capacidade imaginativa, mas também à sua vivacidade de compreensão, grande receptividade de impressões, instinto de curiosidade e de indagação da pessoa intuitiva). São dissociadas as letras nos grafismos de muitos inventores, artistas, cientistas e filósofos que expuseram ideias novas e originais. "Mais aptidão para analisar os pormenores que para ver o conjunto". (Beauchataud.)

Sentido negativo - Falta de lógica e de sentido prático. Juízo curto, inconsequente e caprichoso (ausência de sucessão e de sentido coesivo nas ideias: tipo desintegrativo). O egoísmo, o egocentrismo e o narcisismo, com todas as suas sequelas de interesse pessoal (exclusivismo, avareza, ciúmes, etc.) podem também ser revelados na ausência de coesão dos movimentos gráficos.

Os cortes na "coesão" foram estudados inteligentemente por Trillat, que os classifica em quatro tipos:

a) **Ruptura inicial** - Tendência a cortar a coesão na primeira letra, geralmente ditada por uma ação intuitiva que intervém no princípio de uma ideia ou de um pensamento. Intuição previsora que imagina também a solução de problemas e guia o pensamento automaticamente nessa direção.

b) **Ruptura central** - Corte na coesão depois de uma certa quantidade de letras enlaçadas. O indivíduo sente a necessidade de rever a tarefa realizada, porque teme ter sido demasiado impulsivo, ou porque deseja comprovar se ela foi bem orientada ou se ele deve modificar seu ritmo inicial. Reflete também a necessidade de inspirar-se em uma experiência anterior ou em dados já conhecidos. Nesse caso, não há as qualidades criadoras do anterior.

c) **Ruptura fonética -** Cortes por sílabas.Trillat crê reconhecer aí "uma busca instintiva de sonoridade no interior das palavras". Os cortes obedeceriam, segundo ele, mais a motivos emocionais que a razões lógicas.

d) **Ruptura, sem exceção,** em todas as letras - Palavras de letras dissociadas. Trillat reflete que "revelam um estado de dispersão e de desordem, uma excessiva timidez que inibe toda regularidade". (Veja-se Trillat, "Graphologie Pratique, Vigot Frères, Paris, 1953.)

As interrupções podem ser devidas também a causas de ordem patológica (transtornos circulatórios, por exemplo). A angústia, a ansiedade, a fobia e a dúvida (derivadas da emotividade) podem ser indicadas por esse sinal.

Escrita Agrupada

As palavras são constituídas por grupos de duas, três, quatro ou mais letras, ou partições tipo oligotomia e politomia.

Interpretação

Sentido positivo - O movimento integrador da psique é normal. A pessoa processa igualmente os conteúdos conscientes e inconscientes, procedam eles do mundo exterior ou do interior da psique. Isto quer dizer que preserva os valores essenciais, tem uma elaboração crítica, uma base de lógica objetiva, quando uma visão intuitiva surge como juízo espontâneo ou pressentimento.

Esse sinal revela um certo equilíbrio entre a realidade interna do indivíduo e a realidade exterior.

Supõe, portanto, uma boa capacidade de adaptação tanto aos problemas internos como aos externos.

A posição do autor frente à vida e aos demais é a do eclético que seleciona e assimila o melhor de cada grupo, o essencial. Reflete também a preservação, na mesma intensidade, dos traços essenciais dos grupos contrários. Por exemplo, traços de introversão e extroversão, de isolamento e de sociabilidade, de egoísmo e de altruísmo, de independência e de submissão (tipo ambíguo de Rorschach, ambiversivo de Jung). Capacidade para classificar e ordenar coisas de distintos grupos. Espírito enciclopédico.

Sentido negativo - Desarmonia, dificuldade para integrar e assimilar, da mesma forma, os conteúdos internos e os de origem externa. Repressões, desequilíbrio entre as tendências individuais e as exigências do ambiente (dificuldade para conciliar os contrários: ambivalência). Dito de outra maneira, reflete a atitude desigual, a inibição, a dúvida e a indeterminação do indivíduo, que, chegado o momento crucial do problema, "não sabe a que se ater". Isto provoca paradas súbitas, motivadas por dúvidas, angústias, superstições, pressentimentos, etc., que anulam a livre atividade e o desenvolvimento da pessoa, quando ela estiver fora do seu limite comum, do cotidiano, e ainda, às vezes, dentro do mesmo ambiente em que ela vive. Naturalmente, em outros casos, observa-se a escrita-tipo suspensa, frouxa e vacilante. Vê-se também o sentido negativo na discordância, irregularidade e capricho com que as letras se agrupam nas palavras. Por isso aparecem desarmonias, lapsos de coesão, vacilações de inclinações, descidas súbitas, repasses, retoques, truncados, etc.

Lapsos de coesão

Espaço branco existente entre uma letra e outra no interior da palavra.

Interpretação
Sentido geral - Repressão, contenção ou inibição de tendências, desejos, impulsos ou necessidades (instintos), que estão em oposição à consciência moral (ou ao superego).

Às vezes, a força da repressão é tão poderosa que chega a produzir, depois do lapso, desníveis, equívocos ou traço lento na execução das letras.

Essas inibições podem ser devidas aos complexos de inferioridade não compensados, à timidez, inadaptação da esfera emocional à convivência social, à preponderância excessiva de inclinações amorais em discordância com a posição social, ou a educação do indivíduo. O lapso de coesão é frequente nos adolescentes de ambos os sexos, que não chegaram ainda a canalizar ou socializar sua vida emocional e erótica.

Indecisão, falta de energia para definir-se, medo, falta de confiança no futuro imediato.

Predisposição neurótica, se a escrita é desigual. Angústia, ambitendência em alguns casos.

Sentido positivo - Emotividade contida, detenção reflexiva, prudência. Necessidade de variar os planos ou projetos (desejo de aperfeiçoamento). Abstração frequente.

Sentido negativo - Comportamento lerdo, inseguro e turbado. Atitude de angústia, de dúvida e de vacilação constante. Incapacidade para resolver os problemas com rapidez, confiança e energia. Compreensão defeituosa do que o indivíduo escreve ou lê. Alucinações.

Escrita-tipo combinada

Ligações originais dos elementos gráficos. Muitos dos enlaces se realizam a partir de pontos unidos à letra seguinte:.

Interpretação
Visão interna (o indivíduo vê a vida e as coisas, conectando-as com as impressões que recebe de seu inconsciente, ao contrário do tipo perceptivo que só vê e compreende a vida, conectando-a com os sentidos, vale dizer, percebe a realidade de modo mais direto).

Sentido negativo - Predisposição aos estados de angústia e ansiedade, à dúvida, à inquietação, à inibição por medo (emotividade entrecortada). Segundo Vels, "as pessoas que deslocam e desarticulam as maiúsculas – diz o Dr. Carton – são irregulares, caprichosas, dadas à fantasia, ao sonho com olhos abertos. Disciplinam-se mal, são instáveis, desordenadas, inoportunas e lhes agrada mudar de horizonte e ir em busca do imprevisto. Perdidas no caminho das dificuldades, essas pessoas marcham aturdidas, gastam tempo e dinheiro sem fruto apreciável, são imprevisíveis, não chegam nunca na hora e se agarram a pormenores".

Escrita Fragmentada

A escrita muito fragmentada reflete a personalidade desintegrada, mal preparada para socializar suas tendências e emoções ou para se adaptar aos demais.

Quando esses fragmentos existem nas letras de óvulos e haste ("d"), por exemplo, (óvulo em um traço e a haste em outro), indicam, segundo alguns autores, a dissociação entre os elementos masculino e feminino da psique. Segundo Trillat, "revelam a oposição entre os ascendentes familiares". Michon e Rochetal vêem nesses sinais ("g", "a" e "d" desarticulados) a tendência da pessoa a deixar-se levar por certos instintos parasitários (a viver nos ombros dos outros: simbiose social).

Escrita de Coesão desigual
Umas palavras têm as letras ligadas e outras não: descontinuidade.

Interpretação

Sentido geral - Indecisão, antagonismo ou rivalidade entre as tendências conscientes e inconscientes, entre as necessidades de contato interno e externo. Dúvida, vacilação quanto a si mesmo e ao valor das próprias ideias e ou emoções.

Sentido positivo - Grande riqueza psíquica (sensibilidade criadora). A emotividade está canalizada para a esfera do espírito (escrita combinada e com predomínio da zona superior).

Sentido negativo - Dúvida sobre a veracidade das próprias opiniões (desacordo entre a intenção e a expressão, a emoção e o pensamento, entre o que se quer dizer e ocultar). Nesse caso, aparecem as mudanças de dimensão, direção, inclinação e distribuição. Dissociação, instabilidade ou falta de firmeza e constância nas tendências, desejos e necessidades pulsionais (inconstância).

TERCEIRA PARTE

Orientação para o Estudo de Gestos-Tipo Letras Reflexivas Assinaturas

ASPECTO: GESTO-TIPO

Augusto Vels afirma que "Está sobejamente demonstrado (Luria, Pophal, Periot, Kretschmer, Mena, etc.) que a onda gráfica é o registro fiel de nossas funções orgânicas, psíquicas e mentais. Os "micro gestos", na escrita normal, refletem o estado de nosso organismo e mostram, de maneira clara, nosso modo de pensar e de reagir aos diversos estímulos de fora e de dentro de nossa personalidade." (1955)

Segundo Vels, entende-se por **Temperamento** as características biológicas, constitucionais e dinâmicas do indivíduo, suas pulsões instintivas, seu modo de reagir aos estímulos, isto é, tudo que se deva aos fatores de herança. "Entende -se por **Caráter** os hábitos morais adquiridos pelo sujeito, devidos à educação e às experiências sofridas nos seus contatos com o meio ambiente. **"Personalidade** é tudo isto, mais o estilo de vida escolhido pelo sujeito, para se distinguir de seu grupo: cultura adquirida, afeições e gostos pessoais, no modo de se vestir, no seu "habitat", na escolha do par, na escolha do automóvel, no tipo de trabalho que prefere e faz, na escolha de seus amigos, do esporte preferido, da posição e crença políticas, do tipo de vida familiar e social que leva, e em tudo aquilo que lhe dá o seu selo pessoal.

Os "gestos-tipo" são sinais que indicam oposições internas como a dúvida, o temor, e outras resistências que se formam em oposição às atitudes ou comportamentos aparentes. Esses sinais podem ocorrer em adição à estrutura de algumas letras sem modificá-las, por exemplo no caso de ganchos, maças, ampliações, pontas, ou tremores, interrupções e falhas. (MINICUCCI: 1994. pág. 16.)

Segundo Vels, o Gesto Tipo é a "marca da personalidade": ele pode indicar impulsos, tendências, manifestações instintivas, gostos e interesses individuais muito marcantes. Em tais casos, ele se mostra "forte", isto é, de maneira incontestável, evidente, presente com clareza em sinais facilmente identificados. Por outro lado, quando está sob a forma de falhas, ausências ou torções, manifesta-se de maneira não evidente, expressando insuficiência ou debilidade, enfraquecimento, quebras, falhas, interrupções nos traços impressos, retoques, etc.

O "Gesto Tipo" é o resultado incontrolável de movimentos que emergem do inconsciente e sobre os quais o autor não tem domínio e, muitas vezes, nem consciência, a não ser quando especialmente informado. É como um trejeito, um tique nervoso. É a marca registrada da personalidade, revelada segundo o plano em que a personalidade é mais sensível ou vulnerável.

Para o estudo desses "gestos-tipo", devemos nos reportar ao tema das direções no espaço e fisiologia do gesto gráfico.

Os gestos tipo são fortes (+) quando se mostram com evidência, como se fossem manifestações sem temor de serem identificadas. São sinais, como: ganchos, reversões de direção, movimentos espasmódicos repetidos, arabescos, espirais, etc., que ocorrem nos planos para onde o sujeito - autor - desloca preferentemente a sua energia psíquica (libido, segundo Jung) ou acumula suas tensões.

Os gestos tipo são fracos (-) quando ocorrem como falhas da grafia, letras que faltam, interrupções nos movimentos gráficos e quebras de traços, lapsos dentro de palavras, distâncias excessivas entre as palavras, etc. São os sentimentos de insuficiência que se revelam no ato inconsciente de escrever, pois prevalecem nas zonas simbólicas em que o sujeito - autor - se sente inconscientemente enfraquecido ou desprotegido.

Os sinais e modificações na maneira de traçar as letras são observados como peculiaridades que indicam as manifestações de:

- impulsos inconscientes;
- tendências;
- instintos;
- necessidades latentes;
- individualidades.

Do mesmo modo que cada indivíduo tem sua marca ou cacoete, espécie de "tique" (de aparência ou de atitude) que o caracteriza e ao qual deve, muitas vezes, a origem de seu apelido, em cada escrita há também algo que chama a atenção porque imprime ao traço uma fisionomia especial que nenhuma outra pessoa poderá reproduzir da mesma forma.

Esse "algo" especial, característico de cada autor e de sua escrita se chama "Gesto Tipo". Gesto que revela, que reflete o modo peculiar de reação de cada indivíduo. Pode-se dizer que o "gesto tipo" é a marca de cada um.

O "gesto-tipo" pode indicar impulsos, tendências, instintos, necessidades, gostos e interesses individuais muito marcantes. Apresenta-se, então, como um "Gesto-Tipo Forte". Mas, pode, igualmente, revelar-se como "Gesto Tipo Fraco" e indicar-nos o lado mais sensível do indivíduo (seus complexos, suas frustrações, insuficiências ou "defeitos").

No primeiro caso, o "gesto tipo" se destaca pela sua força e forte preponderância sobre os demais gestos e atitudes ("Gesto tipo +": mais). O "gesto tipo +" dá à escrita determinada pressão, dimensão, forma ou estrutura que chamam a atenção e que fazem girar todo o traçado em torno da letra ou partes da letra em que se manifesta.

O "gesto-tipo fraco", cuja existência expressa sempre um algo especial de insuficiência, de debilidade, insegurança ou temor, pode apresentar-se na grafia sob a forma de falhas, interrupções, enfraquecimento, suspensão, quebra, torção, etc, de certas letras ou partes delas.

O "gesto tipo" débil prevalece naquelas zonas ou esferas simbólicas da escrita onde o indivíduo se sente inferior ou pouco seguro. Portanto, esse "gesto-tipo" expressará, regularmente, uma forma de reagir inadequada, inadaptada, ou incompleta de acordo com o simbolismo da zona em que se manifesta.

Observa-se, também, que, com frequência, as falhas da pena (retoques, interrupções, desvios, etc.), revelam certos conflitos psicoafetivos, vale dizer, oposições entre o ato intencional momentâneo e determinadas inclinações ou temores de origem inconsciente. Enfim, cada falha representa, em sentido genérico, um lado fraco da personalidade.

Os "gestos-tipo" aparecem sobretudo nas zonas que representam simbolicamente, os outros, o mundo ao redor, o "não-eu" (zona final); nas que simbolizam a capacidade de adaptação do indivíduo à vida cotidiana (zona média); e na que simboliza a esfera instintiva sexual (zona inferior).

Tanto nos "atos falhos" como nos excessos se revela a inadaptação. As falhas sobre a zona média (devem ser consideradas como falhas as interrupções, os cortes, os lapsos de coesão, quebras, retoques, torções, desvios sinistrógiros, letras suspendidas, inacabadas, etc.), devem ser estudadas com cuidado, com o auxílio de uma lupa. Elas podem revelar, com maior exatidão, o desenvolvimento da conduta ética (emotivo-sentimental) e o grau de adaptação da pessoa ao ambiente. É esse o motivo pelo qual é importante o estudo isolado de certas letras repetidas, como as relacionadas com a expansão do sentimento e com a veracidade (letras "a", "o"); as relacionadas com a consciência moral e o amor próprio ("s" minúsculo); com o sentimento do dever ("v" minúsculo). Somam-se, aqui, a importância essencial das ligaduras (coligamento) e das letras de "óvulos e pernas" (letras "d", "g") e as de "óvulos e verticais" (letras "d" e "b" minúsculas).

É importante revisar também, com atenção, a forma de produzir o enlace das letras, especialmente a forma de unir os traços que provêm da zona inferior (instinto), da zona inicial (desejo), da zona superior (ideia, representação) à letra seguinte.

A zona ou zonas onde se movimenta a pena, para iniciar as maiúsculas, têm um valor simbólico importante. Tendo-se em conta que o impulso inicial reflete, inconscientemente, a esfera de onde procede a inspiração dos atos, esse impulso poderá partir da zona do espírito, da esfera do passado, da esfera do sentimento ou da zona do instinto.

No primeiro caso, os atos refletirão desejos de tipo espiritual, ideal ou intelectual. No segundo, a inspiração dos atos será como uma ressonância das recordações. Os desejos partem do coração, certamente egoísta, no terceiro caso. E, finalmente, o impulso instintivo dirige os desejos.

No mimetismo dos finais das letras, reconhecemos a forma pela qual o indivíduo exterioriza suas intenções, age de forma resoluta, age timidamente ou com egoísmo e falta de tato. A interpretação do simbolismo das zonas iniciais e finais será arbitrária se não se levar em consideração o ambiente gráfico geral da escrita.

Quando o "gesto-tipo" é fraco (-) nos revela o plano da personalidade que falha, que é mais vulnerável, a esfera onde têm raízes os complexos e as "menos-valia".

Devemos ter em conta que em uma única escrita podem se apresentar "gestos-tipo" fortes (+) e fracos (-), pois na maioria dos casos, os sentimentos de insuficiência atraem a necessidade de compensação que, muitas vezes, se apresenta no plano oposto, sob a forma de tendência excessiva, e outras, sob o mesmo plano em que o "gesto-tipo" fraco (-) se manifesta.

Características que devem ser observadas

Sugiro ao leitor que, a partir da descrição, imagine o gesto:

- pequenas regressões e inversões de direção com alternância de abdução com adução ou de extensão com flexão, - "ganchos" ou "arpões";
- altura, comprimento, forma e posição das barras nos "tt" e "vv";
- intensidade da força aplicada na impressão dos movimentos - zona em que ocorrem tais manifestações;
- traçados vacilantes, tremores;
- excesso de formas curvas - espirais, desenhos e arabescos inúteis, laços, nós, olhais nas letras;
- pingos dos "ii" e sinais gráficos com formas especiais - círculos, vírgulas curvas, traços horizontais, fracos ou fortes, etc.

Manifestações do Gesto-Tipo

A lista é mera indicação, não tem a intenção de esgotar o assunto.

Quanto ao movimento		Quanto à amplitude	Quanto à tensão
Ângulo	Curva	Inflamento das letras	Maça
Triângulo	Espiral	Volteios e floreios	Ponta (acerada)
Arpão	Golpe de látego		Inibição
Golpe de sabre	Nó		Retoque
	Laço		Falha
	Anel		Repasse ou reforço de
	Arco		letras, acentos e sinais
	Guirlanda		Tremor
			Torção ou oscilação

Outras manifestações

"Dente de javali", "Rabo de escorpião" - manifestam-se na zona inferior, reforçam os significados negativos:

Na direção das linhas, normalmente próximo à margem direita:

Encurtamento de linhas, rabo-de-raposa, margem direita muito grande, encurvamento de linhas para baixo;

Na forma, geralmente das letras "s" minúsculas e dos arcos finais das letras "m" minúsculas: garra-de-gato;

Na letra "g", entre outros - ver o estudo sobre a letra:

- laçada inferior em forma do algarismo 8 (oito),
- arco em forma de "gadanha (ou foice)": curva longa para baixo aberta à esquerda.

Gesto-tipo - Paralelismos Psicológicos

Orientação genérica

O "Gesto-tipo" pode indicar impulsos, tendências, instintos, necessidades, gostos e interesses individuais muito marcantes. Apresenta-se, então, como um "Gesto-tipo Forte". Mas pode, igualmente, revelar-se como "Gesto-tipo Fraco" e indicar-nos o lado mais sensível do indivíduo (seus complexos, suas frustrações, insuficiências ou "defeitos").

No primeiro caso, o "gesto-tipo" se destaca pela sua força, por sua forte preponderância sobre os demais gestos e atitudes "Gesto-tipo + (mais)". O "gesto-tipo +" imprime na escrita certa pressão, dimensão, forma ou estrutura e chama a atenção, pois faz girar todo o traçado em torno da letra ou partes da letra em que se manifesta.

Não nos deteremos no estudo do referido traço, apenas vamos resumir o que foi dito. É a única maneira de evitar a revisão de uma grande quantidade de minúcias que, de resto, não constituem tipos especiais. São variedades do que já mencionamos, e podem ser interpretadas em consonância com os significados que veremos a seguir. Indicam tendências e características que devem ser conjugadas com as interpretações dos demais sinais e símbolos já estudados.

As indicações, repetimos, são genéricas, apenas contribuem para enriquecer a interpretação e não podem ser estudadas isoladamente. Deve-se considerar a interpretação segundo o "nível de forma" (Klages).

Segundo a teoria Vels, sobre Grafologia Dinâmica, os gestos característicos devem ser interpretados, levando-se em consideração a zona gráfica em que se apresentam:

• A curva ....Significa: graça, doçura, alegria;

• O Ângulo ....Dureza, energia, austeridade;

• Os traços: finos ....Delicadeza;

• Fortes ....Energia;

• Maça ....Resolução, violência;

• Curtos ....Afirmação;

• Longos ....Vivacidade, impaciência;

• Arpões ....Tenacidade, obstinação;

• Em anéis ....Habilidade no trato com as pessoas.

• Que vão da esquerda para a direita ....Espírito de "chicana" *

* "Espírito de chicana" é o modo de uma pessoa fugir ao debate, alternando argumentos aleatoriamente, sem direção definida. "Fazer chicana" quer dizer dispersar energia, tergiversar, usar de subterfúgios, até fazer ironias, ou contar casos para desviar-se ou fugir de responsabilidades.

É sempre tão importante quanto necessário, estudar a zona em que ocorrem os gestos tipo, assim como sua orientação, que está impressa no traço que o forma.

Assim, o traço em estudo pode ter sido realizado de baixo para cima, da direita para a esquerda, em qualquer das zonas: inferior, média, superior, inicial ou final. A observação indicará em qual direção se projeta a característica simbolizada no gesto, o modo como o autor responde ao impulso provocado, ou o estímulo que representa, no comportamento do autor.

Os retoques e os reforços (repassar o risco da letra, total ou parcialmente), devem ser observados no exame do sentido ou valor das palavras no texto. Esses sinais identificam uma preocupação do autor com o significado. Para ele, a ideia expressa naquele vocábulo contém algo que o preocupa ou excita, visto o contexto em que se inscreve. Qual é o significado da palavra para o autor? ou, qual é o sentimento despertado no autor quando ele escreveu aquela palavra, naquele lugar da frase que foi poderoso o suficiente para obrigá-lo a rever (ou reforçar) o que fez, corrigir ou reafirmar o gesto que ficou gravado para que os demais o vejam?)

Nas páginas seguintes procuro fazer um resumo das possibilidades de ocorrência do "Gesto-Tipo", indicando o que deve ser observado: zona de ocorrência, forma, dimensão, pressão e localização. Cada uma dessas indicações permitirá o conhecimento das zonas e amplitudes em que residem os impulsos, e a orientação adotada pelo autor para resolver seus problemas íntimos, que, muitas vezes, ele mesmo procura esconder ou não os reconhece como "reveláveis" em função de alguma pressão ou obstáculo social.

Observe-se que as ocorrências nem sempre são isoladas, mas podem ser combinadas. Assim, qualquer identificação só deverá ser feita após o estudo completo do quadro, para cada autor.

Lembremo-nos, sempre, da orientação de Ania Teillard, que consta da primeira página deste trabalho:

"A ANÁLISE GRAFOLÓGICA é um trabalho de observação, de combinações e deduções.

É essencial que jamais se faça uma combinação ou qualquer dedução de ordem psicológica, sem verificar se a escrita contém, R E A L M E N T E, os sinais que correspondem ao que se alcançou por dedução, porque são os sinais gráficos que dão apoio às combinações psicológicas". (TEILLARD, Ana. L'ÂME ET L' ÉCRITURE. Paris, Édition Traditionelle, 1990. pag. 187.)

Orientação para o Estudo dos Gestos-Tipo
Localização e Significado

ZONA SUPERIOR	Hastes, Barras dos TT, Pontos, etc.	Atividade Mental	Agitação Desordem Imaginação
ZONA MÉDIA	Tamanho Altura das letras	Instabilidade sentimental	Inadaptação sentimental Falsidade Egocentrismo
ZONA INFERIOR	Extensão das volutas inferiores	Intensidade da manifestação dos instintos	Inadaptação à realidade prática Inquietação pelos problemas das áreas econômicas e profissional Impressionalidade erótica
ZONA INICIAL	Traços extensos Enfeites Exageros	Importância dos problemas íntimos Preocupação consigo mesmo Repasse de lembranças Intenções frente aos próprios desejos, necessidades e inclinações	
ZONA FINAL	Traços Externos	Saída do ego na direção do outro Contato com o exterior	

Traço inicial - Orientação para o Estudo

TRAÇO INICIAL		REFLETE
QUANTO À FORMA	ESPIRAL GUIRLANDA ARCO NÓ	* Intenção de agradar * Habilidade para ocultar * Habilidade para enredar
	ESPIRAL GANCHO-ARPÃO	* Amabilidade * Desejo de obter aprovação e apreço * Conquista do ambiente * Resistência para mudar de atitude, de ambiente
QUANTO À DIREÇÃO	HORIZONTAL	* Intenção de vencer as dificuldades internas para passar da idéia ao objetivo * Esforço obstinado * Obstinação
	DIAGONAL ASCENDENTE E RETA	* Atitude de oposição, agressividade e combate * Achar-se melhor que os demais e assumir posição ou opinião "a priori", sem obedecer critérios
QUANTO À PRESSÃO	FORTE	* Afirmação da personalidade, das intenções e dos desejos
	DÉBIL	* Falta de energia interna, sugestionabilidade, impaciência, ansiedade
QUANTO À EXTENSÃO	CURTO LONGO	* Sobriedade, concisão nas idéias e pensamentos * Decisão lenta, desejo de se fazer notado

Janeiro / 96

Zona inicial: Movimentos de "Arranque"

TRAÇOS INICIAIS		
P R O L O N G A D O S **A R T I F I C I A L M E N T E**	COM ESCRITA ACELERADA	Agressividade Inclinação ao ataque brusco Avidez exagerada Tendências imperiosas Falta de controle e de freios
	COM ESCRITA EXTENSA, INCLINADA E GRANDE	Necessidade de falar Indiscrição Inoportunidade nos comentários Embuste, invenção no falar Necessidade de espaço Falta de freios
	COM ESCRITA ESPAÇADA E DESORDENADA	Inclinação para gastos excessivos Gasta mais do que tem
	COM ESCRITA CRESCENTE, INFLADA	Excesso de extroversão Desejo de honrarias Enorme vaidade Falsa ostentação de força, poder etc.
	COM ESCRITA FILIFORME, SINUOSA, COMPLICADA E LENTA	Desconfiança instintiva Suspeita inquietante
	COM ESCRITA MOVIMENTADA E ORNADA	Tendências para o excesso de detalhes Esmero impertinente Cuidado excessivo

Janeiro / 96

Zona final - Prolongamento do Movimento Final

TRAÇOS FINAIS	
NÓ (BUCLE) REGRESSIVO	Atitude egoísta Reivindicações exigentes Açambarcamento abusivo e absorvente Desejo de posse exclusiva
ARCO REGRESSIVO	Desejo de posse exclusiva Açambarcamento Acentuação do sentido de posse
ESPIRAL LAÇO	Desejo ávido de agradar Tendência para usar enfeites, jóias, etc. que dão brilho à pessoa Jactância, presunção, ostentação Sedução, "narcisismo anal" e de "homossexualidade" Habilidade em geral Obtenção de vantagens
GUIRLANDA	Amável, aberto, espontâneo
ARCO	Em ambiente positivo: atitude de proteção Em ambiente negativo: desconfiança do outro
DIAGONAL	Com escrita lançada, rápida, acerada, discordante: atitude agressiva, polêmica, reivindicatória, intransigente, neurótica Com escrita invertida: inadaptação, agressiva
DESCENDENTE	Materialismo, grosseria

Janeiro / 96

Traço final: Orientação para o estudo

TRAÇOS FINAIS		REFLETE
Q U A N T O A Z O N A	SUPERIOR	* NECESSIDADES Intelectuais Espirituais Idéias
	MÉDIA	* NECESSIDADES Afetivas Sentimentais * INSPIRAÇÃO NA VIVÊNCIA
	INFERIOR	* NECESSIDADES Apaixonadas * TENDÊNCIAS INSTINTIVAS

Q U A N T O A F O R M A	LONGO
	E
	CURVO
		* NECESSIDADES DO EGO
		* ADOÇÃO DA ATITUDE MAIS HÁBIL
		  POSSÍVEL PARA ALCANÇAR FINS E
		  SATISFAZER AMBIÇÃO, GOSTO E
		  NECESSIDADE

	ARPÃO
	(GANCHO)
		* NA DIAGONAL
		         Atitude intransigente
		         Tenacidade

		* EM ÂNGULO
		         Forte aferramento
		         à vida interior

		* EM CURVA
		      Atitude que pode ceder ante
		      palavras amáveis ou sinal de
		      desejo de corrigir os demais

Elementos gráficos formados pelo "Gesto-Tipo"

Entre os derivados do ângulo

Movimentos em triângulo - Produzidos principalmente nas pernas dos "f", "g", "y" e nas barras dos "tt", podendo ser observados nos "z", nos "s" e nos óvulos da zona média.

Gancho ou arpão - É constituído por um movimento de regressão, em forma de gancho ou de arpão, que se instala, de preferência, nos finais das letras, ou palavras, e nas barras dos "tt" (zona inicial ou final).

Golpe de sabre - Movimento produzido por um impulso vívido e marcante da pena em qualquer direção da entrelinha. Esse golpe é seco e anguloso, podendo afetar as barras dos "tt", e as partes inferiores das pernas das letras.

Entre os derivados da curva

Espirais - Movimento "egópeto" em forma de voluta ou de espiral que se instala, preferentemente, nas maiúsculas, no "c" e sobre os traços iniciais ou finais e sobre algumas letras da zona média. A importância da coquilha ou espiral varia segundo a zona, ou zonas, em que ela se instala como gesto-tipo:
- Espirais nas zonas inicial e superior;
- Espirais na zona média;
- Espirais na zona inferior e voltadas para trás;
- Espirais em traços finais e em posição descendente sobre a zona inferior.

Golpe de chicote ou látego - Em sua estrutura inicial, forma um laço para em seguida, projetar-se de modo impulsivo em qualquer direção na entrelinha. Diferencia-se do golpe de sabre, que se inicia com um triângulo e termina em ponta reta ou com uma grande curva dextrógira (sabre em forma de cimitarra). O golpe de chicote ou látego termina quase sempre em anzol ou ponta recurvada para baixo e para a esquerda.

Nó - Retorno, em curva, de uma abdução sobre uma adução. É uma espécie de sentido mais rígido que o do laço, ocorrendo sobre as mesmas letras e tem aspecto semelhante. Para ser identificado, devemos perceber, antes se o ambiente é positivo ou negativo.

Laço - Caracteriza-se pela repetição do anel , um sobre outro, formando laços. É um movimento de retorno do traço sobre si mesmo, com a aparência do seu símbolo, que se produz, com frequência, sobre os óvulos das letras "d", "a", "g", "o", etc. Dá-se nos ambientes positivos.

Anel - "jointoyée" - Consiste na tendência a formar "olhais" ou anéis sobre as letras ou partes delas. Este gesto-tipo é observado com maior frequência nos óvulos interiores das letras "a", "o", "g", "d" e nas maiúsculas com ligamentos.

Arco - Letras ou parte de letras em forma de abóbada, ou arco. Esse movimento se apresenta na zona média (ligação). Pode dar-se nas barras dos "tt".

Guirlanda - Consiste em um movimento em forma de arco voltado para cima. Instala-se com preferência sobre os traços iniciais e finais, sobre as barras dos "tt" e nos ligamentos. É o contrário do arco. Veja-se a interpretação do sub aspecto "Ligamentos". (Em sentido geral, rápida adaptação ao meio ambiente).
Independentemente, apresentamos aqui algumas variações:
• Guirlandas nos traços iniciais;
• Guirlandas nos traços finais das palavras e das letras;
• Guirlandas nas barras dos "tt".

Serpentina - Movimento ondulado ou de direção imprecisa que afeta especialmente os traços iniciais e finais, barras dos "tt", letras interiores, o "m", "n" e a assinatura (vejam-se as barras dos "tt"). É preciso observar que o que foi dito sobre o traço aplica-se à rubrica, ao que não seja realmente um só traço, ou a uma série de traços tão independentes da grafia como a barra do "t".

Quanto à amplitude

Inflamento - As letras ou partes delas com volutas, especialmente as maiúsculas, têm a tendência a tomar um volume ou "inchamento" exagerado. Esse sinal aparece, com frequência, sobre as zonas iniciais das letras maiúsculas e em algumas minúsculas, por exemplo, no "s" e nas letras com óvulos ou anéis.
O sentido geral do gesto inflado indica o exagero na avaliação de si mes-

mo, imaginação, vaidade, alegria, amplificação da realidade. O inchamento muda de significado, segundo a zona ou zonas, em que estão com preferência.

Volteios e floreios - A escrita é feita com muitas curvas e sinais de enfeites curvos que dificultam a rapidez da leitura e dividem a atenção do leitor. Há uma evidente preocupação de mostrar "beleza de enfeites" que perturba, por vezes, a caracterização da letra.

Quanto à tensão gráfica

Maça - É um movimento que se caracteriza pelo aumento progressivo da pressão, que se detém no último momento, em seco, descarregando todo o golpe da energia sobre a zona final dos traços que terminam em forma de ponta quebrada.

Ponta - O traço é iniciado com pressão tal que lhe aumenta a espessura, mas que, quando diminui, o afina, reduzindo-o a uma ponta, como a de um espinho fino.

Inibição - A inibição pode ser observada nas zonas finais de letras, em que faltam ou são curtos os complementos gráficos. O "a", por exemplo, pode ser grafado sem o traço final ("rabinho"), poderá faltar a barra do "t", e a "cedilha" ser muito reduzida.

Retoque - Nota-se que o autor retoca algumas letras, ou parte de algumas, como se quisesse melhorar seu aspecto ou forma.

Repasse ou reforço de letras, acentos e sinais gráficos - O autor recobre a letra, ou parte dela. Há um reforço na cor do traço, do pingo dos "ii", etc.

Tremor - Os traços que deveriam ser retos aparecem quebrados por efeito de tremores, de contorções ou recortes.

Torção - Desvio ou torção dos traços que deveriam ser retos, (não confundir esse gesto-tipo com tremura, mas que produzem linhas quebradas. A flexão ou torcedura aparece em um trecho amplo da letra.

Essa lista se refere aos mais frequentes gestos-tipo e não tem a pretensão de esgotar o assunto. Podem ser identificados outros, e todas as contribuições são bem recebidas.

Os gestos-tipo expressos em forma de "fuselado" (veja-se a escrita tipo fusiforme), de quebrado, em forma pontiaguda ou de punhal, etc, têm seus significados estudados nas escritas-tipo correspondentes.

Ângulos "A", "B" e "C", de Moretti

As mais interessantes e originais observações sobre as formas das letras "a", "o" e "d" foram feitas pelo grafólogo italiano, o fundador da escola italiana, P.G. Moretti, descritas com rigor na obra de L. Torbidoni e L. Zanin, "Grafologia. Texto teórico prático".

Segundo Moretti, a escrita curvelínea é a expressão do altruísmo, enquanto que a angulosa o é do egoísmo. "A tendência ao ressentimento produz uma irritabilidade, cuja presença provoca um reflexo muscular de contração"; "A irritabilidade muscular encontra expressão genuína na contração, que é função específica do tecido muscular"" (Torbidoni e Zanin, pág. 52). Moretti afirma que o movimento brusco ocorrido em função da contração muscular produz ângulos, mais ou menos agudos nas bases da letras curvelíneas, principalmente nas letras que têm estrutura primária curva: as letras "a" e "o" e suas derivadas "b", "d", "g", "h", "s", "q", e nas bordas das letras "m", "n", "u", "s", "v", "r", "t", "l", "f", e nos algarismos (Torbidoni e Zanin, pág 53).

Ângulo "A"

Quando ocorre, é formado pelos vértices inferiores agudos ou achatados. A identificação mais fácil é feita pela observação da letra minúscula "o".

O perfil atitudinal identificado nas formas com "ângulo" é o da defesa do "Ego", em variações mais ou menos evidentes. O ângulo "A" indica defesa do Ego, reação contra ataques ou possibilidade de invasões. Como resultado: fácil irritabilidade, pouca disposição para aceitar sugestões alheias. Ressentimento, susceptibilidade e tendência para desconfianças, dúvidas e suspeitas.

A contra partida positiva é a disposição para realizar tarefas que exijam independência e processos críticos.

Ângulo "B"

Quando houver mais de um ângulo na letra, podendo ser em duas ou três posições - Vértices superior e inferior e nas laterais da letra. É mais fácil ser observado na letra "o".

É um grau maior do ângulo "A". Indica maior disposição para defesa dos territórios do Ego: tenacidade, teimosia e atitude psíquica disposta a obstruir as tentativas de invasão. Tendência à repetição das experiências anteriores e pouca flexibilidade ante o evidente. Por outro lado, empenho em exigir respeito dos demais na defesa da legitimidade.

Tenacidade, teimosia, obstinação, apego aos riscos, disposição para resistir e manter as atitudes ou posições tomadas. Combatividade de ideias.

Ângulo "C"

Quando a escrita é fluida, espontânea, limpa, sem o aspecto duro que os ângulos mais ou menos agudos podem causar. O sinal indica astúcia, senso de oportunidade, organização e liberalidade vigilante.

Capacidade para a previsão. Quando as curvas são mais equilibradas, indentifica-se melhor capacidade para adaptação ativa. Essa característica revela a habilidade para ver longe, para prever dificuldades e problemas.

Expressa *savoir faire* - destreza prudente, complacência e persuasão destinadas à procura de êxito, de benefícios ou de honrarias.

Astúcia, sentido de oportunidade, organização preventiva. O autor está constantemente "prevenindo-se".

Sugestão de Roteiro para o Estudo e Identificação dos Gestos-Tipo

1 - Examine, com sua lupa, os traços iniciais para pesquisar:

a - existência de pequeno borrão no lugar onde a ponta impressora se apóia para iniciar o traçado das primeiras letras de um texto. A existência desse sinal identificará o estado de dúvida ou indecisão sobre a atividade.

b - sinais distintos:

- ganchos (arpões), espirais, nós, arcos, guirlandas, traços retos;
- observe a direção, a pressão e compare suas dimensões com as dos corpos das letras. Verifique se são significativos e constantes - aparecem com frequência? Onde?

2 - Compare a extensão do espaço ocupado pelo traço inicial, com a da largura da mesma letra, para decidir se é longo, curto, muito pequeno.

3 - Examine, com sua lupa, os traços finais das últimas letras das palavras:

a - sinais gráficos distintos:

- ganchos (arpões), espirais, nós, arcos, guirlandas, maças, ondulações, pontas afinadas (aceros), etc;

b - observe a pressão, a direção dominante, a extensão em comparação com a largura do óvulo.

4 - Determine qual é a zona gráfica predominante, medindo as respectivas extensões e alturas.

Para avaliar a interpretação, lembre-se da Teoria dos Espaços, de M. Pulver. - A zona dominante revela as tendências do autor, na avaliação que faz das situações, e a base de sua maneira de sentir e pensar.

5 - Verifique a compatibilidade com a grafonomia já levantada, e distribua suas conclusões segundo os grupos de estudo (Relações sociais, Relações de formação intelectual, Relação do indivíduo com seu Ego, e Outras).

6 - **Reveja todo o trabalho!** Examine o seu estilo. Se estiver usando palavras de "jargão" profissional, troque-as, para que seu texto fique mais claro.

LETRAS REFLEXAS

Representam um grupo de símbolos importantes dentro do estudo do gesto-tipo.

Ocorrem na grafia pequenos movimentos que são incontroláveis. Esses movimentos causam pequenas e insistentes modificações no aspecto de algumas letras, na posição, na forma e na dimensão dos sinais acessórios, como: as barras dos "tt" e os acentos. Causam ligações anormais entre algumas letras das palavras ou separam em demasia duas letras dentro de uma sílaba.

Desde os grafólogos dos primeiros momentos, tais modificações vêm sendo objeto de muitos estudos, e as pesquisas para sua interpretação ainda prosseguem, mesmo em publicações recém-datadas.

A meu ver, nesses pequenos sinais, escondem-se os símbolos que informam sobre as tendências do comportamento de um autor, quando ele é posto frente aos diversos estímulos que uma situação potencial possa conter. A reação é uma resultante instantânea e instintiva de defesa ou de ataque, de posse ou de doação, de necessidade de ser ou de ter, mostrar ou esconder algo.

Contemporâneos de Crépieux-Jamin e outros, que viveram depois dele, dedicaram-se ao estudo das letras, cada um a seu modo, porém todos percorrendo o alfabeto greco-latino, como é o caso de R. Salberg. Autores mais recentes, como Marguerite de Surany, preferem estudar o alfabeto, apoiando-se na sua origem hebraica ou egípcia, pretendendo iluminar alguns aspectos simbólicos.

A. Vels e M. Xandró, em suas obras, chamam a atenção para outros sinais característicos, nos espaços "não escritos", como os lapsos, os traços iniciais e finais. R. Trillat fala do significado da diferença da dimensão das hastes de duas letras iguais na mesma palavra, como consoantes germinadas, ou mesmo separadas por uma ou duas vogais, e da margem central.

Não tenho a intenção de discutir a validade de uns ou de outros. Limito-me a apresentar as letras cujo simbolismo me parece mais amplamente aceito, não apresentam interpretações diferentes das apoiadas na teoria da ocupação dos espaços de Pulver e que constam nas obras de Vels, de Xandró e de Trillat.

São letras reflexivas: (segundo A. Vels e M. Xandró)

- **o "t" minúsculo e maiúsculo** - estudado e analisado nos detalhes, nas proporções dimensionais entre sua haste, barra e nas suas respectivas posições relativas, forma e direção do movimento, que o constitui;
- **o "M" maiúsculo** - forma, dimensões e proporção dos arcos que o compõem;
- **o "s" minúsculo** - abertura e forma das suas curvaturas;
- **o "v" maiúsculo e minúsculo** - altura, direção, forma e comprimento da barra;
- **o "d" minúsculo** - ligação entre o óvulo e a haste, entre a haste e a letra seguinte, traçado do óvulo;
- **o "r" minúsculo -** forma e posição dos "ombros", letra traçada como um "v" invertido, ou sino arredondado;
- **o "g" letra que, reconhecidamente, representa as manisfestações eróticas e sensuais**, é objeto de estudo à parte. Nele se observam: a forma do óvulo, forma, dimensão, direção e pressão na perna e ligação com a letra seguinte.

Os livros citados apresentam suas teorias e o resultado das longas pesquisas feitas por seus autores cujo conteúdo deve ser conhecido pelos estudantes mais interessados.

Maurício Xandró inclui nesse grupo ainda outras letras:

- **"o" minúsculo:** (segundo o cientista Spinalt, o óvulo é síntese da personalidade):
- aparência redonda, arrendondada, com ângulos por cima ou por baixo, abertos ou fechados, etc.

A letra "T"

Segundo Vels (1990:160), "a letra "t" sempre foi vista como reflexo da vontade. Isto se deve aos dois movimentos que compõem essa letra. A haste tem que ser traçada por um movimento em flexão, dirigido para o próprio corpo, o que nos revela o nível de tensão psíquica e nervosa de cada autor ao escrever (grau de energia do caráter, de firmeza, de resistência frente a pressões, dificuldades ou estímulos, nível de auto afirmação, etc). O segundo movimento consiste no traçado de uma barra horizontal que se desloca da esquerda para a direita, em direção ao exterior. Nesse movimento de extensão, normalmente, podemos apreciar a força ou potencial de decisão.

Mesmo que a vontade não esteja refletida somente na letra "t", no conjunto do grafismo, o estudo dessa letra é muito interessante por sua repercussão psicológica no ambiente gráfico".

Simbolismo:

- de cima para baixo, a tensão afirmativa do Ego;
- da esquerda para a direita, a afirmação da personalidade ao realizar tarefas ou impor seus atos.

A haste do "T"

Forma reta - grau de firmeza, de retidão e de afirmação pessoal.
Pode aparecer combinada com:
- ângulo na base da haste - firmeza e resistência nas próprias afirmações;
- curva na base da haste - vontade propensa à influência, energia suavizada.

Posição em relação à linha-base da zona média:
A linha-base é a linha da consciência, como já mencionamos, ao estudar as teorias do espaço de Pulver. O traço vertical pode ficar detido acima dessa linha, sem tocá-la, apenas tocá-la, ou ultrapassá-la:
- a haste ultrapassa a linha da consciência: falta de domínio, desabafo; se a base da haste for um ângulo, a reação é cortante e categórica;
- a haste não toca a linha do ego: timidez e coibição, temor da realidade;
- a haste é precedida de um traço longo: necessidade de apoio em sólida experiência, para enfrentar a ação ou as opiniões;
- a haste não é precedida de traço: Ego seguro e realista.

A barra do "T"

Os traços horizontais simbolizam o avanço da vontade sobre o ambiente e sobre os demais - tendências expansivas.
Altura da barra em relação à haste:
- Alta - Não toca a haste, traçada por cima - afã de poder e de superioridade, domínio insuficiente da realidade, utopia, idealismo;

- Baixa - Os sinais de "alta" ficam reprimidos, atitude inconsciente de "camuflar" ou de adaptação "realista" ao plano de vida, modéstia, simplicidade;

Há, também, o simbolismo de Pulver de renúncia à vida sexual, ou o "descanso em si mesmo" (Klages), ou ainda o de candura, ingenuidade, timidez (Crépieux-Jamin), ou introversão, (A. Teillard);

- Soerguida - toca a haste por cima - tendência inflatória do EGO, desejo do ideal. É frequente nas tendências paranóides;
- Ligada por um pequeno anel - índice de paciência combinada com a intensidade ou força da ação [Vels:39].

Posição em relação à haste

- Depois da haste - (à direita) - vivacidade, iniciativa de pensamento e ação, confiança no futuro, fuga do passado;
- Antes da haste - (à esquerda) - indecisão, passividade, refúgio no passado, incapacidade de sair da rotina sem ajuda, pusilanimidade;
- Posição simétrica (a haste corta a barra pelo meio) - reflexão, consequência, inspiração no passado antes da ação.

Comprimento da barra

- Curta (sóbria e singela) - moderação e objetividade, preferência pela clareza, reflexão, prudência.
- Mediana - (comprimento mais ou menos igual à dimensão da haste, de 3 a 5 milímetros) ponderação da energia e da atividade;
- Longa - (cobre outras letras, antes ou depois, ou antes e depois) - vontade fraca, vivacidade e impaciência, tendência a abarcar mais do que suporta, imprudência.

Orientação da barra

- Horizontal - afirmação, força nos propósitos;
- Inclinada:
- ascendente - vontade combativa, agressão aos superiores, tendência agressiva;
- descendente - vontade fraca, sentimento de impotência, cansaço precoce, insuficiente domínio da realidade, agressão aos inferiores.

Forma da barra

- As barras são iguais em tamanho, pressão, forma, comprimento, direção e inclinação - Ordem, constância, regularidade, ponderação, convencionalismo, rotina;
- As barras são onduladas, como uma serpentina. Alegria de viver, rir, zombaria, habilidade, redução da seriedade e da retidão;
- As barras são unidas à letra seguinte - há um pequeno anel ou laço na base da haste - Resignação, perseverança, paciência, vontade silenciosa, disposição ao sacrifício;
- Barras ponteagudas - em geral refletem deficiência no domínio de si, das tendências e dos instintos, desejos ou necessidades - Impulsividade, reação rápida, sem inibição. Ação contundente;
- Barras com ponta mais grossa que o começo (maça)- sinal de descarga emocional - Predisposição para acumular tensões emocionais violentas. Reflete o potencial dinâmico da vontade, da força das ideias e da energia;
- Barras dos "tt" com formas de golpe de chicote ou sabre - símbolo estudado como gesto-tipo.

A letra "S"

A letra "s", minúscula, reflete o escrúpulo moral, amor próprio e a amplitude da consciência.

Observemos que a letra "s," minúscula, caligráfica escolar, é formada por uma reta ascendente inclinada para a direita, em cuja ponta há um ângulo, que é o início de uma descida dirigida para a direita, em curva aberta para a esquerda.

Quando a ponta da curva termina o formato da letra, ela poderá tocar ou se enlaçar na reta ascendente ("s" fechado), interromper seu movimento antes de alcançar a reta ("s" aberto), pode coincidir ou não deixar espaço entre o traço ascendente e o descendente ("s" seco).

- "s" aberto - consciência aberta;
- "s" fechado - consciência fechada, dissimulação;
- "s" estreito (seco) - consciência estreita;
- "s" formado por um triângulo - consciência dura, seca, minuciosa: se o triângulo for estreito, avareza, ruindade.
- "s" soerguido, alto - a haste ascendente retorna para baixo, formando ou não um anel, é elevada em relação à zona média - consciência exagerada de si e de seu próprio valor. Amor próprio frágil. Ressentimento fácil.

A letra "V"

A letra "V" (maiúscula) revela, pela forma e extensão do traço horizontal, a consciência do dever e o desejo de proteger.

Quando o traço horizontal for longo, recobrindo outras letras, significa socialização do sentimento de proteção e cumprimento do dever, ditatorial.

Segundo Roger de Salberg, o "V" com traço longo indica o amor à proteção e, se o grafismo for vulgar, indicará a "proteção pela posse".

A letra "d"

Reflexo da orientação espiritual, com as seguintes indicações:
- haste reta, apontando para cima - o espírito se orienta para o ideal;
- haste dirigida para a letra seguinte - predomínio da lógica;
- haste termina com uma barra superior - reflete independência de ideias;
- haste separada do óvulo - reflete oscilação entre as tendências masculinas e as femininas.

Segundo Trillat, reflete oposição entre os ascendentes familiares.
- haste em curva reversa - imaginação preponderante, fortemente combativa.

Maurício Xandró, em obra já traduzida para o português, "Grafologia para todos" (SP, Ágora, 1997), apresenta um estudo muito interessante e variado sobre a letra "D" maiúscula.

A letra "M"

Os arcos são formados por um movimento ascendente, o que, na teoria de Trillat, representa a expressão de um desejo inconsciente. A subida se interrompe em função de um limite que o inconsciente impõe ao desejo; na descida, o traço pleno mostra a capacidade de realizá-lo.

Assim, a letra "M" pode representar o conceito auto-estimativo em contraposição à sua efetiva realização. Ocorrem variações das quais mostro alguns exemplos ou possibilidades.

Apresenta-se completo, com três arcos ou simplificado, com duas pernas:
- o primeiro arco simboliza a importância que o indivíduo se dá, estima pessoal;

- o segundo arco representa a importância que o indivíduo se dá na esfera ou constelação familiar;
- o terceiro arco simboliza a importância do sujeito no seu meio social, profissional;
- Se houver somente dois arcos, utilizam-se as interpretações do primeiro e do terceiro arcos;
- segundo Crépieux-Jamin, a altura do M representa a atitude do Ego;
- A falta da segunda perna é natural no vulgar, que dispensa o orgulho.

A letra "M" maiúscula é o simbolo do conceito de auto-estima.

Estimativa do inconsciente, auto-estima.

Lugar a que o indivíduo aspira na constelação familiar, na hierarquia familiar.

Importância social, o que o sujeito aspira a ser, marco profissional ou social.

Traçado sem arco no meio, interpretado segundo a altura da perna em evidência.

Traçado vulgar, cultura social insuficiente, falta de gosto estético.

A letra "g" minúscula

(Ver: Xandró M., Grafologia Superior. Barcelona: Herder, 1991).

A zona inferior da escrita contém informações sobre as tendências instituivas primárias.

A libido

- Totalidade da energia psíquica (Jung).
- De que a sexualidade (Freud) é apenas uma parte.

Têm representação na letra "g" minúscula:

- o óvulo indica a atitude ética e emocional prévia, tem as quatro direções de contato.

- a perna indica penetração nas profundezas do inconsciente.

- a haste de subida revela realização das aspirações impulsivas.

- ligado à letra seguinte indica a facilidade para entregar-se.

- óvulo desligado da perna identifica necessidade não atendida.

- formas complicadas nas pernas indicam a existência de fanta-sias, exacerbação:
- do desejo de agradar, de atrair, de seduzir, de provocar;
- a excitação do sexo pelas roupas, palavras, poses estudadas e narcisismo.

O mestre, Dr. Vels, apresenta uma interessante teoria sobre a letra "G" no seu livro "Grafologia Estrutural e Dinâmica", já traduzido para o português, e publicado pela Casa do Psicólogo.

A letra "r" minúscula

(Ver: Xandró M., Grafologia Superior. Barcelona: Herder, 1991).

A letra "r" minúscula é simbolo de canalização da energia (a mesma empregada para alterar a direção da ponta impressora para formar os ombros), mostrando a capacidade de persistir.

- Ambos os ângulos são bem marcados

Aproveitamento das energias no trabalho.

- Primeiro ângulo acentuado

Esforço canalizado para a persistência.

- Segundo ângulo acentuado

Esforço consciente, no sentido da iniciativa.

- Em forma de ombros levantados com ambos os ângulos agudos

Energia mal canalizada, que se desgasta com a irritabilidade.

- Em forma de "i"

Impaciência pelo esforço, vivacidade, aplicado irregularmente, sem continuidade.

- Em forma de monte curvo (sem ombros)

Pouca energia, preferência pela comodidade, por não se desgastar.

- Com duplo nó nos ombros

Aplicação do esforço de forma contínua, fuga da aspereza.

- Em forma de "v" com nó na base

Canalização dinâmica da energia, com máximo aproveitamento e menor esforço.

A ASSINATURA

A escrita de um texto corresponde à manifestação exterior da atividade de um autor, do individuo tal como ele é. A assinatura, em contrapartida, é a concretização da imagem que o indivíduo faz de si mesmo. Por isso, ela é diferente do resto da escrita.

"Se escrevemos de acordo com o que somos, assinamos de acordo com aquilo que queremos ser".

Portanto, é importante levar em consideração a diferença entre as informações contidas na assinatura e as contidas na escrita. Elas indicam uma atitude do indivíduo e não uma ação.

É preciso entender que, no caso da assinatura, não se trata de um ato natural e espontâneo, mas de um desenho estudado, desejado, refletido, normalmente imutável. Essa característica não altera o fato de seus elementos obedecerem à influência de estímulos importantes. Essas informações são igualmente preciosas, porque mostram a impressão que o escritor quer causar com sua própria imagem.

Um estudo grafológico, baseado apenas na assinatura, é pouco útil e perigoso, assim como o estudo de uma escrita sem a correspondente assinatura é muito incompleto.

A assinatura pode ser considerada como uma representação, que um autor faz de seu próprio valor, quando fala profissionalmente para um público determinado. Ela tem esse lado revestido da fantasia profissional e um pouco teatral de quem quer se apresentar com seu melhor desempenho.

Existem sinais nas assinaturas que são mais visíveis do que os das próprias escritas, é difícil classificá-los por espécies. Exigem um estudo técnico com deduções, elaboradas a partir dos princípios de interpretação do sinal. Aqui, prevalecem as que apresentamos em todo o texto. Segundo os aspectos observados quanto à posição que o autor selecionou para sua repre-

Fonte: TRILLAT, R. et ESCRICHE, V.GRAPHOLOGIE PRATIQUE, au service de l'École et de l'Entreprise. Valencia, 1986. 294p. Ref. Pág 109 a 118.

sentação principal, são importantes: a distância da assinatura, em relação ao texto, sua posição à direita ou à esquerda. Como em qualquer observação de sinal, deverá ser analisada sua posição em relação a um eixo, como se faz quando interpretamos espaços e direções.

Os elementos da assinatura

No caso brasileiro, há, primeiro, o nome individual, seguindo-se os nomes da família da mãe e depois da família do pai, como regra geral. Alguns omitem o nome da família da mãe e usam somente o da família do pai. Em todos os casos, vale sempre a mesma observação.

O nome pode ser mais importante que o sobrenome. Nesse caso, o escritor considera a própria pessoa mais importante que o núcleo de família, e pode até aumentar essa diferença sublinhando o nome, ou colocando-o em outra linha, ligeiramente acima. Podemos, entretanto, observar fenômenos inversos.

Deve ser estudado o equilíbrio existente entre o nome e o sobrenome. Assim, o autor pode modificar essa relação ao longo de sua vida. Passar de um sentimento de admiração a seu sobrenome de família para uma posição de equilíbrio, pelo seu amadurecimento e a valorização de seu próprio nome.

É a história do pequeno *Paulo* e a grande família *SILVA*. Uns anos depois, é *PAULO SILVA*. Finalmente, quando adulto, ele é o grande *PAULO* da família *Silva*.

E, para definir o equilíbrio entre as três situações, a assinatura revela o peso de cada uma.

A letra inicial na assinatura

Muitos autores hesitam antes de revelar sua personalidade, realizando gestos inconscientes, como movimentos em espirais, ou gestos horizontais amplos e outros que podem ser observados pelos tremores da mão, muito característicos de pessoas de menor instrução ou hábito de escrever. Esses pequenos gestos, que precedem o toque da caneta no papel, ou criam um movimento giratório, a partir de sua margem, dão origem a anéis, pontas, traços, nos quais alguns grafólogos tentam encontrar uma representação simbólica das preocupações do autor. Essa é uma atitude pouco segura que não pode ser recomendada aos iniciantes.

Mas não se pode negar que existe um fato simbolizado nesses desenhos que precedem a assinatura. Todo anel que se dirige para o alto, origina-se de um apelo subconsciente do indivíduo à força dominante, ao Chefe, ao Pai; todo anel que se dirige para baixo é um apelo ao elemento alimentador e materialista da Mãe. Toda ponta é uma agressão à imagem da mãe, mas pode ser interpretada como intolerância ao elemento materno.

O traço final da assinatura

Depois que o corpo da assinatura foi traçado, o autor pode deixar a caneta correr. Conforme a direção, esse ato mostra uma tendência de fuga para as esferas cerebrais, se for para o alto, ou uma necessidade de realização prática se para as esferas inferiores.

É preciso, também, examinar a posição do traço final para o lado direito do texto e verificar, no movimento, se há um ângulo ou uma ponta, o que denotaria uma dificuldade ou uma facilidade frente a estranhos, à sociedade.

Mas é, principalmente, pela presença de sinais secundários que a assinatura toma, aos poucos, sua forma, sua personalidade. Esses sinais são os traços que aparecem ao redor e no interior do nome assinado.

Os traços da assinatura

Na assinatura, devemos examinar, com cuidado:

a) os traços horizontais - O autor geralmente sente a necessidade de acrescentar, ao enunciado de seu nome, traços horizontais. De acordo com o posicionamento desses, podemos chegar a conclusões elementares sobre seu comportamento social:

- quando o traço se encontra acima da assinatura, ele afirma um alinhamento extra, que garante sua direção para cima, isto é, destina-se a proteger a personalidade contra uma força superior que ela teme. O alinhamento extra funciona como uma antena pronta a detectar qualquer perigo;
- quando o traço se encontra abaixo da assinatura, ele resulta do ato de sublinhar, destinado a proteger a personagem contra os perigos materialistas, ou a criar para ela um trampolim, um pedestal para exposição de sua estátua. O ato de sublinhar pode se transformar num umbral, que marca uma descida realista para as vantagens materiais;
- quando o traço se encontra no centro da assinatura, o impedimento que o anula corresponde à recusa do escritor em admitir sua própria personagem, e é uma tendência para auto destruição.

A presença do sublinhado e de uma linha extra, criam um enquadramento cujo significado sugere que o autor tem necessidade de garantias e de orientação, tanto no plano social, como no material. O exagero desse fenômeno revela um isolamento total.

b) os traços verticais - Esses são mais raros, mas sua presença, principalmente antes do nome, é como um anteparo que protege a assinatura. Do lado esquerdo, supõe uma necessidade de fechar uma porta em face do passado. Entre o nome e o sobrenome, é o anteparo, um filtro impermeável que se coloca entre a psicologia da criança e o meio familiar, ou a família.

Depois do sobrenome, o pós-alinhamento, que isola a assinatura, à direita, é uma porta fechada entre o indivíduo e o grupo social.

A assinatura com floreios: Alguns, à medida que sobem na escala social, começam por fazer um simples traçado no sobrenome, passam para a *rubrica,* marca, sinal grotesco do primário vaidoso à espera do homem superior, da valorização de uma simples chancela, impetuosa e rápida, mas cheia de responsabilidade. Não se pode esquecer que esses elementos são muito frágeis e móveis e se tornam objeto de processos intermináveis no caso de disputas de heranças. Mas não se deve insistir, de maneira definitiva, na importância desses traços facultativos e provisórios, que marcam, durante algum tempo, a assinatura de quem tem uma doença ou crise moral. Em alguns casos, são definitivos, mas, muito frequentemente, vemos seu desaparecimento ou sua aparição, quando acontecimentos felizes ou infelizes perturbam a vida do autor. Alguns são incapazes de ter uma assinatura pessoal. Sinal de uma humildade excessiva ou recusa categórica de assumir determinado nível social.

Os pontos na assinatura

Os pontos têm, também, importância, porque marcam os lugares de parada na assinatura, isto é, os lugares onde o autor reflete ou prefere se manter ao redor de sua personagem.

Quase sempre são sinais de problemas existentes e não resolvidos. Conforme sua posição, podem ser de natureza espiritual, familiar ou social.

De qualquer maneira, o estudo dos pontos torna possível conhecer os distúrbios físicos ou morais que atingem a personalidade. Podem ser inconscientes e se encontrados, SEMPRE, depois do sobrenome, revelam que o autor se recusa a participar do movimento geral do mundo. Se encontrados entre o nome e o sobrenome, indicam que há um problema entre o indivíduo e seu meio familiar.

Existem alguns significados particulares e voluntários nos pontos: sinais de associação com grupos secretos. Esses sinais são pontos repetidos, como os que encontramos entre os adeptos de certas seitas. São muito numerosos nas escritas originárias de civilizações parcialmente evoluídas e naquelas em que a magia tem uma importância toda especial.

Quando estudamos os pontos nas assinaturas, observamos neles, também, uma linguagem um pouco parecida com a dos agrupamentos astrológicos que alguns pretendem interpretar, mas que, como grafólogo, eu desconheço. Os pontos também têm, igualmente, importância porque marcam os lugares de parada ou interrupção da comunicação pessoal.

Os ganchos na assinatura

Os ganchos na assinatura são devidos a contradições na personalidade. Revelam, de certa forma, alguma oposição a uma intenção não revelada ou sua retenção.

Os ganchos na zona inferior, ou dirigidos para baixo, têm quase sempre origem negativa, possessiva (desejo de ter).

A proporção da assinatura em relação ao enquadramento

Quando observamos um texto e uma assinatura, em conjunto, é útil estabelecer, sempre, uma relação de semelhança entre ambos. Pode-se avaliar, na assinatura, por suas dimensões, comparadas com as das letras do texto, se o autor dá mais importância ao seu nome.

A posição da assinatura

O segundo ponto de observação será a localização da assinatura em relação ao bloco total do texto, e nas duas direções: vertical e horizontal.

a) **Direção vertical -** Uma grande separação entre a assinatura e o texto corresponde a uma atitude pessoal cada vez menos engajada na ação. No caso inverso, a assinatura imbricada no texto mostra o engajamento da personagem.
O escritor revela, assim, maior ou menor ligação com as ações que realiza. Resumindo: quanto mais próxima do texto está a assinatura, mais o indivíduo é escravo de sua ação; quanto mais longe está do texto a assinatura mais o indivíduo é independente dela.

b) Direção horizontal - À medida que a pessoa toma consciência de sua personalidade, ela afasta progressivamente sua assinatura do lado esquerdo da página. Colocada na extrema direita revela uma posição audaciosa e empreendedora: iniciativa.

Direção da assinatura em relação ao texto

É necessário comparar a direção da assinatura com a do texto. Sua orientação para cima ou para baixo pode ser mais ou menos acentuada.

É preciso observar também a harmonia dessa direção, para compreender a atitude do indivíduo quanto à sua ação. Assim, a um texto ascendente deve, logicamente, corresponder uma assinatura ascendente; a um texto horizontal, uma assinatura horizontal e a um texto descendente, uma assinatura descendente.

Em caso contrário, a desarmonia corresponde ao fato de o indivíduo apresentar uma discordância íntima do aspecto que ele mostra de si mesmo.

De qualquer maneira, a assinatura não deve, jamais, ser considerada sozinha, mas sempre em relação ao conjunto da escrita.

Seria cometer erro grosseiro querer avaliar um indivíduo por uma simples assinatura, que revela do autor apenas um aspecto muito superficial, uma vez que ela é um gesto estudado, sem espontaneidade, artificial.

Distância da assinatura ao texto

O afastamento da assinatura em relação ao texto é medido comparando a altura da zona média do texto a partir da última linha base até o ponto mais próximo da linha base sob a letra inicial da assinatura.

A proximidade indica a orientação da decisão:

Próxima - Afastamento menor do que 3 a 5 vezes a zona média. Orientação operacional. O autor se orienta pela maneira de fazer ou agir.

Afastamento Médio - Acima de 5 alturas da zona média. Pensamento tático. Orientado para o que é necessário para agir.

Distante - Afastamento acima de 7 alturas da zona média. Tendência para o planejamento estratégico, objetivos, metas, etc.

AS APLICAÇÕES DA GRAFOLOGIA

O perfil grafológico deve ater-se ao seu objetivo. A análise do documento pode atingir maior ou menor quantidade de detalhes, segundo o trabalho apoiado pelo grafólogo, a partir da solicitação que lhe fez a pessoa que o deseja. Ir além desse ponto é perda de tempo, e tem valor ético duvidoso.

O trabalho do grafólogo é dar apoio ao psicólogo ou ao médico. A Grafologia não constitui atividade fim, mas é um importante meio a ser posto à disposição de um profissional que, *aos olhos do grafólogo*, seja competente. A análise deve ser suficiente como informação adequada e para atingir o objetivo desejado pelo psicólogo. A Grafologia pode ser vista como um *"laboratório de análises"*. Dirige ou ilustra o diagnóstico do profissional que ela assessora.

Identificação de candidatos

Antes do grafólogo examinar um documento, o solicitante deverá elaborar uma lista das características mínimas necessárias ao exercício da função a ser preenchida, e outra das determinantes de inadequação da personalidade para o cargo em questão, definindo-se, assim, o seu campo de pesquisa e investigação.

A partir daí, o grafólogo projetará uma lista das características grafonômicas, ou seja, dos sinais que deverão, necessariamente, estar presentes e dos que não poderão aparecer na grafia de um candidato adequado. Após essa pequena seleção, fará uma comparação dos pontos fortes - traços grafonômicos predominantes (zonas preferenciais, gestos-tipos) - com as características necessárias ao exercício da função.

Um roteiro assim livrará o grafólogo do perigo de, em seu exame, ultrapassar os limites adequados, revelar mais do que o necessário à recomendação de admissão ou rejeição do candidato.

O relatório final - *perfil grafológico* - deverá ser suscinto, mencionando somente as características examinadas, com pouca adjetivação, sem jargão profissional ou frases sem conteúdo informativo. (A nível de, etc...)

A título de exemplo, imaginemos um estudo que se refira a características necessárias ao exercício de uma função que requeira:

- ordem nas tarefas e no trabalho;
- clareza e capacidade para classificar ideias;
e que não possa ser exercida por pessoa que tenha:
- características de lentidão;
- apego rígido às normas e padrões.

A *amostra do candidato revela:*

Ordem - Confusa, desproporcionada, margem esquerda ausente ou irregular com estreitamento na parte inferior, margem superior pequena;

Forma - Enfeites ou letra muito redonda;

Rapidez - Escrita lenta ou pausada (negativa).

Conclusão:

- não há necessidade de ir mais longe para a decisão. Seria perda de tempo querer identificar minúcias e intimidades do candidato que não concernem ao objetivo de uma simples admissão. É bem verdade que o psicólogo, a quem o grafólogo estiver dando o seu apoio, para controle e satisfação do candidato, não dispensará um registro escrito da observação grafológica.

Para orientação, transcrevo um trecho do livro *"La selección de personal y el problema humano en las empresas"*, de A. Vels:

"A seleção de cartas originadas de anúncios publicados na imprensa
(...) Entre as cartas, provenientes de anúncios, frequentemente encontramos oito tipos, que descrevemos a seguir:
- Grafismos com arritmias de espaço e de movimento (irregularidades nos espaços que separam as letras, as palavras e as linhas) e com desproporções das letras ou partes delas.
Correspondem, em geral, a sujeitos que se organizam defeituosamente, no tempo e na atividade e apresentam certos desequilíbrios de caráter e de apreciação de juízos.
- Grafismos com falta de coesão, com letras desunidas e com maiores ou menores desigualdades nos enlaces das letras nas palavras.

Pertencem a sujeitos com atitude angustiada, que duvidam e vacilam ante as dificuldades, vale dizer, sujeitos que demonstram certa incapacidade para resolver, com rapidez, confiança e energia, os problemas que se apresentam no trabalho.

- Grafismos com muitas quebras (rupturas nos traços), congestões ou anormalidades na pressão (torções, tremores, etc).

Podem revelar alterações sérias da saúde física e esgotamento (cardiopatias, tuberculose, anemia, depressões profundas, intoxicações orgânicas, etc.).

- Grafismos com formas vulgares e inarmônicas, com incorreções ortográficas (em desacordo com o nível declarado de escolaridade), retoques e desequilíbrio chocante de espaços e de movimentos.

Pertencem a sujeitos que, por falta de formação cultural, podem realizar tarefas deficientes e sem a qualidade necessária porque carecem de distinção e de estética no trabalho.

- Grafismos com dispersão de espaço e de movimento. O sujeito ocupa uma linha com poucas palavras e, com poucas linhas, uma página.

Correspondem a pessoas que desprezam o tempo e a atividade, em proveito da vida recreativa, (inclinação imoderada para diversões e atividades que dão prazer). Tendências dissolutas, etc.

- Grafismos com anormalidades na direção dos traços (muito regressivos, em geral, com letras ou partes de letras com formas extravagantes).

São próprios de sujeitos com desequilíbrios de adaptação no caráter, (narcisismo, egoísmo, espírito de contradição, tendências oposicionistas ou negativistas, etc.).

- Grafismos com falta de firmeza nos traços (frouxidão de movimentos, descendentes, de traçado filiforme ou serpentina, etc.).
  Correspondem a sujeitos com falta de tônus vital, afetados por sentimentos de impotência ou com uma atitude evasiva frente ao esforço ou à responsabilidade no trabalho (carência de firmeza moral).
- Grafismos que apresentam certo nível de harmonia, de ritmo e equilíbrio na distribuição dos espaços e de massa gráfica.

Geralmente, correspondem a sujeitos com certo equilíbrio nas atitudes físicas, morais e mentais (boa saúde e vitalidade, com tendências, instintos e necessidades sem desenvolvimentos ou desdobramentos excessivos e com boas atitudes intelectuais, morais e de caráter).

ORIENTAÇÃO PROFISSIONAL

O grafólogo é um auxiliar do psicólogo e deve permanecer, por força da ética, dentro de seus limites.

Devem ser identificados os pontos fortes e marcantes da pessoa analisada, assim como seus pontos fracos mais evidentes.

Identificam-se a direção de sua atitude vital (C. G. Jung - Extroversão ou introversão) e as características mais evidentes de seu comportamento social.

A investigação do documento deve ser a mais completa possível, com todos os detalhes sobre formação intelectual do autor; a amplitude e limitação da sua capacidade de entender as coisas da vida.

Com tais informações, deve-se iniciar um trabalho de investigação ligada ao grupo de profissões adequado ao quadro grafológico encontrado, hábitos culturais (leituras, 'hobies', etc.).

Essas informações devem ser passadas ao psicólogo que estiver à frente do trabalho de orientação profissional para que ele proceda ao aconselhamento.

Para esse tipo de trabalho é interessante conhecer a orientação de Ana Teillard*:

"As cinco etapas da análise grafológica"

"1º - Primeira visão de conjunto da grafia. O grafólogo deve colocar-se em estado de receptividade. Participação do consciente e do inconsciente. Percepção da intensidade da energia psíquica do escritor e do nível geral da grafia.

2º - A definição da grafia. O grafólogo observa, simultaneamente, o conjunto e o detalhe do traço. Estado ativo e consciente. Determina os dominantes da grafia, isola os outros sinais ou grupos de sinais e observa o conjunto. Controla, com o auxílio da lista geral de características, os tipos anotados para verificar se falta alguma coisa.

3º - Interpretação dos sinais - O grafólogo dá a cada símbolo gráfico (sinal ou conjunto de sinais) o seu equivalente psicológico. Os componentes

* Fonte: Vels (1955).

psicológicos são postos em relação mútua (sinais predominantes, confirmativos, complementares, compensadores, contraditórios).

4º - Segunda parte da interpretação - utilização do questionário. O escritor é classificado conforme as tipologias (atitudes e funções).

5 º - A síntese - Elaboração do retrato (perfil) do escritor.

Descrição dessas etapas:

1º Etapa - Primeira visão de conjunto da grafia:

É indispensável tomar sempre, como ponto de partida, a impressão geral e não perder de vista, jamais, essa visão de conjunto durante a anotação dos sinais e da interpretação que a segue.

Em toda a primeira etapa, é necessário que o grafólogo se ponha em estado de perfeita receptividade para receber de uma grafia a primeira impressão que é, em grande parte, uma impressão inconsciente. Ela se tornará, pela continuação, mais e mais consciente pela procura e identificação dos detalhes. É durante essa contemplação passiva que o grafólogo recebe a impressão do nível geral do grafismo, do que Crépieux-Jamin chamou de "harmonia", Klages chamou de "nível de forma", e Pulver de "a própria essência do ser".

Para aprender a reconhecer o valor de uma grafia, o grafólogo iniciante deve compará-la com uma certa quantidade de amostras de escritores diferentes.

A impressão de superioridade de uma grafia sobre outras se desenvolve de maneira muito rápida. A intuição que podemos ter do valor de um indivíduo, pelo seu grafismo, é das mais práticas. A experiência grafológica desenvolve certa sensibilidade."Cada sinal", como veremos mais tarde, "recebe sua variação particular, conforme o nível geral do grafismo".

O nível da grafia não depende de uma única característica. Uma grafia pequena ou grande, pastosa ou fina pode ter um bom nível geral. Entretanto, algumas qualidades gráficas contribuem muito para a definição do nível. O ritmo, o traçado combinado e a originalidade não são afetados pelas formas, mas devem parecer naturais. Todo exagero é antagônico ao bom nível geral, e isso vale para todas as características.

2ª e 3ª Etapas - A definição da grafia e a interpretação dos sinais.

Citemos o "ABC" de Crépieux-Jamin: Para definir uma grafia, é necessário procurar refazer seus movimentos. Para isso, façamos o exame do conjunto a uma distância de cerca de sessenta centímetros, o que favorece a observação dos grandes movimentos da escrita com a eliminação provisória dos elementos menos significativos. Observemos, com várias repetições, durante um ou dois segundos somente, anotando, de cada vez, o que foi percebido.

Acrescentemos que a lupa é muito útil. Ao isolar certas partes do grafismo, quando as observamos com a lupa, captamos melhor os detalhes (pequenas interrupções, reforços nos traços, etc. que nos escapam a olho nu).

Para o grafólogo experiente, definição e interpretação se superpõem. Ele não pode eximir-se de sentir imediatamente o valor psicológico de um sinal gráfico. Mas será bom, sempre anotar suas impressões, continuar com a definição de ordem puramente descritiva.

O iniciante, ao contrário, terá vantagem em separar claramente as etapas. A definição deve ser completamente estabelecida antes do início da interpretação. Constatado o nível geral na 1ª etapa, precisamos estabelecer se a grafia é:
- organizada, desorganizada, ou desordenada;
- harmoniosa ou desarmônica;
- regular ou irregular.

Determinadas as grandes linhas que permitirão elaborar um resumo dos outros sinais, isolamos do conjunto as características dominantes (em média, de 6 a 12), isto é, os sinais que dão à grafia um caráter especial, por exemplo a escrita redonda, pressão pastosa, grande, inclinada, etc.

Depois, isolamos os sinais menos decisivos, que se agrupam ao redor dos grandes.

Em seguida, controlamos, pela lista geral de característica, se falta alguma observação.

Após a definição, feita dessa forma, atribuímos a cada sinal gráfico o seu equivalente psicológico. O grafólogo experiente tem de memória o seu próprio léxico (conjunto de sinais e significados). O que apresentamos, no fim deste livro, poderá servir de ajuda ou auxílio aos iniciantes.

O (grafólogo) iniciante deverá utilizar, frequentemente, o léxico (ou o livro que adotar como apoio). Não se trata de escolher, entre várias interpretações, aquela que parece concordar mais com a grafia analisada, mas de modificá-la conforme a necessidade.

Os sinais podem ser:
- predominantes;
- complementares;
- confirmativos;
- compensadores;
- contraditórios.

É necessário descobrir a influência dos sinais entre si e avaliar o papel de cada um. A arte do grafólogo consiste justamente em dar a cada sinal o seu valor relativo.

"A análise grafológica é um trabalho de observação, de muitas combinações e deduções.

É essencial que jamais se faça uma combinação ou dedução de ordem psicológica sem antes verificar se a escrita contém, verdadeiramente, os sinais que correspondem ao que se alcançou por dedução porque são os sinais gráficos que dão apoio às combinações psicológicas."

4º Etapa - Segunda parte da interpretação.

Consulta ao questionário. O escritor será classificado segundo as tipologias (atitudes e funções). Os termos técnicos: "Introversão, extroversão, libido, complexos, etc. devem ser evitados. No perfil, descreveremos o escritor, esforçando-nos para ser claros, leves, naturais.

5º Etapa - A síntese

As dificuldades da análise grafológica não são de ordem gráfica. Elas residem na síntese psicológica e na apresentação do perfil. É relativamente fácil estabelecer, em linhas gerais, o perfil de um caráter. É infinitamente difícil traçar e desenhar adequadamente um perfil.

O iniciante terá que procurar fazer análises breves e pertinentes em lugar de procurar inchar, com detalhes mais ou menos fantasiosos, algumas conclusões essenciais das quais esteja certo.

O perfil grafológico pode ser visto sob vários ângulos. A própria grafia os indicará ao grafólogo. Sua estrutura depende do fim a que se destina.

Nos esboços solicitados pelos chefes de serviços de empresas, devemos mencionar, sobretudo, as qualidades e as aptidões relacionadas à profissão. Para a orientação profissional dos jovens, a análise deve ser extensa e profunda. As análises comparativas (para casamentos e associações) são, acima de tudo, orientadas pelo tipo de atitudes e de funções. Procuraremos qualidades complementares nos parceiros.

Enfim, a análise completa deve responder a todos os pontos do questionário.

Podemos, no estudo de uma grafia, observá-la sob diversos pontos de vista, por exemplo:

- predominância do lado masculino ou feminino;
- problemas das funções dominantes e a serem desenvolvidas;
- predominância da atitude extra ou introvertida. Indicação de funções dominantes e a serem desenvolvidas;
- Persona - ser íntimo: harmonia ou desarmonia entre as diversas camadas do psiquismo, entre o comportamento do escritor e a sua natureza verdadeira;

- Dons natos - sua realização ou sua não- realização.

Em todos os casos, é indispensável estabelecer um plano para a elaboração do perfil. O mais frequente é a grafia falar por si mesma: seja quando o escritor se deixa penetrar apenas progressivamente, seja o contrário, quando a personalidade profunda se impõe desde o início, em sua totalidade.

Questionário de orientação

- Qual é a força vital do escritor?
- Qual é a intensidade de sua libido?
- Qual é a direção da libido? - Extroversão ou introversão: Há predominância da vida exterior ou da interior?
- Funções psíquicas: Pensar, sentir, perceber, intuir;
- Função principal: racional ou irracional e função auxiliar;
- Jogo das funções entre si, a partir dos quadros de componentes;
- Há alguma função desenvolvida em detrimento das demais?
- Qual é o papel e a força da vontade?
- Qual é o papel e a força da sensualidade?
- Como são as oposições interiores, ambivalência, problemas?
- Em caso de conflito interior, qual é sua origem?
- Há complexos identificados? Recalques, compensações, sublimação? De que natureza?
- Qual é o estado nervoso do escritor?
- Pertence o escritor ao tipo ciclotímico ou esquizotímico? Dilatado ou retraído?
- É de caráter viril ou efeminado?

Dons e comportamento

- Inteligência (Lógica, associação de ideias, julgamento, originalidade do pensamento, facilidade de assimilação ou de criação);
- Imaginação, dons artísticos ou literários;
- Eloquência;
- Sensibilidade;
- Concentração;
- Ordem, método;
- Facilidade de adaptação, previsão, pressentimento, facilidade de organização;
- Senso prático, inventividade;

- Iniciativa;
- Energia no ataque ou resistência na luta;
- Potência de trabalho, atividade, aplicação;
- Independência;
- Aptidão para comandar;
- Franqueza ou dissimulação;
- Senso psicológico;
- Devotamento;
- Sociabilidade;
- Discrição;
- Diplomacia;
- Lealdade.

Muitas dessas questões já obtiveram sua resposta quando se fixou o tipo de atitude ou de função dominante do autor. Mas é sempre útil estudar um ser humano sob diversos ângulos e procurar conhecê-lo sob todos os aspectos de sua natureza. Podemos ainda nos indagar se o escritor é:

- Negligente ou consciencioso;
- Obstinado, perseverante ou desanimado, sem alento;
- Impulsivo ou circunspecto;
- Decidido ou indeciso;
- Desconfiado ou confiante;
- Tolerante ou intolerante;
- Ansioso e inquieto ou descuidado e indiferente;
- Constante ou inconstante;
- Crédulo ou incrédulo;
- Tem captação rápida ou lenta;
- Autônomo em suas opiniões ou levado a repetir as dos demais;
- Falante ou calado;
- Tem o espírito claro ou confuso;
- Ambicioso ou retraído;
- Vaidoso ou modesto;
- Interessado ou desinteressado;
- Avaro, econômico ou esbanjador e gastador;
- Autoritário ou liberal;
- Duro ou suave.

OUTROS OBJETIVOS

O trabalho do grafólogo é sempre feito para revelar o lado "invisível" do ser humano, que deve ser respeitado em sua intimidade. Essa precisa ser, sempre e em todos os casos, a orientação de quem investiga a alma humana.

Além dos dois primeiros objetivos da análise grafológica, há os de orientação e de aconselhamento para os casos de formação de grupos de trabalho (dentro das empresas ou para associação - formação de empresas, etc) ou de pares (aconselhamento matrimonial).

Nesses casos, deve ser feita a análise, seguindo a orientação de Ana Teillard, de todos os participantes dos grupos, a investigação de compatibilidade dos comportamentos e da direção da energia psíquica.

Contudo, lembre-se de que o trabalho do grafólogo é como o de um laboratorista, e deve ter em vista a sua função: levantar os dados, colher as informações e identificar os valores. O diagnóstico e as decisões de terapias cabem, sempre, aos profissionais da área!

Para encerrar, cito a frase de Maurício de Xandró, que resume o pensamento de teóricos que Nanot Vayna considera como intérpretes da chamada "Escola de Barcelona":

"ERRA O GRAFÓLOGO, MAS
A GRAFOLOGIA ACERTA..."

ANEXO 1

Sugestão de Roteiro para o Estudo

Como sugestão, para orientar a análise resumida de uma amostra (peça de estudo), sugere-se a elaboração de um "Roteiro Analítico", resumo de todos os sinais estudados e identificados de acordo com a exposição feita.

Ficha para observação grafológica   **Data:** / /

Nome do autor:
Idade: Sexo:
Escolaridade: Texto escrito em (data):

Folha(s):
Papel: (A4) (ofício) (Carta) (outro: dimensões)
Caneta: Esferográfica ( )
Outra (qual? -   )
Tinta: (Azul) (Preta) (outra:)

Nível de Forma (Klages)
Regularidade
( ) Predom. Vontade   ( ) Força da vontade
( ) Passividade   ( ) Predom. Sentimento
( ) Força do Sentimento   ( ) Debilidade da vontade

Proporção
( ) Pouca emotividade   ( ) Estabilidade
( ) Incapacidade para sentir   ( ) Grande Emotividade
( ) Ânimo Sensível   ( ) Instabilidade
( ) Excitabilidade

Função psíquica dominante: (Pensar) (Sentir) (Perceber) (Intuir)
Zona Gráfica prevalente: ( )
Atitude Vital (Jung): Introversão ( ) Extroversão ( )

Aspecto: Ordem

Nível de Forma: Positivo ( )   Negativo ( )

Disposição do texto

Posição sup. -data   mm [ ]   Posição sup. - Saudação   mm [ ]
Posição sup. - texto   mm [ ]

Margens

Inferior: mm   Direita: mm
Esquerda: Alto da pág.:   mm   Pé da pág.:   mm
Regular: ( ) Crescente   ( ) Decrescente   ( ) Irregular

Distribuição

Proporção: Entrelinhas: Entre palavras:

Aspecto: Dimensão

Nível de Forma: Positivo ( )   Negativo ( )

Dimensões das letras (medidas preferenciais dos óvulos):

Altura: Largura
$H_{1(\text{no começo da palavra})}$ $H_{2 (\text{na última letra})}$
Hastes: Pernas: Tipo: Movimento:

Aspecto: Pressão

Nível de Forma: Positivo ( )   Negativo ( )
Tensão ( )   Peso ( )   Profundidade/Relevo ( )
Coloração: ( ) intensa   ( ) homogênea   ( ) falhando   ( ) fraca

Aspecto: Forma

Nível de Forma: Positivo ( )   Negativo ( )
    Execução   Ligação   Estética

Aspecto: Rapidez

Nível de Forma: Positivo ( )   Negativo ( )
    Lento: Pausado: Rápido: Outro:

Aspecto: Direção

Nível de Forma: Positivo ( )   Negativo ( )
    Base Linha: Ascendente ( )   Descendente ( )
    Base Letra: Ab-reação: Aberta   Fechada
    Sentido Progressivo: Regressivo:

Aspecto: Inclinação

Nível de Forma: Positivo   ( )   Negativo ( )

   Medidas pelo transferidor

     Vertical: Mediana: Inclinada: Outro: Invertida:

Aspecto: Continuidade

Nível de Forma: Positivo ( )   Negativo ( )

   Regularidade: Ligação dentro da palavra:

   Maiúsculas: Ligadas: Desligadas:

Gestos-Tipo

   Localização (Zona de ocorrência) e tipo observado:

   Zona superior: Zona inicial: Zona final:

   Zona média: Zona inferior:

   Na margem direita - Rabo de Raposa, encurtamento, traços, etc.

   Letras Truncadas?

   Outros - Inflamentos, estreitamentos, exageros?

   Outros:

   Forma dos óvulos: ( ) redonda   ( ) achatada   ( ) bloqueada

                     ( ) perfurada   ( ) anilhada   ( ) outra

   Ângulo da base (Moretti):   ( ) por cima   ( ) por baixo

Letras reflexas:

   M: V: S: s,   r,

   T- Haste: Barra:

   Golpe de Sabre / Látego:

Assinatura:

   Distância do texto: Posição:

   Altura das letras em relação às do texto (igual) (maior) (menor)

   Execução em relação ao texto:

   Igual ( )   Diferente: (   )   Rubricas (Tipo e posição)

Gestos e sinais

   Bolsas Envolventes

   Anéis

   Sublinhamento

   Pontos

A partir de um roteiro, deverá ser feita a classificação das características grafológicas levantadas, para orientar a elaboração correta do Perfil Grafológico.

Sugere-se uma organização por grupo. Recorra à página 66 (Sugestão de Roteiro para a elaboração de documentos):

Localização - Identificação Grafológica			Paralelismo por grupo de identificação			
Aspecto	Sub-Aspecto	Sinal Gráfico	Características Sociais	Característica Intelectual	Característica Íntima	Características Individuais

Após completar a identificação dos sinais grafológicos, e serem relacionados os respectivos paralelismos psicológicos, deve-se dar início à redação do Perfil Grafológico.

Nessa redação, deve-se evitar o uso de adjetivos, expressões superficiais, e a emissão de "opiniões" ou "sugestões" complementares. Lembre-se de que um texto longo será lido com menor atenção que um pequeno e suscinto.

Lembremo-nos de que *o resultado da análise grafológica* NÃO É UM LAUDO! O laudo é elaborado quando se compara a personalidade levantada com um padrão! O perfil é a construção passo a passo de um mosaico psicológico das características que se conseguiu identificar em determinada pessoa.

Esse perfil será tão completo quanto o necessário para se alcançarem objetivos definidos, mas provavelmente não será o suficiente para se ter total certeza da identificação psicológica de um autor.

Tenha em mente que você é o seu melhor crítico: s*e não ficar satisfeito com o seu trabalho, reveja-o até ficar convencido de que é o melhor que pode conseguir!*

GLOSSÁRIO

O texto a seguir foi traduzido e adaptado ao objetivo deste livro, a partir da revista "Graphologie" publicado pelo n. 267, de Julho 2007.

A sociedade Francesa de Grafologia decidiu elaborar um glossário das espécies grafológicas.

Cada espécie está apresentada segundo o gênero jaminiano ao qual pertence, por ordem alfabética, acompanhado de uma definição precisa e concisa do conteúdo.

Todas as espécies figuram igualmente em uma lista apresentada por ordem alfabética. O gênero está anotado entre parêntesis.

Algumas espécies do repertório do ABC de Crépieux-Jamin ou citadas por diversos autores estão ausentes.

Estas escolhas são voluntárias e refletidas, Os autores do glossário estimaram sua presença inadequada por diferentes razões:

- redução da presença da espécie nas escritas contemporâneas;
- dificuldade para definir uma espécie sem apelar para apreciações subjetivas ou metafóricas;
- dificuldade na identificação de algumas espécies, notadamente algumas que qualificam os traços, em razão dos novos instrumentos utilizados para escrever que não mais permitem a identificação clara.

A Direção do traço e o Movimento são tratados com menor concisão. Cada tipo de direção e cada movimento são objetos de uma descrição precisa e detalhada.

De fato, um tipo de direção ou um movimento realçam a síntese de várias observações referidas ao gesto gráfico.

O capítulo intitulado "Desigualdades" agrupa, a fim de mostrar a gradação quantitativa e qualitativa, as espécies 'Variada', 'Desigual', 'Irregular', 'Discordante' e 'Homogênea'.

As espécies pertencentes ao Gênero Rapidez não figuram no presente glossário em função da dificuldade para avaliar com precisão a velocidade de uma escrita a partir da sua produção.

Entretanto os autores do glossário incluíram "ocorrências hipotéticas de velocidade" que se encontram, assim como várias observações referidas a esse gênero que encontramos, assim como algumas observações referidas a este gênero, n fim do glossário.

Crépieux-Jamin dotou a grafologia de um vocabulário (as espécies) que permitem descrever uma escrita e é iniciador de um método.

Como é o caso de todas as disciplinas *(científicas)* as pesquisas e a experiência dos grafólogos fizeram evoluir o método e devem, periodicamente, atualizar a linguagem técnica.

Muitos autores se aplicaram, alguns criaram novas espécies, e outros não fazem referência a algumas delas.

Em cada época, os aspectos das escritas se diferem. Nem todas as espécies identificadas por Crépieux-Jamin não são mais observadas nas escritas das gerações posteriores.

E não é por qualquer outra razão, parece-nos, que devem ser consideradas definitivamente como obsoletas e *ipso facto* desaparecidas.

Elas permanecem no corpo da grafologia e se revestem de interesse histórico, sociológico, grafológico.
.

"Seremos obrigados, disse Crépieux-Jamin, em cada 20 ou 30 anos a revisar alguns sinais grafológicos...".

O que não foi feito por diversos autores depois de alguns anos, os autores do presente glossário se propuseram a tarefa.

Desejamos que seja útil aos estudantes de grafologia e aos grafólogos, favorecendo uma observação mais ampla e mais precisa. Dispor de referências comuns facilita o trabalho da equipe e contribui para tornar as observações dos grafólogos mais homogêneas.

Continuidade
Termos adotados pela Sociedade Francesa de Grafologia

Agrupada	Letras ligadas entre si, em uma palavra, por grupos de duas, três ou quatro..
Cadenciada	Avanço ritmado e regular
Combinada	Encadeamento original de uma letra ou de um sinal livre à letra seguinte
Contraída	Progressão contida do traçado: estreitamento, apertado, rupturas de continuidade ou ligação apoiada, alguns enrijecimentos.
Desligada	Encadeamento de letras que não se tocam
Encostada	Algumas letras apoiadas sobre a letra precedente
Escorada	Ver a descrição (1) abaixo

Fragmentada	Letra dividida (desmembrada)
Hiperligada	Algumas palavras ligadas á seguinte
Inibida	Retração, redução ou parada no avanço do traço
Justaposta –'desligada'	Letras separadas umas das outras em uma palavra. No Manuel de Graphologie – Peugeot/Lombard/ Noblens, página 161 – Escrita cujas letras são separadas no interior das palavras. Vels, Xandró e Simon Javier preferem o termo *Desligada* – para o mesmo fenômeno.
Ligação secundária	A ligação entre duas letras é alongada
Ligada	Mínimo de cinco letras ligadas entre si, em uma palavra, sem levantar a caneta.
Monótona	Uniformidade do traço na maioria dos gêneros
Repetida	Interrupção seguida de uma ligação entre duas letras que avançam no mesmo sentida
Retocada	Correções sobre a letra ou rasura
Ritmada	Retrocesso periódico no curso do traçado de traços semelhantes, mas não idênticos.
Sacudida	Letras religadas com traço reto (tenso) mal controlado em sentido inverso (Peugeot)
Saltitante	Traçado desigual e rápido cujas letras tocam a linha de base de modo intermitente
Separada	Intervalos mal controlados ou irregulares entre as letras
Suspensa	Letras inacabadas no interior ou no fim de uma palavra, ou traçadas abaixo da linha de base.
Telescopada	Letras que se tocam em um traçado sacudido (Não encontrei outras menções nos demais autores que consultei)
Traço de recobrimento	Traço em sentido inverso sobre um mesmo traço vertical

Dimensão

Baixa	Hastes e pernas muito reduzidas ou quase ausentes
Dilatada	Expansão das dimensões das formas e dos ovais das letras
Discordante	Irregularidades excessivas em ou mais gêneros inclusive a dimensão

Desproporcionada	Divergência notável em relação às proporções normais
Extensa	Alargamento da letra: extensão primária. Alargamento das ligações interiores: extensão secundária
Estreitamento	Aperto das letras e/ou das ligações entre as letras.
Gladiolada	Dimensão decrescente no fim das palavras
Grande	As letras da zona média medem mais que 3 milímetros de altura; muito grande se a altura for superior a 4mm
Grandes movimentos extensos	Grafismo que aumenta as dimensões e os gestos em todas as direções
Crescente	Aumento da dimensão dos finais ou das palavras
Pequena	As letras da zona média medem menos que 2 milímetros de altura
Prolongamento das pernas	Alongamento das pernas além de uma altura e meia da respectiva zona média
Prolongamento das hastes	Alongamento das hastes além de uma altura e meia da respectiva zona média
Prolongamento das hastes e das pernas	Alongamento das hastes e das pernas além de uma altura e meia da respectiva zona média.
Proporcionada	Respeito das proporções ditadas pelas normas caligráficas em relação à altura e à largura
Sóbria	Traçado cujos movimentos são contidos em suas dimensões moderadas
Sobrelevada	Extensão em altura de uma parte da letra e/ou de uma maiúscula, além da zona definida pela caligrafia

DIREÇÃO   23 tipos

Observar que, neste glossário, a inclinação das letras e a direção da linha base não estão separadas

Alteração da linha base	Escrita que dá a impressão de ter sido escrita por autores diferentes em razão de evidentes irregularidades (por grupos de palavras ou mesmo frases inteiras) afetando a direção mais que outros gêneros

Ascendente	Trajetória ascendente com ângulo maior que 5°
Côncava	Linha encurvada para baixo, no centro.
Convexa	Linha encurvada para cima, no centro.
Descendente	Trajetória descendente acentuada, traçando a linha base com um ângulo superior a 5° para baixo.Considerando-se não *"acentuada"* a direção com ângulo menor em relação à linha do horizonte
Delgada	Algumas letras (d,v,t) ou partes de letras se prolongam exageradamente para cima Faideau)
Destrógira	Tendência para diminuir ou reduzir os traços dirigidos para a esquerda em proveito dos traços simplificados, dirigidos e/ou amplificados para a direita.
Embricamentos ascendentes ou descendentes	Algumas palavras sobem ou descem em escada em relação à linha base
Horizontal	Trajetória horizontal da linha base.
Inclinadas	Letras inclinadas para a direita formando com a linha base um ângulo menor que 90°; Moderadamente inclinada – o ângulo está entre 85° e 75°; Muito inclinada: ângulo entre 60° e 45°; Deitada – ângulo menor que 45°.
Linha de base rígida	Rigidez da linha base.
Mergulhada	Queda de direção em alguns finais de palavras ou de linhas inteiras.
Retilínea	Linha base constante e natural
Reversa	Inclinação de letras no sentido anti-horário
Revertida	Em uma letra vertical ou inclinada, a alteração da inclinação, para a esquerda. *de uma ou algumas letras.*
Sacudida	Mudanças muito acentuadas da inclinação em uma mesma palavra
Sinistrogira	Tendência para formar, desenvolver ou acentuar os traços que vão da direita para a esquerda
Sinuosa	Traçado ondulante, variando em cada palavra
Torcida	Torções no traçado da letra: as partes de letras que deveriam ser retas são sinuosas ou têm curvaturas exageradas
Vertical	Eixos das letras perpendiculares à linha base

Forma

Observação: Neste glossário, a Forma engloba o Gesto Tipo

Abertas	Abertura nos vértices das letras redondas
Ampliada	Exagero de volume em letras redondas ou em letras com anéis
Angulosa	Substituição de curvas por ângulos
Anilhada	Perfis e plenos das letras ligados por um anel.
Arcos	Forma caligráfica dos 'm' e dos 'n'.
Arqueada	Traços em arcos acentuados e regressivos, e/ou curvaturas nos traços retos
Arredondada	Preferência do elemento curvo da caligrafia
Bizarra	Forma(s) insólitas em um dado contexto gráfico Insólita: anormal ou incomum, com formas referidas a construções esdrúxulas ou estranhas à caligrafia usual – ex, com aspecto de estiletes, como na escrita chinesa, etc.
Caligráfica	Reprodução do modelo aprendido (na origem escolar)
Clara	Legível – contornos limpos e precisos das letras e das palavras – espaço ordenado
Complicada	Numerosos traços inúteis na formação das letras e/ou nas ligações (encadeamentos) das letras
Confusa	Ilegível, desordenada, contornos imprecisos das letras e/ou das palavras
Convencional	Reprodução de um modelo qualquer, não caligráfico usual. (Monótona)
Curva dupla (repassada)	Indiferenciação do arco e da guirlanda que se traduz por uma forma curva no vértice e na base das letras
Estilizadas	Forma simplificada, orientadas de modo personalizado e rebuscado. A legibilidade permanece respeitada.
Filiforme	Redução do aspecto como um fio em várias letras da Zona média.
Fletida (do francês:: cabossée)	Letras com flexões no corpo dos traços plenos ou de perfis
Fusiforme	Aspecto em forma de fusos de letras redondas
Gesto tipo	Traço que se repete de maneira sistemática em uma ou muitas letras.

Guirlanda	Forma de arco invertido dos 'm' e dos 'n'.
Imprecisa	Legibilidade alterada por formas inacabadas, omissões, deformações, interferências nas letras e/ou zonas.
Jointoyée Rejuntamento (Anihado)	Fechamento acentuado (repetido) nas letras redondas na zona média e enrolamentos.
Maça	Hastes e pernas traçados como maças (bastões – engrossados)
Ornada	Presença de enfeites
Ovalisada	Ovais das letras (como elipses) com eixos horizontais
Polimorfica	Diversificação das formas.
Precisa	Formas estritamente respeitada, na acentuação e na pontuação
Proteiformes	Formas diferentes para uma letra podendo causar confusões (na identificação da letra).
Pueril	Escrita semelhante à letra de uma criança, traçada por um adulto.
Quadrada	Letras e ligações traçadas em ângulos retos
Redonda	Letras redondas da zona média em forma de círculo.
Script	(imitação de letras de forma de caixa baixa) Letras parecidas com letras de imprensa.
Simples	Ausência de traços inúteis, complicados ou exageros simplificados
Simplificada	Supressão de anéis, de traços iniciais, dos elementos não indispensáveis para a legibilidade do conjunto.
Sistemática	A maioria dos gestos se refere a um gesto tipo único que se repete de modo automático

Ordem

Arejada	Distribuição equilibrada dos intervalos e dos traços impressos favorecendo a clareza e as proporções do conjunto
Compacta	Espaços entre as palavras inferiores entre duas larguras de minúsculas e espaços entre linhas inferiores a quatro alturas de minúsculas

Desordenada	Desordem na distribuição e/ou na divisão das massas gráficas
Confusa	As palavras interferem de uma linha em outra seja pelo prolongamento das hastes e/ou pernas, seja por que são entrelinhas muito pequenas.
Espaçada	Espaços entre as palavras superiores a duas larguras de minúsculas e/ou espaços entrelinhas superiores a 4 alturas de minúsculas
Espaçada entre as linhas	Espaços entrelinhas são superiores a 4 alturas de minúsculas, sem hastes ou pernas.
Espaçada entre palavras	Espaços entre as palavras superiores a 2 larguras de minúsculas.
Espaços desiguais entre palavras	Espaços entre as palavras com dimensões desiguais
Ordenada	Ordem na distribuição sobre a página e na repartição das massas gráficas.
Entrelinhas desiguais	Espaços entrelinhas de dimensões desiguais
Entrelinhas compactas	Espaços entrelinhas inferiores a 4 alturas de minúsculas sem hastes e sem pernas.
Compacta entre palavras	Espaços entre palavras inferiores a 2 larguras de minúsculas.
DISTRIBUIÇÃO NA PÁGINA	
Ilhada	Texto situado no centro da página cercado de margens muito grandes
Tipográfica	Margens regulares ao redor do texto e entre linhas regulares como em um texto de livro impresso
Sem margens	Margens ausentes ou inferiores a 1 centímetro nos quatro lados
Margem superior	
Grande	Claramente maior que 1/5 da altura da página
Pequena	Claramente menor que 1/5 da altura da página
Margem inferior	
Ausente	Inferior a 1 centímetro
Grande	Superior a 4 centímetros quando a página continua no verso (quando o texto não fica encerrado ou terminado na primeira página, devendo ser continuado em outra página, verso ou outra folha..)

Margem esquerda

Ausente Inferior a 1 centímetro

Grande Claramente maior que 1/5 largura da página

Irregular As linhas começam em distâncias diferentes da borda esquerda do papel

Pequena Claramente menor que 1/5 da largura da página

Progressiva Que se alarga

Retilínea De regularidade extrema

Regressiva Que diminui.

Regular Os inícios de linha guardam a mesma distância do bordo esquerdo da página (exceto nos começos de parágrafos se houver uma alínea para recuar)

Margem direita

Ausente Muitas linhas chegam até o bordo da página

Grande Superior a 2 centímetros

Irregular Em algumas linhas fica espaço suficiente para colocar a primeira palavra da linha seguinte

Pequena Inferior a um centímetro

Alíneas e parágrafos

Grandes Recuo superior a 3 centímetros ou separação entre os parágrafos superior a uma entrelinha dupla

Desiguais Recuos ou entrelinhas de dimensões desiguais segundo os parágrafos

Recuos à esquerda Recuo para a esquerda na primeira linha de cada parágrafo

Posição da assinatura

À direita Próxima da borda direita da página ou do texto

À esquerda Na metade esquerda da página

Central Equidistante dos dois bordos da página

Afastada do texto Distância maior que uma entrelinha e meia do texto

Traço

Acerado	Com ponta aguda na final, nas barras dos "tt" ou nos sinais livres
Apoiado	Apoio forte
Cor Variada	Pontos ou pequenos sinais de coloração diferente
Cuneiforme	Em forma de cunha, nos traços dirigidos para baixo.
Desigual	Com irregularidade na pressão
Deslocado	Apoio no sentido horizontal
Espasmódico	Reforços irregulares bruscos de apoio
Espesso	Traço largo com obstruções
Fino	Largura dos traços menos que 0,3 mm
Frouxo	Pastosidade acentuada
Fuselado Fusiforme	Reinflamentos no meio dos plenos, e as pontas com espessura menor
Invertido	Plenos com apoio mais leve que nos perfis
Largo	Largura do traço maior que 0,6 mm
Leve	Apoio leve
Limpo	Traço apertado podendo ser associado a contornos precisos
Maça	Espessamento da extremidade de uma letra, como nas barras dos "tt", e em traços livres.
Mal traçado	
Obstruído – com borrões de tinta	Espessamento ocasional ao longo do traço, podendo ocorrer borrões de tinta.
Pastoso	Trama pouco fechada podendo estar associado a contornos imprecisos
Pesado	Grau médio de textura, apoio e largura do traço
Relevo	Apoio sobre os plenos maior que nos perfis
Sem Relevo	Sem diferença de apoio nos traços plenos e de perfil
Sulco	Traços com apoio forte e que se aprofunda no papel

Procedimento da escrita – (Conduite du tracé)

O Procedimento da escrita é observado na escrita cursiva, no modelo caligráfico a escrita se desenvolve com a associação e uma alternância de:
- traços que são executados em flexão - plenos - como gesto de tensão;
e
- traços que são executados em extensão – perfil – como gesto de alívio da tensão.

Cada tipo de procedimento é descrito por sinais grafológicos específicos.

É a presença da maioria destes sinais que permite identificar um tipo de procedimento.

Entretanto, uma escrita normal raramente conterá somente um só tipo de Procedimento.

Hipotenso .

Gestos de alívio predominam claramente sobre os de tensão, dando à escrita um andamento geral incerto e negligente, caracterizado por:
- irregularidades numerosas, falta de proporção;
- formas imprecisas, inchadas, aberta, extensa, filiforme, relaxada;
- traçado desigual e leve;
- movimentos inseguros e inconstantes;
- texto desordenado, linhas sinuosas, distribuição desigual da massa gráfica;
- continuidade desigual.

Flexível

Gestos de alívio predom9nam sobre os gestos de tensão, dando à escrita um andamento geral claro, leve e fluido, caracterizado principalmente por:
- forma simples, curvilínea, em guirlanda e frequentemente proporcionada;
- dimensão de mediana a grande, extensa, e ligeiramente dilatada;
- uma continuidade mais ligada que desligada, linhas sem rigidez, tênue e movimentos repetidos;
- traço leve ou nutrido, sem grande desigualdade;
- inclinação homogênea;
- distribuição suficientemente ordenada.

Firme.

Os gestos de tensão se equilibram com os gestos de alívio, dando à escrita um andamento geral resoluto e medido, principalmente caracterizado por:
- formas claras em geral, precisas e proporcionadas;
- desigualdades ligeiras (suaves) e dimensões sem excessos;
- inclinação e direção das linhas firmes sem rigidez;
- traço mais ou menos apoiado, com algum relevo;
- continuidade favorecendo a progressão;
- movimentos controlados;
- distribuição ordenada do texto.

Tensa.

Os gestos de tensão predominam sobre os gestos de alívio, dando à escrita um andamento geral de esforço controlado, caracterizado principalmente por:

- desenvolvimento primário e ou secundário de pressão deslocada provocando acentuação do eixo horizontal;

- estreitamento, ângulos, uma pressão aumentada nos plenos e/ou sobre os perfis, provocando acentuação do eixo vertical;

- acentuação da forma;

- decorrência de formas estilizadas;

- traço frequentemente limpo, apoiado ou leve;

- movimento de pressão, tencionado ou dinâmico;

- inclinação e direção frequentemente regular, algumas vezes agitada com direção da linha tensa.

Hipertenso

Os gestos de tensão predominam muito claramente sobre os gestos de alívio, dando à escrita um andamento geral de contração estereotipada principalmente caracterizada por:

- um traçado apresentado excessos;

- apoio forte ou muito leve;

- irregularidade na textura ou no seu apoio superficial ou profundo.

Associado:

- seja à presença de espasmos, sacudidelas, distanciamento das letras, suspensões, interrupções, falhas;

- inclinação irregular das letras e das linhas.

Seja por:

- dilatação ou estreitamento acentuado dos intervalos;

- sistematização do gesto ou ordenação estreita;

- inclinação das letras ou direção das linhas base, fixas

Só um tipo dominante se destaca alguns grafismos, os tipos de comportamento variado estão presentes no mesmo grafismo.

Além dos sinais gráficos contrastando com a aparência geral da escrita ou o tipo de comportamento dominante, podem aparecer por intermitência na escrita (ângulos, estreitamentos, retrações, sacudidelas, distanciamentos, suspensões, espasmos, pontos ou traços

Estes sinais, chamados de crispações ou contrações modificam o comportamento geral da escrita.

Movimento

Toda a escrita, resultado de execução de formas (inscrições) se dirige para a direita (progresso).

As desigualdades nos diversos gêneros criam uma animação. A partir daí o movimento se define como deslocamento da pena sobre o papel produzindo uma inscrição, a progressão e/ou animação da escrita.

Ausência de movimento aparente:
- prioridade dada para a produção de formas.

Controlado:
- A progressão é controlada: o procedimento de escrita firme é tenso, a animação e as desigualdades são contidas, precisão das formas, dimensão moderada e distribuição homogênea dos brancos e dos escuros.

Dinâmico:
- Progressão acentuada da escrita para a direita: procedimento da escrita de firme a tensa, a direção muitas vezes inclinada, linha tensa, ligação mantida, desigualdades, dilatação.

Efervescente:
- Progressão e procedimentos da escrita pouco homogêneos, a animação se transforma em agitação: irregularidades na dimensão, na inclinação e na continuidade.

Excitada
- Progressão contrariada por gestos sinistrogiros, um apoio forte, frequentemente deslocado, procedimento da escrita de tenso a hipertenso.

Fluente - Progressão contínua e natural: amadurecimento natural de forma com domínio de curvas, linha de base constante.

Inconstante - Progressão indecisa: direção flutuante, formas desigualmente estruturadas, traço leve, procedimento hipotenso.

Projetado
Progressão se torna exaltado: irregularidades e lançamentos, inclinação acentuada. As formas perdem precisão, a sustentação da linha e ascendente, o procedimento da escrita tende para a hipertensão.

Trancado
A progressão é dificultada.
- seja por estreitamento, suspensão, maças, ruptura, enrijecimento;
- seja por formas lineares, angulosidade, gestos verticais marcantes e apoiados, prolongamentos e inclinações regulares, procedimento de tenso a muito tenso.

Vibrante
Progressão aos saltos, animação gradual: pequenas desigualdades, formas pequenas e simplificadas, leves oscilações.

Desigualdades

Discordante
Irregularidades excessivas em um ou mais gêneros
Homogênea
Caracteres semelhantes, mas não idênticos do gesto gráfico, ao longo de um mesmo texto, na dimensão, formas e direção, no traço, proporções e/ou desigualdades referidas a uma unidade escrita.

Texto e assinatura mostram a mesma dinâmica do gesto.
Gradual
Desigualdades leves e discretas em todos os gêneros.

Desigual

- Desigual na dimensão
  Variação da dimensão e altura
- *Desigual em inclinação*
  Alternância da inclinação – letras verticais, inclinadas e invertidas.
- *Traço desigual*
  Desigualdade na pressão e/ou na textura de sua largura.
- *continuidade desigual*
  Variações moderadas no grau e no modo de continuidade.

Irregular
- Irregularidade na Dimensão
  Variações notáveis na dimensão, largura ou altura.
- Irregularidade na direção
  Variações notáveis na direção das linhas e na inclinação.
- Irregularidades na continuidade
  Variações notáveis no grau e no modo da continuidade.
- Irregularidade na pressão
  Variações importantes no apoio.

Desigualdades

Variada
Irregularidades leves e discretas em todos os gêneros.
Desigual
Desigual na dimensão
Variações das dimensões na altura e/ou largura.
Desigualdade na direção
Alternância da inclinação: as letras às vezes são verticais, inclinadas ou invertidas.
Traço desigual
Desigualdades na pressão e/ou textura e/ou na largura.
Desigualdade na continuidade
Variações moderadas no grau e no modo de continuidade
Irregularidade
Irregularidade na dimensão
Variações importantes de dimensão na altura e/ou largura
Irregularidade na direção
Variações importantes na direção das letras.
Irregularidade na continuidade
Variações importantes no grau e no modo de continuidade

Irregularidades na pressão
Variações importantes no apoio.
Irregularidades excessivas em um ou mais gêneros
Homogênea
Caráter de semelhança, mas não identidade, do gesto gráfico ao longo de todo o texto, nas dimensões, nas formas, na direção, no traço, nas proporções e/ou suas desigualdades referidas ao aspecto de uma unidade.
O texto e a assinatura revelam a mesma dinâmica do gesto.

A propósito da Rapidez
Observação fundamental

No ensino da escrita, sabemos que os fatores inerentes à aquisição de uma escrita suficientemente rápida são os ligados à habilidade gráfica além dos múltiplos fatores como o nível intelectual, a afetividade, etc.

Na avaliação precisa da velocidade de um adulto, que o grafólogo reconhece ser difícil, parece que temos tendência para negligenciar o fator habilidade gráfica.

Ou um escritor pode ser motivado para escrever rapidamente e utilizar para este fim as espécies clássicas conhecidas (simplificação, combinação, letra filiforme, etc.), mas ser obstruído pelo retardamento devido a uma habilidade gráfica medíocre que o grafólogo não detecta facilmente ("ponta mole" de Crépieux-Jamin permite observar rapidamente observar estes retardamentos). Aliás, escritas não simplificadas podem ser rápidas em função da habilidade no gesto.

Características hipotéticas da rapidez:
Traço: limpo
Forma: filiforme, simples, simplificada, imprecisa.
Dimensão: pequena, desigualdades, extensa.
Movimento: Fluente, dinamizado.
Continuidade: combinado
Direção: destrógira
Ordem: Margem esquerda progressiva (crescente).
Pontos hipotéticos de lentidão
Traço: muito apoiado ou muito leve, pastoso, pressão deslocada.
Forma: complicada (anéis, apoios, rejuntamentos) enfeites, em arcadas.
Dimensão: Estreitada, muito regular ou muito irregular.
Movimento: imobilidade/estático
Continuidade: retoques, letras encostadas, sem ligação continua
(telescopadas)
Direção: sinistrogira
Espaço: compacto.

REFERÊNCIAS BIBLIOGRÁFICAS

CHAMON- CARROY, Sylvie La Graphologie Autrement, Paris: Michel Grenier. 1994 264 p.

COBBAERT, A. M . Os Segredos da grafologia, Tradução M. Rodrigues Martins. Lisboa: Ed.resença, 1980. 296 p.

CRÉPIEUX-JAMIN, J. ABC de la Graphokogie, Paris, Presse Universitaire, 12 ed. 1950. 667 p.

_____, J.Traité Pratique de Graphologie, Paris : Ernest Flamarion. 1885. 294 p.

DEVERS, T. La graphologie dans la vie profissionelle, Paris: Les Éditions - 'Organizations, 1989, 128p.

FAIDEAU, Pierre. Dictionnaire Pratique de Graphologie. Paris. Solar, M.A. Éditions. 989. 396 p.

FOIX, Pierre - L'Influence du Caractère sur l 'Écriture. Paris, Editions Alben Michel 3a. Ed,1954. 173 p

GILLE-MAISANI, J C Psicologia de la Escritura. Barcelona: Herder. 1991. 391 p.

HEGAR, Walter, Graphologie par le trait. Introduction a L'analise des élèments de l écriture. Paris, Vigot, 1962.

HUGHES, Albert E. Manual de Grafologia. Lo que revela su escritura". Madrid: 1988.

HONROTH, Curt. A GRAFOLOGIA EMOCIONAL. Tradução: Buenos Ayres, Troquel. d. 166 pag.

JUNG, Carl Gustav. Tipos Psicologicos.Rio de Janeiro. Zahar Editores. 4a Ed. 1981. 567 p

KLAGES, Ludwig. HANDSCRIFT UND CHARAKTER. Tradução Blás A. Sosa, Escritura Y Caracter. Buenos Ayres, Editorial Paidós, 1954. 292 p.

MICHON, Jean Hippolyte, Sistème de Graphologie, Bureau du Journal de la Graphologie, Paris, 4a ed.1878. 315 p.

MINICUCCI, A . et allii . Jung e a Grafoanálise, S. Paulo: Dimensão. 1994. 251 p.

_____ A.Grafoanálise, A nova abordagem da Grafologia, S.Paulo: Atlas. 199.188 p.

MORACHINI, M. O Fantástico Mundo da Grafologia. Lisboa: Pergaminho. 1987. 263 p.

PEUGEOUT et alii . Manuel de Graphologie, Paris. Masson, 6ª. 1994. 350 p.

PULVER, Max Symbolisme de l'Ecriture.Trad.M Schmid. Paris: Èditions Stock.1991. 316 p.

RÁS, Matilde. HISTÓRIA DE LA ESCRITURA Y GRAFOLOGIA. Madrid. Editorial Plus Ultra, 1951. 38 p.

ROUGEMONT, Edouard de. La Graphologie. Paris: Mercure de France, (1914) 78 p.

VIAYNA, Adolfo Nanot. Enciclopedia de la Grafologia. Barcelona: Editores de Gasso nos.1962.356 p.

SAIANI, Claúdio. JUNG E A EDUCAÇÃO. SP: Escrituras Editora, 2000. 212 p.

SALBERG, R. de."Manuel de Graphologie Usuelle" Paris: Hachete, 8 ième mille, 1918. 319 p.

SIMON, J. Javier. El Gran Libro de la Grafologia. Barcelona: Martinez Roco. 1992. 367 p.

TEILLARD, Ania. .L'âme et l'écriture. Paris: Éditions Traditionneles.1990 228 p.

TORBIDONI,L, et ZANIN, L. Grafolgogia Texto Teórico Prático. trad. Ortiz Garcia. Santander, Espanha: Ediciones Tantín,1991.408 p.s

TRILLAT, R et ESCRICHE, V, et alii. Éléments de graphologie pratique, La graphologie au service de l'école et de l'entreprise. Valencia. 1986. 294 p.

VELS, A. Escritura Y Personalidad. Las bases científicas de la grafologia. Barcelona: Herder, 1955, 396 p, com anexo de figuras.

_____., A. Diccionario de grafologia y términos Afines. Barcelona: Herder. 1957 431 p.

_____, La selección del personal y el problema humano en las empresas. Barcelona: Herder, 1998

_____, A.Escrita e Personalidade, Trad. R.R. da Silva.S Paulo:. Pensamento, 1991. 382 p.

_____, A. Grafología Estructural y Dinámica. La interpretación psicológica de los signos gráficos por zonas. Barcelona: Herder, 1992. 398 p.

_____, A. Dicionário de Grafologia e Termos Psicológicos Afins, Trad. J.C. Almeida Cunha. S. Paulo: Livraria e Editora Casa do Psicólogo, 1997. 407 p.

XANDRÓ, Mauricio. Grafologia Superior Barcelona. Barcelona: Herder. 1991. 506 p.

Instituto Mineiro de Grafologia
Rua Angustura 293, apto 7 - Serra - CEP 30 220 290
Belo Horizonte, Minas Gerais
Tel-fax (31) 32 87 62 28
jcacunha07@yahoo.com.br
Autor: José Carlos de Almeida Cunha